董千里 著

高速路网与区域经济一体化发展研究

人民交通出版社

内 容 提 要

本书基于公路线形基础设施、通信信息和组织管理网络“三网合一”的高速路网概念，对公路在区域产业结构转换中的地位和作用、高速公路点—轴型区域发展理论、高速路网对城市化及区域交流圈的贡献和支持、高速路网及区域的可持续发展、公路产业化经营对区域发展的影响、高速路网对区域产业结构高度化的支持、高速路网影响区域发展的效应和规律、高速路网建设与区域发展一体化规划决策等多个方面进行了深入、系统地分析研究，研究中运用了国内外大量数据资料进行分析论证，并用案例实证分析作了补充说明。

本书适合区域经济、运输经济学者、公务员等阅读，也可以作为研究生、本科生教学参考书，以及相关领域干部培训读物。

图书在版编目（CIP）数据

高速路网与区域经济一体化发展研究 / 董千里著. –北京：人民交通出版社，2007.3
ISBN 978–7–114–06454–8

Ⅰ.高… Ⅱ.董… Ⅲ.高速公路–道路网–作用–地区经济–经济一体化–研究–中国 Ⅳ.U412.36 F127

中国版本图书馆 CIP 数据核字（2007）第 035039 号

书　　名：高速路网与区域经济一体化发展研究
著 译 者：董千里
责任编辑：刘永超
出版发行：人民交通出版社
地　　址：（100011）北京市朝阳区安定门外外馆斜街 3 号
网　　址：http：//www.ccpress.com.cn
销售电话：（010）85285838，85285995
总 经 销：北京中交盛世书刊有限公司
经　　销：各地新华书店
印　　刷：北京宝莲鸿图科技有限公司
开　　本：787×1092　1/16
印　　张：14
字　　数：344 千
版　　次：2007 年 4 月　第 1 版
印　　次：2007 年 4 月　第 1 次印刷
书　　号：ISBN 978–7–114–06454–8
印　　数：0001–2500 册
定　　价：35.00 元

前言 PREFACE

高速路网与区域经济一体化发展体现了一种科学发展观。坚持以人为本，实施高速路网与区域经济、社会文化等多方面协调和可持续发展，才有利于构建社会主义和谐社会。高速路网是指由二级专用路以上等级公路(高速公路、一级公路和二级专用公路)、关联设施设备及场站所组成的能支持快速运输的公路网络体系。由于我国东、西部一些地区公路建设发展差异较大，因此，在我国东部发达省份高速路网也可以指一级以上公路网，或是直接指高速公路网。高速公路与区域经济一体化发展的关系不仅取决于上述单条线形基础设施，而且取决于关联设施构成的网络。高速路网效率的提高需要把高速公路及其相连接的公路、公路信息网络和运营管理组织网络等结合起来，需要将静态的设施、动态信息和实时管理结合起来才能有效地发挥高速路网的作用。

“十五”期末，我国的公路总里程达到 193.05 万公里，其中，高速公路 41 005km，二级及二级以上高等级公路占公路总里程的 16.9%，公路密度 20.1km/百平方公里，全国有 29 个省(市、区)的高速公路里程均超过 500km，19 个省(区、市)高速公路里程超过 1 000km，以高速公路为主体的公路主骨架正在形成。目前，全国公路建设特别是高速公路建设已达到或超过“十五”规划中预期数值，正在由连“点”的“线”建设走向“网”建设和“网”完善的过程。一些省域初步形成了高速公路网或快速公路网，这是支持道路快速运输的基础设施、设备体系，并能汇入全国交通运输通道和高速路网，形成快速交通运输网的子网系统。通过高速路网建设可以促进区域经济改善，促进区域内、区域间物质的流动，提升区域经济竞争力和经济发展水平。区域经济发展过程中会对高速路网的建设、运营和管理提出要求，它们两者之间的相互推动存在哪些关系、具有哪些基本规律，如何指导关联区域经济发展等，进行此类有关高速路网与区域经济一体化发展的研究，不仅在公路与区域之间体现了线形设施与枢纽设施的协调、公路基础设施与区域发展主体的协调，在推进公路建设主体以及主体转换过程、公路建设评估指标演变过程也都反映了构建和谐社会的需要。研究高速路网与区域经济一体化发展不仅具有重要理论意义，而且具有重要的实践意义。

在相关研究工作中，作者基于公路线形基础设施网络、通信信息网络和组织管理网络，提出了“三网合一”的高速路网概念，基于这一含义展开了高速路网与区域经济一体化发展的研究工作；分别从公路在区域产业结构转换中的地位和作用、高速公路点—轴型区域发展理论、高速路网在城市化及区域交流圈构筑中的贡献和支持、高速路网及区域的可持续发展、公路产业化经营对区域发展的影响、高速路网对区域产业结构高度化的支持、高速路网影响区域发展的效应和规律、高速路网建设与区域发展一体化规划决策等多个方面对公路建设与区域发展诸多问题进行了深入、系统地分析研究；重点探讨了公路建设与区域发展的基本理论体系，论证了高速公路及公路网在构成区域交流圈、经济圈中的作用,论证了公路及区域可持续发展理论,提出了高速公路及以其为主轴的公路网影响区域发展的规律,提出了公路建设与区域发展一体化规划决策体系,提出了AHP-F隶属度合成法,并阐述了将其用于公路建设与区域发展一体化规划方案综合评价的程序与方法等。研究中运用了国内外大量数据资料进行分析论证,并用案例分析作了补充说明。通过现状分析,找到制约一体化发展的因素所在,进而提出一体化发展的思路、规划决策理论以及组织、方法体系,找到适合高速路网与区域经济一体化发展的模式及切入点。

通过归纳总结和深入研究,在公路建设影响经济圈域形成的一般理论、高速路网在区域经济发展中的资源资本功能、高速路网影响区域经济发展的模式、高速公路影响区域发展的基本规律、特大城市高速路网与新型交通运输方式的竞合关系等方面取得了一些研究成果。例如,对单一道路运输的大城市,特大城市高速路网不能解决交通运输质的问题,因此,就导致创新型运输方式迅速发展,比较典型的有磁悬浮、快速轮轨(高速铁路)、地铁等。新型运输技术使在同一线路方向不同运输方式的竞合关系发生了变化,这种弯化已凸显在上海、北京、广州、深圳、南京等大城市,在西安(在建)、成都(在建)等大城市也将继续这种演变发展趋势,其影响区域将会随轨道运输方式扩大而扩大。这一过程体现在不同运输方式间的竞合关系从单一运输网走向综合大交通网。

通过研究可以得到对公路与区域经济发展实践工作的一些启示:运用构建社会主义和谐社会理念进行指导,才能保证科学发展观落实在公路建设与区域经济发展之中;高速路网能够促进资源在全国范围优化配置,最终促进全国经济的协调发展;要利用高速路网加速培育和激活区域发展主体;在公路建设中要注意推动公路建设的主体及主体转换过程;抓住机遇促进高速公路复合轴线的城镇化;实施公路建设与区域发展需要进行一体化规划决策。一体化发展不仅是一种理论,而且是一种实践,是实践的过程,有关实证案例证实了这一结论,这一结论还可推至关联交通圈、经济圈的范围。

本书是在作者博士论文“公路建设与区域发展”及有关科研成果的基础上完成的,从作者的博士论文写作、相关学术论文和科研工作到书稿最终完成先后经历了8年多时间。将构建和谐社会思想融于公路建设与区域发展之中,是作者在其博士论文基础上进一步修改完善的一个基本观点。值此著作出版之际,谨向作者的博士生导师、原西安公路学院院长王秉纲教授表示衷心的感谢。

为了使本书能够尽早出版,长安大学博士研究生鄢飞在本书整理编辑、数据更新与补充方面做了大量工作;硕士研究生师鹏霞、闫柏睿参加了部分数据更新和绘图等工作,并与侯勇军、熊芝富、陈琳、陈岳、何铭强、王建、李向滨、邢楠楠、戚玉亭等一起对书稿进行了文字校对;本书出版得到长安大学经济与管理学院的资助,在此一并表示深切的感谢。

在本书的著作过程中,参考了国内外众多学者的研究成果,作为主要文献题目列在书后的参考文献中,在此谨向有关专家、学者表示衷心的谢意。由于作者水平有限和交稿时间仓促,书中还存在着不少缺点和不足,敬请各位专家、读者批评指正,及时反馈意见,以便逐步完善。

董千里

2007年元月1日于西安

目录 CONTENTS

第1章 研究总论

高速路网是快速交通网的重要组成部分，能够拉动和促进关联区域经济发展，而区域经济发展又会对高速路网及快速交通网产生更多需求，它们之间是相互拉动与促进关系。实现高速路网与区域经济一体化协调发展，能够有效地促进区域产业结构升级，在区域经济转型、起飞和跨越式发展中，起到不可估量的作用。本书主要研究高速路网与区域经济一体化发展的规律，以及利用这些规律提出区域经济发展思路，制订区域经济发展战略和政策措施等，以期为高速路网及区域经济的健康持续发展提出有效的切入点和实现途径。

1.1 研究背景

到 2006 年中国公路建设，特别是高速公路建设，已达到或超过“十五”规划的预期数值①，许多地区正在由连“点”的“线”建设，走向“网”建设和“网”完善的过程，高速路网建设与区域经济发展效率、质量和运行成本有密切关系。只有真正实现交通运输，特别是公路运输发展需要与高速路网的发展相互协调，实现高速路网与区域经济发展一体化，才能有效提高区域经济运行效率和质量，并降低经济发展成本。

1.1.1 公路网建设概况

改革开放之后，国家干线公路网和国道主干线系统规划先后制定并实施，公路建设势头加快，高速公路及其他高等级公路迅速发展。“十五”期间提出“以‘五纵七横’国道主干线和西部地区公路建设为重点，进一步完善省际高等级公路网，强化路网建设与改造，提高技术水平，充分发挥公路运输的基础性和主通道作用”的公路发展思路，公路网建设取得了新成绩。

中国高速公路 1988 年实现零的突破，2001 年底高速公路里程达 1.9 万公里，到 2005 年底已达 4.1 万公里，继续居世界第二位。到“十五”期末，中国公路通车总里程达到 193.05 万公里，全国公路密度为 20.1km/百平方公里，比“九五”期末提高 2.6km/百平方公里。全国公路网结构进一步完善，在公路总里程中，国道 132 674km、省道 233 783km、县道 494 276km、乡道 981 430km、专用公路 88 380km，分别占公路总里程的 6.9%、12.1%、25.6%、50.8%和4.6%。高速公路 41 005km、一级公路 38 381km、二级公路 246 442km、三级公路 344 671km、四级公路 921 293km，等外公路 338 752km，其中二级及二级以上高等级公路占公路总里程的16.9%，比“九五”期末提高了 3.8 个百分点。全国有 29 个省(市、区)的高速公路里程均超过 500km，19 个省(区、市)高速公路里程超过 1 000km，以高速公路为主体的公路主骨架正在形成。全国 99.81%的乡(镇)和 94.3%的行政村实现了通公路。

① 指中国大陆公路通车里程统计值，以下同。

根据党中央、国务院西部大开发战略的要求，2000 年提出了西部公路建设三步走规划，到 2010 年实现公路交通状况明显改善，到 2020 年形成骨架路网，到 21 世纪中叶建成现代化公路运输网络。根据规划设想前 10 年，西部公路建设重点分为以下 3 个层次：

(1)国道主干线建设，目前“五纵七横”主干线中有 8 条连通西部地区。

(2)区域路网改造，包括省际公路通道建设，以及重点国省干线、国边防公路、场站枢纽的建设等。

(3)乡村公路通达工程的建设，重点是老、少、边、穷地区有条件的乡、行政村。

到 2005 年底，西部地区公路里程达到 63.93 万公里，其中高速公路 8 118km，二级及二级以上公路 5.76 万公里。例如，陕西省近五年交通固定资产投资共完成 3 995 亿元，其中公路建设完成投资 387.8 亿元，仅 2002 年一年交通固定资产投资、公路建设投资就分别完成了 1 093 亿元和 108.8 亿元。这期间先后建成了渭南至潼关、铜川至黄陵、西安绕城高速公路北段、西安至蓝田、西安至阎良、西安至户县高速公路和榆林至陕蒙界等一批重点公路。“米”字形公路主骨架中的东西大通道已经形成，南北大通道部分建成，关中五市和 39%的县(市、区)实现了高等级公路连接，路网改造，取得重大进展，通县油路建设基本完成，路网总体质量明显提升。

“十一五”期间，中国公路发展目标是进一步完善公路网，发挥路网整体效率，基本形成国家高速公路网骨架，“五纵七横”国道主干线和西部开发省际通道全部建成。全国公路总里程达 230 万公里，高速公路里程达 6.5 万公里。公路建设的重点是国道主干线、国家重点公路、路网改造，推进农村公路“通达”、“通畅”工程，以及客货运枢纽站场建设。交通部已经确定了国家高速公路网规划方案，由 7 条首都放射线、9 条南北纵线和 18 条东西横线组成，简称“7918”网，总规模 8.5 万公里，其中主线 6.8 万公里，地区环线、联络线等其他路线约 1.7 万公里。

1.1.2 公路网建设与区域经济发展的互动关系

公路网作为交通运输网的子网，对区域经济发展起着不可估量的作用。构建一个与多种运输方式协调发展，能适应区域经济发展需要，能提供高质量服务水平的公路网系统，对促进区域经济的发展具有重要的战略意义。公路网建设与区域经济发展的互动关系及作用表现在以下几个方面：

1.1.2.1 公路网对区域经济的一般作用

(1)公路网建设为区域经济的发展提供最基本的条件。公路网可以为区域经济运行中物质的流动提供基础，提高区域物流效率和质量，从而带动关联产业的发展。只有公路等基础设施高度发达，形成配套的网络化功能时，才具备区域经济快速增长的必要条件。由此可见，公路网的建设对于区域经济发展目标的实现起到了决定性的作用。

(2)公路网建设对区域经济政策的落实会带来一定的影响。加强公路基础设施的建设，可以为缩小城乡差异、加速经济增长提供除实施技术开发政策外的、极其重要的政策与策略。当公路作为实现区域内、区域间物料、商品流动的重要途径时，如果其不能实现网络功能或网络功能不尽完善，不能为区域内及区域间物资的流动提供全面、高效的服务，那么相应的区域经济政策就很难达到经济平衡与稳定增长的目标。可见，中国路网、运网一体化规划建设任重道远，很多地区依托于公路网的运网建设力度不够，还不能充分体现路网的功能。在这种局面下，要想达到区域经济政策的目标，其难度仍不小。

(3)公路网建设对土地的利用及升值会产生奠基作用。土地使用价值由于其自然属性和社会属性的不同，在价格上会反映出很大差距，这一点尤其在城市或公路两侧一定区域内得到更加明显的体现。公路网建设可以使穷乡僻壤由远离交通线变得交通便利，空间可达性大幅提高。此外，公路建成使附近土地产生与社会经济活动基地相对位置改变，从而形成相对位移改变和时间距离缩短，导致土地使用价值大幅度提高。

(4)公路网建设可以促进经济空间结构合理化。所谓经济空间结构是指社会经济客体在空间中相互作用所形成的空间集聚程度和集聚形态。区域经济发展状态是否健康，与外部的关系及内部各部分的组织是否有序密切相关，因此分析区域经济的空间结构可以从一个重要方面给出确定区域经济发展状态的评判标准。在空间结构的各经济客体中，公路等基础设施担负着整个空间产品的运输交流与信息交流，对区域经济空间结构的合理运动起着润滑和枢纽作用，如果缺乏公路及其他强有力的基础设施，区域经济空间就无法进行运转，经济主体就不能高效运作，区域经济就不能得到很好的发展。因此，公路等基础设施规划与区域经济发展规划是相辅相成的，公路网的建设规划要以区域经济发展规划为依托，不能脱离区域经济发展规划而孤立发展，同时，区域经济发展规划也应为公路网建设提供适宜的发展空间，从而更好地促进区域经济的发展。

1.1.2.2 高速路网促进交通关联产业进一步升级

一些省域初步形成了高速公路网或快速公路网，这是支持公路快速运输的基础设施、设备体系，并能汇入全国交通运输通道和高速路网，形成快速交通运输网的子网系统，快速交通运输网将进一步促进交通关联产业的升级。

(1)高速路网影响交通运输关联设施区位选择，指导交通基础设施选址，进而影响到产品价值、物流时效等关联工业选址和集聚，并产生集聚经济效益。路网条件是交通运输或物流基地建设必须考虑的要素，直接关联到区域产业布局和社会经济发展。

(2)高速路网影响交通运输方式的衔接。在基础设施(枢纽与运输通道)的资产、技术与管理进行良好衔接的基础上，需要统一的管理体制。如北京市发展一体化公共交通的提案就是“多元的运输方式＋综合的交通系统＋统一的管理体制”。显然，特大城市的城市公共交通包括了地铁、轻轨、道路公交、出租等多种方式，而交通网枢纽能够协调这几个部分。

(3)高速路网影响城市交通、城乡客运和城间客运、货运模式，进一步影响城市与城乡、城间客运(客流)、货运(物流)一体化运作和管理。

(4)高速路网能促进集装箱内陆延伸和多式联运的发展。先进的运输组织方式受到路网运营技术与管理制度制约，甚至经营成本失衡都与此有关。车辆技术性能提高，运输服务水平以及运输经营管理水平提高在很大程度上依赖于高速路网技术、运营和管理水平的提高。高速路网对先进运输车辆、运输组织方式的影响直接涉及集装箱运输的内陆延伸以及多式联运的发展。

1.1.2.3 农村公路网建设是建设新农村的重要基础设施

自然地理环境的差异往往是导致区域发展不平衡的重要因素，农村经济基础薄弱，贫困问题一直是政府所关注、重视的问题。农村公路网建设可以提高贫困地区资源的利用程度，加快商品交流，促进工业和商业的发展，并带动其他产业的发展，从而在根本上促进区域经济的发展。近几年，随着公路事业的发展，人们也越来越意识到交通基础设施的落后是贫困的一个重要原因。因此，根据“三个代表”的基本思想，改善农村公路通达深度、变革贫困地区的空间可达性是摆脱贫困、发展区域经济的重要措施和先决条件。农村公路网建设直接关系到乡村与外界的联系，是解决农村与外界沟通渠道的基本途径，有利于域外及域内资源流通，并可改变这些地区人们思想闭塞、保守的现状，有利于解决贫困地区脱贫致富，解决部分“三农”即农村、农民和农业问题，有利于加快贫困地区人们脱贫致富。

1.1.3 公路运输与经济发展

随着公路通达里程的不断延伸，逐渐强化了公路运输[①]在综合运输体系中的基础性地位，同时由于公路运输能实现门到门服务的特点，使得公路运输发展成为服务范围最广、承担运量最大、发展速度最快的一种运输方式，公路运输业成为发展潜力最大的运输行业。可以说，人类的发展进步是从道路开始的，公路在国民经济中的地位犹如人体的血管，通过血液把营养送向全身，而公路在国民经济体系中，按优化配置的要求把资源送向国民经济各个部分。

1.1.3.1 公路运输为经济全球化的发展提供基础条件

经济市场化、市场一体化形成了经济全球化过程，不仅商品、服务、技术、信息、劳动力、货币资本交易全球化，而且意味着生产的全球化、消费的全球化、竞争的全球化。现代交通运输是对经济全球化的重要支撑之一，公路运输既是综合运输体系中的重要组成部分，又是其他运输方式完成全程物流要求的不可缺少的环节，是实现供应链一体化不可缺少的环节。参与经济全球化可使中国企业扩大资源配置的空间，提高企业竞争能力，为企业走向世界打下基础。这对交通水平和信息化程度提出了新的更高的要求，公路运输的重要性也显得更加突出。

1.1.3.2 公路运输在国民经济发展中的地位越来越重要

从经济发展看，中国要加速实现工业化、信息化、现代化、城市化和全面建设小康社会进程，都对公路运输发展提出了新的更高的要求。在工业化发展过程中生产要素组合的变化必然需要交通基础设施的支持，特别是公路运输的支持，这也是美国等发达国家在高速工业化时期交通基础设施大发展建立起遍布全国的公路网络，从而发展起强大的公路运输产业的原因。同时，城市存在的价值在于它的集聚效应和聚集效率，需要交通通信基础设施的支持，特别是公路网的支持，把城市与城市、城市与乡村更好地连在一起，进行地区间物质、人才和信息交流。其中交通特别是公路运输必不可少，它比任何运输形式的发展空间都大。

2005 年全社会完成公路客运量 169.74 亿人，旅客周转量 9 292.08 亿人公里，分别比2000年增加 35.00 亿人和 2 634.66 亿人公里；完成公路货运量 134.18 亿吨，货物周转量 8 693.19 亿吨公里，分别比 2000 年增加 30.30 亿吨和 2 563.81 亿吨公里。公路客运量、旅客周转量、公路货运量、货物周转量在综合运输体系中所占比重分别 91.9%、53.2%、72.3%和 10.9%。可见，公路运输的发展潜在空间很大:公路运输业的发展落后于公路路网建设，公路运输企业管理水平落后于运输业装备水平，公路运输企业竞争能力落后于外国同类企业竞争能力，公路运输业集中度低、效益增长不快、服务质量不高，这些都是有待于改进和加强的地方，形成了公路运输高效化、信息化、可视化和超值服务等在内的发展空间。

1.1.4 高速路网与公路运输的关系

随着全国高速公路骨架网络逐步形成，一些地区高速公路网、快速公路网也在迅速跟上，

① 在本书阐述公路运输所使用的术语“公路”一般指公共道路，公路运输包括城间公路运输和市内道路运输。中国也有道路运输一词表示上述含义，例如，道路运输协会。中国公路和城市道路规划建设属不同部门的职责。

因此，不同区域经济发展水平相应的高速路网利用效率就提到议程上来。如何更好地发挥公路网作用，特别是高速路网作用显得越来越急迫、越来越重要。

本书所指的高速路网包括高速公路及其相衔接的一级、二级公路等构成的公路网络，其内涵包括公路线形设施与高速公路立体交叉、重要的运输枢纽设施、高速公路服务设施和管理系统等构成的网络体系。高速路网是一种社会经济资源，这种资源利用有多种形式，如何使高速路网资源利用更为有效，是一个需要进行深入研究的问题。公路运输特别是包括城市道路在内的道路快运是公路资源利用的最直接方式，可以说，公路运输通道效率是高速路网资源利用效率的具体体现。因此，要更好地发挥高速路网的效率及效益，必须协调好高速路网与公路运输发展的关系。公路运输作为主要运输方式之一，公路客运量占综合运输体系的90%以上，货运量占70%以上。然而公路运输的发展仍然滞后，在公路运输实际发展过程中，经常会受到许多因素的制约，诸如，道路状况的好坏就直接影响到公路运输水平的提高。因此，总体来说，高速路网与公路运输之间的关系是“相互促进、相互依存、相互制约”，需要协同发展。

1.2 研究目的及意义

本书研究的主要目的是，通过分析研究高速路网与公路运输，以及与区域经济发展之间的相互影响和作用规律，总结和刻画出利用高速路网建设推动公路运输及区域经济发展的运作机制，提出公路建设与区域经济发展一体化规划决策，从而更好地指导和促进高速路网的形成，促进高速路网与公路运输、与区域经济一体化协调发展，为区域经济持续健康发展提供重要的理论依据，为设计运作方案提供基础支撑。

在中国，阶段性高速路网正在逐步形成，但是高速路网建设与公路运输、区域经济发展效率提高之间的结合考虑很少，主要表现在建设规划与实施规划、管理手段的脱节，不仅影响到公路运输效率、质量的提高，而且制约区域经济的快速发展。高速路网建设是全国、区域经济发展的基础，高速路网建设的最终目的是为公路运输及区域经济发展服务，通过高速路网建设可以促进区域经济改善，促进区域内、区域间物质的流动，提升区域经济竞争力和发展水平。因此，实现高速路网与区域经济一体化发展具有重大战略意义。

1.3 研究思路、内容与方法

1.3.1 研究思路

一个国家或地区的交通运输发展水平是由其社会经济发展水平所决定的。在一个国家经济发展的初级阶段和准工业化现代化进程中，交通运输应当采取“适应型发展战略”或适当“超前型发展战略”；但当一个国家经济发展到比较高的层次以后，特别是实现了工业化之后，交通运输就应当采取“质量效益型发展战略”，从实现交通运输“量”的发展到“质”的提高。当代中国正面临着向小康社会转变的历史时刻，因此交通运输发展在注重量的提高的同时，更要注重质的提高。

在高速路网与区域经济一体化发展的研究过程中，主要从理论规律入手，运用国内外大量数据资料进行分析论证，并用典型案例实证分析作为补充说明。通过现状分析，找到制约一体化发展的因素所在，进而提出一体化发展的思路、规划决策理论以及组织、方法体系，找到适合高速路网与区域经济一体化发展的模式及切入点。另外，虽然公路网效率体现在技术、经济和社会诸多层面上，但实施高速路网和区域经济一体化发展过程中应体现"以人为本"、构建和谐社会的思想。"以人为本"不仅可以直接显示在高速路网中人的时间价值、体力价值、经济价值等诸多方面，而且"构建和谐社会"可以直接或间接体现在公路规划、建设和经营主体，体现在利用路网脱贫解困等诸多社会经济环境方面。因此，高速路网与区域经济的一体化协调发展既可以体现构建和谐社会思想，又可以在诸多方面为"以人为本"、构建和谐社会做出贡献。

1.3.2 研究内容

(1)探讨公路建设与区域发展相关的基础理论，总结公路资源在吸引海外、域外资本，促进区域经济区形成和产业结构调整、优化的基本规律，提出有效利用公路建设促进区域经济发展的基础理论。

(2)调查了解制约高速路网效率的因素，分析高速路网建设促进区域经济发展的基本规律，总结和创建高速路网与区域经济一体化发展的理论体系，奠定相关领域理论基础。

(3)提出高速路网与公路运输、与区域经济一体化发展的战略思想、运行与动力机制，以及一体化发展的支撑体系。

(4)提出实现高速路网与区域经济一体化发展的规划决策思路、目标模式、政策方针制订和支持保障体系。

(5)为支持高速路网与区域经济一体化发展战略提供技术、组织和管理目标、内容、程序和方法体系。

(6)用实例实证分析高速路网与区域经济一体化发展的可行性和社会经济效果，用通过实践的理论进一步指导一体化发展过程。

1.3.3 研究方法

(1)以全国、区域路网，特别是高速路网，结合公路运输发展问题以及区域经济问题为研究对象，结合区域经济学、城市经济学、产业经济学、发展经济学、运输经济学、管理学、数学和系统工程等学科理论，运用综合集成的方法对一体化发展战略进行研究。

(2)定性分析与定量分析相结合。采用一定的数学分析方法，对路网与区域经济发展进行量化分析，并与定性分析相结合，从统计分析中得出规律性的东西，为一体化规划决策研究提供指导。

(3)采用跨部门、跨地域集成思考方式。根据路网建设与公路运输分部门规划、经营的特点，采用跨部门一体化思维方式，突破传统体制、部门、地区束缚，结合地区实际特点，理论联系实际，因地制宜地提出路网与区域经济一体化发展战略及政策体系。

(4)案例实证分析方法。结合高速路网与区域经济发展的具体实例，有针对性地进行实际论证分析，从个案分析潜在规律和问题。

第2章 高速路网与区域发展的基础理论

明确有关基本概念,总结既有理论并借以剖析路网现状是深入研究的基础。本章主要探讨路网与交通,及其所涉及的通道可达性,区域及区域经济等基本概念,阐述大道定理、区位理论等,为后续研究奠定基础。

2.1 路网与交通

2.1.1 公路与公路网

公路是国家重要的公益性基础设施,公路网是指在一定区域内根据交通的需要,由各级公路和结点枢纽设施组成的一个相互交织、网状分布的系统。公路网由通道与结点(或节点)组成。从公路技术等级上看,公路网的通道一般由高速公路、一级公路、二级公路、三级公路和四级公路组成,还有大量的等外公路。在与区域经济发展相关的研究讨论中,公路网通道的含义还应当包括城市公共道路。公路网的结点可以与不同交通运输方式衔接、中转、换装(换乘),结点的具体内容可以划分为客运、货运结点,具体形式可以是客货运输站场、港口、车站、机场等交通运输枢纽设施。公路交通运输结点可以与其他交通运输方式结合形成功能更完善、中转换装(换乘)作业更方便的一站式交通枢纽或运输枢纽。

2.1.2 高速路网和公路交通

2.1.2.1 高速公路与一般公路

高速公路是在普通公路的基础上逐渐发展演变而成的。20 世纪 20 年代,在交通发达国家中出现了划分行车线的四车道公路;30 年代中期又开始设置中间分隔带和立体交叉,成为现代高速公路的雏形;到 40 年代,高速公路的基本技术标准已相当完备,设计车速已达到120km/h;80 年代以来,多层互通式立体交叉、电子仪器、电视监视装置已在高速公路上广泛采用,公路为车辆服务的配套设施已十分完备;进入新的世纪,智能运输系统使高速公路进入了高度现代化的发展时期。

2.1.2.2 高速路网与公路交通

高速路网不等同于高速公路网,它不是一个很严格的公路技术术语。**高速路网一般是指由二级专用路以上等级公路(高速公路、一级公路和二级专用公路)、关联设施设备及场站所组成的能支持快速运输的公路网络体系。**在这个体系中首先涉及以公路为主体的线形设施,以立体交叉、交通枢纽为衔接点的枢纽设施构成基础网络,以及相关信息技术和系统构成的支持路网基础设施运营与管理的电子信息网络,含电子指示牌、联网收费、不停车收费等支持系统的技术网络,和衔接“线”、“点”的运营主体构成的组织网络,实际上,公路线形基础设施网络、通信信息网络和组织管理网络,这“三网合一”才是高速路网的基本含义。中国东部一些地区基本形成了高速公路网，所以在这些地区高速路网可以是高速公路、一级公路、关联设施设备与相应站场构成的公路网络，因此，在中国东部发达省份高速路网可以指一级以上公路网，或直接是指高速公路网。但是，这些仅是线形设施，是高速路网的基础。仅有高速公路并不能使车辆在线形设施上“高速”行驶起来，必须有相应的运营管理体制、信息技术系统和组织管理方法与之配合，这就是线形设施、通信信息和组织管理网络的“三网合一”。

公路交通是以公路作为基础设施，以汽车作为主要载运工具的运输方式，涉及国际、城间、城乡、市内道路旅客、货物运输方式，具体运输组织形式多样，结合高速路网比较典型的有：公路货物快运、旅客快运、集装箱运输、特种货物运输、城乡客运一体化、区域（城市）物流等。特别是上述三网中的信息系统和组织系统是高速路网与公路交通很好协同运作并带动区域经济发展的基础。

2.2 运输通道与可达性

运输通道是引导运输（包括铁路运输、公路运输、管道运输等多种运输方式）走向的渠道或载体。运输通道的可达性是公路建设引起区域交通条件改善的一项重要指标，可达性水平的提高对工业区位条件的改善有决定性的影响。运输通道对一个国家或地区社会经济的发展意义很大，它的主要功能有以下几个方面：

(1)运输通道是一个国家或区域内交通运输系统的主干道，可以由多种运输方式组成（典型的如新亚欧大陆桥运输通道），承担着国家或地区大量的和稳定的客、货运输任务，它是国家或地区交通运输的保证体系。

(2)运输通道可以保证运输网络的客流、物流高效率、低成本运行，促进各种企业选址，形成区域增长极、发展极。运输通道的质与量影响到路网效率和效益，也影响到其在区位决策中的地位。

(3)依托运输通道，多种运输方式之间可以展开竞争，促进运输方式的合理分工以提高综合运输能力，以较少的社会消耗增加社会运力的总供给，提高服务水平，降低运输总成本。运输通道的建设可以促进运输系统管理的起步和运输的高效化，为建立交通信息管理系统和发展多式联运创造条件。通道的建设还可以避免各种运输方式片面追求自我利益，加强优势互补，协调发展，能提高整个运输系统的服务水平和社会效益。

(4)通道建设有利于扩大对外贸易，特别是过境公路能够促进地区、国际间交流，加快地区间、国家之间的资源开发和利用，推动世界和平与发展。

(5)利用通道建设改变贫困地区的空间可达性。空间可达性的改善是西部一些地区脱贫的基本前提和先决条件，也是改变落后地区区位条件的重要措施。

2.2.1 大道定理与区域的空间可达性

大道定理是指公路网络中的交通流会自动地向大路、好路汇集的基本规律。世界上许多国家的高速公路里程占全部公路里程的比重很小，但其所承担的交通车流量却很大，这种效能车流向大路自动集中的现象称之为大道定理。大道定理说明随着社会经济的发展、人们生活水平的提高、货物价值的提高，人们对出行的舒适性、快速性要求，对货运快捷性、安全性的要求，更高于对运输成本的要求。所以，仅就行车路线而言，最优线路已不是地理上的最短路程，而是时间上的最短路程，即区域的空间可达性。

空间可达性是指一个区域(国家、地区、城市、线状或点状基础设施)与其他有关区域(同样包括国家、地区、城市、线状或点状基础设施)进行物质、能量、人员交流的便捷程度。空间可达性的高低或大小,反映该区域与其他有关区域相接触进行社会经济和技术交流的机会和潜力。表达空间可达性指标的含义并不完全相同,但一般是基于以下几点的认识和理解:

(1)从一个港口或其他交通运输枢纽出发,在不同时间范围内,人员或货物的位移可能达到的空间范围。显然在不同地理距离范围内,有效使用的交通运输方式是不同的。

(2)从一个城市出发的区域可达性,就是指从该城市中心到它所吸引的空间范围,将等可达性(等时间距离)的点连成曲线则形成可达性圈。以城市为中心的可达性通常都是以综合交通运输速度测定的,而且要选择大量的点(多达几百个),从城市中心出发到每个点可乘不同的交通工具,每个点由于交通运输工具在各个方面的不均衡性,所以距城市中心相等空间直线距离的点,其实际的可达性相差很大,这就形成了等可达性圈在各个方向上的不均衡性。

(3)一个区域在大范围交通运输联系中的可达性的单位,通常用时间距离表达,如以区间旅行速度、旅行时间、运输速度和运输时间表示。

(4)表现大范围内各小区域或点(城市等)的位置中心程度或边缘的可达性,可用于反映交流圈域、经济圈域的范围。

时间距离是可达性的重要指标。高速公路的迅速发展、选用车型技术性能的提高、公路交通管理手段的改善,都对优化公路交通系统的结构、改善一定区域可达性指标有非常重要的意义。

2.2.2 不同运输方式对可达性的影响比较

在交通运输体系中,每一种交通运输方式都有自己的一套线路、运量及评价的经济指标体系,这些经济指标体系很重要。当运量数额很大时,该种交通运输方式就有呈现路网密度小的倾向;但若运量大而不见得有节约时,路网密度就要大一些,以便各点之间能够直通,减小迂回度。由于交通运输线路设施、车(站)场固定设施、运输车辆、装卸设备、通信信息管理设备等的投资巨大,可以说,交通运输作业几乎没有不涉及大量固定成本的。因此,根据产量法则,当交通运输网络经营规模大,即线路运输量、站场作业量增大时,把运输总成本分摊到各类服务上的单位成本下降,就存在着规模经济。交通运输经营机构还可以从提高设备、设施利用率等方面着手,以应付市场竞争和增加企业利润。

任何一种交通运输方式都是在有限的线路网和服务点范围提供服务,这些服务范围的大小通常取决于地形的制约和规模经济的要求。远程运输经济活动只能在有限路网和服务点范围进行,这两方面都要求加强市场需求、投入来源和包括运输方式,以及与所有线路及据点(客货运站场、物流设施等)相结合的区位优势。在地理条件较好、经济发达地区,虽然已有多种运输方式,但依托于高速公路等的高速交通更容易在这些区域优先发展。

在工业化初期和中期阶段,区域发展的不均衡是经济高速增长不可避免的副作用,许多国家的经验都证实这一点。但在可能的前提下,完全可以采用较合理的方式减小其副作用。在中国东中西部区域差异中,最典型的是地理区位差异,而地理区位的差异突出表现在空间可达性上。载运工具的速度是改变空间可达性的重要因素之一。中国航空事业的迅速发展,使得人员位移及小件包裹、函件等高值物品在空间可达性的差异并不很大,主要是一般货物运输的可达性相差很大。因此,改善陆路运输特别是高速公路运输对于改变货物的空间可达性具有特别重要的意义。因为其中涉及区域可达性综合性内容的改变:高速公路建设改变了区域的空间可达性,提供了通畅的运输通道;载运工具改变了空间可达性,提高了车辆的技术速度;物流或运输经营组织使运营速度提高,也改善了空间可达性,提高了物流供应链管理效率;电子信息技术成为改变空间可达性的技术基础,使得货运集散一体化能够从战略思想上通过组织运作变为现实。这对于改善中西部货物运输的区域可达性具有特别重要的意义。

成渝高速公路(第一条)是经国务院批准,利用世界银行贷款,交通部补助,省内贷款,地方自筹资金建设的4车道高速公路,于1995年建成通车,全长340km,其通行能力每昼夜为4万辆,当时成渝高速公路汽车运输与不同交通运输方式的比较参数参见表2-1。

成渝高速公路汽车运输与其他不同运输方式的比较 表2-1

运输工具	运行里程(km)	运行时间(h)	总需时间(h)	运输工具票价(元)	其他收费(元)	总计收费(元)	班次情况	备注
飞机	280	2/3	3~4	280	50+(20—60)	350~390		①
铁路	540	9.18	10~11	40~80		80		②
公路	340	3~3.5	3.5~4.5	50~93	4	50~97	(16~20)/h	

注:①机场建设费、车费;成渝高速公路通车后航班取消;
②硬座、硬卧票价。

由以上比较分析可知,与铁路运输相比,公路运输不仅缩短了空间距离,而且缩短了时间距离,与航空运输相比,减少了城市中心之间的中转环节,减少了总费用。综合起来高速公路建设大大改变了区域空间的可达性,高速公路交通的优势更为明显。

在成渝高速公路开通后,对原有的三种运输方式(铁路、航空、老成渝公路)形成了强大的冲击:以前占据绝对垄断地位的"铁老大"市场份额急速下降;老成渝公路改以短途运输为主;成渝航班于1996年底取消。目前,高速公路发展势头强劲,连接成都和重庆两地已建成通车的有两条高速公路,一条就是1995年建成通车的高速通道:成都—内江—永川—重庆;第二条是2004年7月渝邻(重庆—邻水)高速公路建成通车后,新增的另一条高速通道:成都—南充—广安—邻水—重庆,该路全长420km。成渝间第三条高速公路通道是正在建设中的成都—遂宁—铜梁—重庆高速公路,总里程约295km,预计2007年底建成通车。2005年9月开工的南渝高速(南充—重庆),是成渝间的第四条高速公路,其路线走向为:成都—南充—武胜—合川—重庆,全长约360km,预计2008年年底建成通车。因此,到2008年将至少有4条高速公路连通成渝,另外成渝高速复线和成渝高速环线也在规划之中。成都至重庆间的多条高速公路通道,必将大大提升区域空间的可达性,对成渝经济圈的发展将起到巨大的推动作用。

在其他高速公路也有同样现象,高速公路不仅缩短了空间距离,而且缩短了时间距离,能大大改变区域空间的可达性。杭甬高速公路全长145km,设计时速120km,全程行程不到1.5h。而杭州到宁波目前坐火车最快也要2h,运行里程171km。2002年12月28日,随着杭金衢、金丽高速公路的通车,浙江公路交通"四小时交通圈"形成,从杭州市出发经高速公路到浙江省的任何一个地级市最多只需4h。毫无疑问,高速公路极大地提升了区域空间可达性,浙江"四小时交通圈"的建成,"四小时交通圈"的建成使得浙江人"晨饮西湖龙井,日喝绍兴老酒,夜尝温州海鲜"的梦想实现得通通畅畅。浙江旅游线路的含金量和经济扩展空间也得以提高,浙江经济发展的环境将更加优越。不同运输方式存在着竞争关系,浙江拟在2010年建成三小时铁路交通圈，全省铁路运营将达到1 800km以上，其中1 000多公里是时速200km以上的高标准铁路。三小时交通圈的形象描述是：到2010年底，浙江省陆上的所有地级市的市民，都可以坐上时速200km以上的客运火车，在3h之内到达省会杭州，争取中国铁路的现代化率先在浙江实现，为经济的发展铺就了一条高速增长之路。

一般来说，受自然、地理、历史、经济、技术等因素的影响，一些区域可能存在着主导运输方式，但是在各个历史阶段即使是同一地区的主导运输方式也是不尽相同的，因此，对可达性改善的途径也是不相同的。虽然，社会经济空间结构演变的主要趋势并不一定是由主导运输方式决定，但却受主导运输方式的影响。从区域资源利用、产业集中和扩散效应的角度分析，有些运输方式、运输技术及其组合在一定时期有促进产业集中的趋势，有些运输方式则不同，从区域发展不平衡的角度考察也是如此。但是交通线路与交通流量在空间呈网络分布，与社会经济一切客观的活动轨迹往往有着天然的一致性，正反映了交通与社会经济发展的相互推拉的作用过程。现代交通运输和交通技术的发展，在科学的规划理论指导下，总归会使社会经济的空间结构不断趋于完善合理。汽车制造技术和公路运输的发展，使各地区的资源得到广泛开发利用，是导致社会经济空间在区域间均衡发展的重要推动力。公路运输作为面上运输的主导方式，需要公路建设按客货运量规模形成等级体系，而一个完善发达的公路等级体系可以把一个国家和地区的全部地域联成一个整体。长距离高速公路的建设和公路集装箱运输技术的发展，可以在相当程度上代替或延伸铁路干线的作用，对具有适宜公路运输的单位有较大的吸引力。正是公路建设所创造的区域可达性的改变，对沿线区域产业结构转化也产生了重要影响。

2.3 区域及区域经济

2.3.1 区域及区域经济的含义

2.3.1.1 区域的含义

区域是指具有特定的政治、自然和经济意义的地区范围。在政治上多指行政区，在自然上多指自然区，在经济上，多指经济区。在区域科学家心目中的区域，包括了政治、经济、社会、文化等行为主体单位在内的多种活生生的有机体，它们相互依存，相互作用，其行为受多种因素制约，构成了一个完整的区域系统。公路产业的发展影响到相关区域产业结构的重化工业化、高加工度化和知识与技术集约化的发展过程。

地区是指一个社会—地理单元，其形成是政治、经济、社会、文化诸种机制长期运行的结果。有的学者认为，可以将地区划分为区域和地方两个层次进行研究，以经济区为研究对象的称为区域经济学，以行政区为研究对象的称为地方经济学。与公路建设相关的区域发展涉及更多的是区域经济理论，但地方政府的科学规划、决策和政策调节也起着非常重要的作用，所以行政区决策主体对区域发展也有至关重要的作用，故经济区、行政区运行主体作用均在区域发展研究范畴之中。

在区域经济学中，常用于对区域进行界定的术语有：均质区域(Hornogenereous Region)、结点区域(Nodal Region)和规划区域(Programming Region)等，这些都作为研究的基本范畴。

(1)均质区域是以某一或某些重要因素为标准，按照其特征的相似性而界定的一群地区。

这些特征主要包括:生产结构、消费类型和劳动力的就业分布等经济因素的相似性、主要资源的普遍性、地形与自然气候等自然条件的相似性,以及非经济因素的相似性等。现代区域经济研究大多抛弃了这种均质区域的观点。由于公路建设涉及非均衡的区域发展战略,相关区域的动态性也较强,因此均质区域概念一般较少使用。在公路网基本构成后,若干"点"已充分发展成为发展极的基础上,区域发展将逐步走向均质化。

(2)结点区域,又称极化区域(Polarized Region),是指一群虽然异质,但在功能关系上却极为密切的区域。它同中国的城市经济区的概念颇为接近,强调区域内不同部分的相互依赖性。结点区域集中在区域中心的控制上,强调区域内部特定类型的空间组织,如城市等级体系、城市区域、大城市优势地区等。交通运输基础设施枢纽、高速公路立体交叉等的周边区域成为全球性战略企业、创新企业、区位性企业及非区位性企业在区位决策中的"点"分析内容时,往往使相关区域具有与结点区域类似的性质。

(3)规划区域是指政府在经济决策时,按政策的目标而界定的区域。各级政府着重点是对其辖区社会经济发展进行整体规划或局部规划。交通运输基础设施影响的区域可能属于某一行政区,也可能与多个行政区相关。因此,多数情况下规划区域与行政区是一致的,至少是部分重叠并密切相关的。

2.3.1.2 区域经济的含义

区域经济是指一定地区范围内的社会物质生产和再生产的活动,即该地区内所发生的各种经济活动及其资源配置活动。区域经济的形成受到自然、地理、历史及政策、体制等多方面因素的影响,这些因素的不同,决定了不同区域经济发展的差异性。

中国区域经济的特点主要表现为:①区域间发展状况不平衡,东强西弱、南强北弱,而且区域经济差距还在不断扩大;②由于特殊历史、文化与体制背景,区域经济运行带有强烈的地方色彩,这对于中国经济的均衡发展和社会稳定是不利的。国家"十一五"规划已把区域经济发展放到重要位置,提出要实现区域经济的协调发展。区域经济的发展已不再仅仅是该区域自身的问题,更关系到国家整体经济发展进程。区域经济的发展要在改善区位条件和发挥自身产业优势的基础上,加速区域经济一体化进程,并实现区域经济的持续协调发展。

2.3.2 与公路建设相关的区域概念

区域概念应用的领域非常广泛。在国际研究范畴中是指一国(或地区)或多国(或多个地区)构成的具有特定意义的地理范围。在国内研究范畴中,通常将具有特定意义的地理范围用区域概念表达,有时也包含地区、地方的含义。与公路建设相关的区域发展概念是涉及一个多含义的、动态的区域范畴。

公路建设涉及最多的是单一的"点—轴型"区域或网络的"点—轴型"区域,特别是其中的"点"对区域发展的作用非同一般。在公路建设特别是高速公路建设中,一些高速公路立体交叉周边区域有可能成为极化区域,或受中心城市波及的次一级极化区域;不同级别的极化区域可以通过多轴性路网联成更大范围的区域,或与自然等因素结合形成具有特色的经济区域。所以,高速公路立体交叉形成的结点区域,借助于多轴性路网连成的经济区域,就可以看做是理想的研究、规划单元。区域概念在公路建设的不同时期、不同级别行政区政府机构的工作范畴,以及不同任务、性质的公路建设中,其内涵可以有所不同。因而有关公路建设促进区域发展的研究更为形象生动、具体实用。

2.3.3 区域系统结构

区域系统是国民经济的重要组成部分，由若干分系统构成。公路建设属于交通分系统，但又与其他各个分系统有密切关系。公路建设与区域发展涉及诸多方面，从系统结构分析区域系统所包括的主要内容可参见表2-2。

区域系统的构成内容　　表2-2

分系统	子系统	备注
人口	区域人口结构、就业结构、就业状况、文化教育水平	间接
资源	土地资源、农林资源、矿产资源、能源资源结构、水资源、旅游资源	直接
农业	区域农业结构、农业用地结构	直接
工业	区域工业结构、工业用地结构、工业生产能力结构	直接
交通	区域交通运输结构、运输能力结构、交通用地结构	直接
科教	区域科技人员结构、科技设备状况、高等院校结构、学生结构、文化教育状况	间接
基础	商业、服务、饮食、医疗、卫生状况，水电气基础设施	直接
财政	财政收支结构，信贷资金来源、运用结构，货币流通结构	直接
生态	污染物排放种类及状况、环境保护能力状况	直接

注："直接"指对该系统有非常明确的直接影响，"间接"一词亦然。

长三角地区高速公路将形成"一、二、三"小时交通圈——上海到苏州、南通、嘉兴一小时；上海到无锡、常州、泰州、宁波、杭州二小时；上海到长三角任一中心城市三小时，这样"一、二、三"小时交通圈的形成是吸引人才在周边区域择业的重要因素。从中国工业化的进程阶段考虑，相关研究将其中人口、农业、资源分系统作为区域发展的基础方面，工业分系统是区域发展中产业结构演进的主要内容，交通、科教、基础分系统是主要关联方面，财政分系统关联到区域发展的资金实力，生态分系统关联到区域可持续发展战略的实现。

2.3.4 区域的重要特征

区域发展的研究多围绕经济带、经济区和行政区展开。在研究区域经济社会发展的过程中，与国家范畴相比较的区域发展范畴呈现出以下几个重要特征：

(1)区域间更大的交流性和开放性。由于各区域间资源、地理、气候的差异，产业结构以及市场结构不同，从而与其他区域交流就具有更多的必要性。尽管在行政区主体之间可能存在某些利益冲突，会建立某些壁垒，但在市场经济体制下的区域毕竟要比国家的开放性大得多、自由得多。

(2)产业结构更突出非均衡性发展。区域内分布着若干产业，形成一个或多个经济增长点或发展点，在整个区域中呈现区域内资源、资本、劳动力及市场等相互关联的特色。区域规划主体更强调或更注重产业结构的区域性特色，具体表现为区域内产业的非均衡性发展。

(3)经济上更强调相互依赖与合作。公路建设涉及的区域是更大范围区域市场的组成部分，也是全国统一市场的一个组成部分，经济主体在区域间协作，资源在空间配置，以及资本、原材料、生产技术、销售等方面密切相关，不可分割。

(4)规划决策与运营管理的二元性。公路国道主干线是横跨若干区域的线形基础设施，所涉及的各个行政区域社会经济发展主体，既有区域相对独立的自主性，又有在区域间的相互依赖性，乃至在全国社会经济发展中的从属性。区域发展的需要要服从国民经济整体、国家综合国力发展的需要。

(5)区域规划与协调职能的局限性。企业跨区经营的大市场营销策略要求相关行政区政府或主管部门、主要产业、企业负责人的协同决策，但所涉及区域间协调的职能必须由有关政府或主管部门出面，地方政府协调权力往往受经济利益直接影响，权能也有较大的局限性，市场机制的引导与调节在其中起着相当重要的作用。

2.3.5 区域的分工、分化与发展

区域间的差异是区域分工的基础，比较利益是区域分工的经济动力，而区域资源要素的自由转移与经济发展的空间竞争则是区域分工的必要条件。在商品经济和交通运输不发达、城市辐射力不强的情况下，地区间的分工和专业化协作水平低，相互联系不太紧密，故在计划经济条件下，行政区的行政功能色彩重于经济功能色彩。在中国社会主义市场经济体制逐步完善的条件下，不仅区域社会经济发展的速度增长很快，而且交通运输设施发展速度也很快。高速公路建设从无到有并迅速发展，形成了新的交通运输竞争格局，大大改变了区域空间的可达性，加快了区域产业集聚与扩散的步伐，提高了区域间利用公路基础设施，通过市场机制进行合作的可能性，使各类经济区域发展开始形成自己的特色。

区域间的分化主要由需求、运输费用和规模经济三大因素造成，区域分化的结果体现为经济中心和其边缘的形成。中国地域广阔，资源分布不均衡，地区与地区之间的运输条件差异又很大，具有形成多元经济中心的条件。这意味着在国家范畴内多个经济区形成的必然性，甚至每一个省域、部分城市都有可能成为相对独立的经济区域，因而呈现出经济区与行政区的重叠、经济区与不同行政区的复合、区域社会经济发展的差别，行政区利益主体的规划和微观运行主体的利益要求以及经济区与行政区的矛盾也就暴露出来了。因此，一定时期的经济区发展问题就成为行政区政府部门规划研究的重点内容。

经济增长的因素是资本、劳动力和技术进步。在经济体制改革和对外开放过程中，引入海外资本和国内域外资本是发展区域经济的重要过程。一般而言，外国资本和国内资本的最大区别是，外国资本在工艺上、机制上或管理上较国内资本先进，在很多情况下，也体现为一次能够投入巨大资本额，诸如交通运输基础设施建设项目的实施，购买高速公路经营权等。

在经济学概念中，发展是指一个国家或地区的经济增长到一定程度时所引起的经济结构的演进，以及政治体制、文化、法律甚至观念、习俗等社会生活诸方面的变革。所以区域发展是涉及经济数量和质量同时变化的过程；区域发展是区域经济结构的演化过程；区域发展是大多数人参与和分享的经济增长过程；区域发展还是一个经济体制、社会、文化与习俗变迁的过程。但是，增长与发展又是紧密关联的两个概念：增长是发展的基础与前提，没有增长就不可能有发展；发展是增长的最终目的，没有发展的长期增长是没有意义的。增长与发展相互促进，经济发展了就会促进经济的进一步增长，经济增长了，就可能推动经济的进一步发展。

2.3.6 行政区与经济区的作用及区别

经济区的内容、范围、层次随着产业结构、主导产业、经济中心、城镇和交通运输点型（如港口）或线型基础设施的发展而变动，比较活跃，具有明显的开放性质，经济区的边界一般不很明确或随经济活动变化呈现柔性特点。行政区同行政权力紧密结合在一起，具有法定性和明确的

边界，在长时期内比较稳定。经济区与行政区之间既有内在联系，又有边界重合与差异的区别。

经济发展有其空间结构范畴，通常表现为一定区域范围内社会经济客体的空间位置关系，以及反映这种关系的空间集聚程度和规模，故经济区的形成是客观存在的。国家治理经济重视经济区的运行，但由于经济区的形成基于地理的、自然的、资源的、基础设施的多种客观条件，体现为不以人的意志为转移的经济规律，在治理机构上只能设置为行政区。国家对地区经济的治理以行政区为对象，公路建设的投资、行政管理主体主要涉及的还是行政区。在很多情况下，我们力求两者大体上同幅，但在实际运行中始终存在着重叠交错等关系。中国8个经济区的形成正反映了这一特点。

因而对经济区与行政区的关系可以作出双重评价：一方面，在长期的行政区建制下，对经济发展有一定造型作用，使原来主要按资源、地理特征划分的行政区转化为相对固定的经济区；另一方面，经济发展毕竟有自己的规律，不受或不完全受行政区的束缚，不可能绝对固定地与以边界为线的行政区相一致，多种因素间的复合作用在促进其继续演变。

行政区主体利益、部门主体利益，有时与大范围区域经济发展要求不尽一致，甚至存在突出矛盾，所以，行政区并不能替代经济区。行政区应当采用扬长避短，保护竞争，促进联合的方针促进经济区的发展。1984 年的《中共中央关于经济体制改革的决定》中指出："实行政企分开以后，要充分发挥城市的中心作用。逐步形成以城市特别是大中城市为依托的，不同规模的，开放式、网络型的经济区"。可以说，经济区是适应经济发展和改革需要的产物。在中国现行体制下，省区、市区还是某种程度的利益主体，行政区域之间可能存在着利益分歧，人为组建构造经济区有时存在着大于合力的分力，例如，区域间断头路的出现往往是经济区与行政区之间矛盾的产物。

公路机能与效益的体现主要是经济区，特别是区域合作通道，沿高速公路构成的经济带又称通道经济带，这是经济区域的一种特殊形式，在区域经济发展中有着独特的作用。改革开放以来，要求企业成为市场主体，又要求进行区域行政主体规划，指导区域发展。只有市场体系趋于完善，政府做到政企职能截然分开，才能使企业充分发挥市场主体作用，促进经济区的成长，实现经济运行市场化；才能在政府职能作用下，使资源在统一、开放、竞争有序的市场环境中得到优化配置，推动区域经济发展。

2.3.7 与不同运输方式相关的区域概念

经济区以其构成区域的形状，可以用经济圈、经济带等范畴表述。任何一种运输方式，通常都是在有限的线路网和服务点范围提供服务，其范围的大小取决于所在经济带、经济区的位置，地理、经济、文化和人口的局限性，以及规模经济的要求。以东部和中部大多数地区为背景，可作出表 2-3 的概略描述。

与不同交通运输方式相关的区域概念 表 2-3

交通运输方式	连接中的区域形态	间距(km)	基本特点
航空交通运输	地方中心城市、区域中心城市	200～300	点圈状
快速铁路交通	一般城市、地方中心城市	20～70	点轴链状
一般铁路交通	线状点站连成的狭长区域	<10	点轴线状
高速公路交通	立体交叉枢纽城市(镇)及相互间合作通道	10～20	点轴链状
公路交通网	干支线网连成的"面"的分布区域	—	连片区域

区域形态中的“点”—“点”之间的间距和基本特点随中国东、中、西部经济带之间的差异有所不同。

2.3.8 区域及相关概念的运用

区域就是对描写、分析、规划、管理或制订政策来说，被认为是有用的一个地区统一体。公路建设与区域经济发展所涉及的区域，既可以根据内部均质性划界，也可以看作一个结点区，它有一个城市中心作为区域发展极来满足相关区域的需要。给区域定界，均质性和结节性仍属基本依据。高速公路立体交叉周边区域可以看作结点区，区域内部的各行业之间以各种不同方式相互影响，促进了区域经济整体协调发展。

公路影响范围以及构成区域的形状，可以用经济圈、经济带等范畴表述。在经济发展较快的区域，高速公路还有利于促进区域（间）通道经济带（区）的形成。

2.4 公路枢纽与区域经济

2.4.1 公路枢纽、公路主枢纽城市

枢纽指事物的关键部位以及事物联系的中心环节。交通枢纽是国家统一运输体系的组成部分以及其内部联系的中心环节，它位于一种或多种运输方式的交通干线相互交叉与衔接之处，并为共同办理旅客与货物中转、发送、到达而兴建的多种运输设施的综合体，决定着路网相邻路径的运输特点，并通过联结的固定设备和活动设备共同完成货物及旅客运输的中转与地方作业。

公路主枢纽作为交通枢纽的高级别的一种类型，主要指在公路主骨架与水运主通道、铁路和航空干线交汇处的全国综合运输网重要结点上，逐步形成面向全社会的具有运输组织、中转和装卸储运、中介代理、通信信息和辅助服务等基本功能的公路运输站场服务系统。

公路主枢纽城市的含义是由公路主枢纽和城市的含义综合而得的。一方面它具备有公路主枢纽的运输线路网络和相应的枢纽站场等交通设施基础，这是城市与外界进行能量交换的基础，也是城市内部活动得以正常运作的重要保证；另一方面它强调了其核心内容——城市，作为城市，它是人口、资本、消费、文化等的集中之地，是某一或大或小区域范围内政治、经济、文化等方面综合的中心或某一方面的中心，是一种地理空间的高级聚落。因此公路主枢纽城市是指以公路主枢纽的运输线路网络和相应的枢纽站场等交通基础设施为依托的经济、政治、科学技术、文化教育的中心，通过地理空间的高级聚落，对整个社会建设起着主导作用。它不同于公路主枢纽，尽管公路主枢纽一般应处于省会城市、中心城市、沿海开放港口城市和经济特区城市，但其核心的内容是满足全国综合运输网布局的需要，作为客货运输的主要中转基地，而公路主枢纽城市核心是要实现城市乃至全国经济、政治、文化等的发展。

2.4.2 公路主枢纽规划与城市建设

与大型交通枢纽城市相比，公路主枢纽城市概念可以在特大城市使用，也可以在大中城市使用，以起到公路主枢纽建设带动城市建设的作用。在公路主枢纽城市具体的规划建设中，既要考虑其主要依托公路主枢纽作为基础设施功能的实现，又要考虑公路主枢纽规划与城市规划的相互协调。

(1)公路主枢纽建设属交通基础设施建设,其建设若滞后于经济的发展,则会阻碍经济的进一步持续稳定发展;反之,若过分超前,则会降低投资效益,造成投资成本的损失,因此主枢纽的建设应适度超前城市经济发展。

(2)在进行公路主枢纽的规划布局时,要注意城市的环境保护。应尽量将货运站和货运汽车场等布置在近郊,当运输工具运行量过大时,应适当建设平行公路和环线,以分流行车量。

(3)公路主枢纽的规划建设应坚持可持续发展的原则。一方面,其规划建设必须与中国的经济社会发展需求和资源环境容量相适应;另一方面必须为中国经济社会的持续、健康、快速发展奠定物质基础。

2.5 现代区位理论

2.5.1 公路建设与区位理论

区位(Location)是通过对各种区域因素进行聚类分析和相互作用力的计算,为经济事物分布选择的最佳或最满意的地点。在区域经济学中一般把区位作为区域选择来使用,即指资源空间配置的决策和生产力布局的过程。

中国区域发展经历了“条条”与“块块”、“条块结合”等多次变革,在建设社会主义市场经济体制的过程中,地方的发展动力显然增强了。但从总体上分析,区域发展仍处在以工业化为主的发展阶段,工业化是区域发展的重要内容。

现代工业区位理论是研究工业的空间配置的理论,它包括工业的分布类型、工业的地区变动以及与不同工业活动相适应的各种空间形式。区位理论起源于资本主义商业、运输业大发展的 18 世纪,自 19 世纪初至 20 世纪 40 年代先后形成了四个代表性的区位论:农业区位论、(古典)工业区位论、(近代)中心地理论(城市区位论)和(现代工业)市场区及市场网理论,它们所寻求的目标是不同的,但是,它们的假设前提、研究方法、表达形式等却是类似的。与本书研究相关的代表理论主要有以下几种。

(1)A. 韦伯(A. Weber)的古典工业区位论(古典区位理论)。1909 年,他建立了推理和应用的区位论体系,特别把区域因素(Regional Factor)分析和集聚(Agglomeration Factor)规模经济结合起来,开拓了区位理论的新领域。

古典工业区位论的核心思想是如何对区位因素进行组合,使得企业成本和运费最低。根据韦伯的分析,构成最小费用的三个指向是:运输指向、劳动力指向、集聚指向。有关集聚的主要内容包括:企业集聚、产业集聚和城镇集聚等。

(2)W. 克里斯塔勒(W. Christaller)的中心地理论简称“中地论”。1932 年夏天,他出版了《德国南部的中心地》一书,在书中他从中心居民点、城市供应点、行政管理、交通等主要职能出发,论证了城市居民点及其地域体系,深刻揭示了城市、中心居民点发展的区域基础及等级—规模的空间关系,将区域内城市等级与规模关系形象地概括为正六边形模型。为了揭示城镇的等级、职能以及在空间中的关系,克里斯塔勒运用了中心地、中心性和中心货物与服务等概念,探讨了中心地对周围地区承担中心服务职能,中心地在理论上必须接近所属地区的地点。克里斯塔勒分析了城市等级形成的行政管理、商品与服务的供应和交通三个因素及作用。中心地理论是近代区位论的核心内容。

所谓中心地不是一般泛指的城市，而是相对于一个区域而言的中心点，更确切地说是相对于散布在一个区域中的居民点而言的中心居民点。一个地点的中心性(或称中心度)的含义可以理解为一个地点对围绕它周围地区的相对意义总和，或者说它所起的中心职能作用的大小。中心货物与服务分别指在中心地内生产的货物与提供的服务，它们出售和服务的对象主要是位于它周边的居民。中心地货物与服务都是分等级的。

(3)廖什(A. Losch)在1940年发表《经济的空间分布》一书中，提出了市场区及市场网络模型这一观点。廖什的理论核心是：生产和消费都在市场区进行，生产者的目标是获取最大利润，而最低成本、最小吨公里的区位往往不一定能保证最大利润。他研究的特点是把生产区位和市场范围有机结合起来，因此，正确地选择产业区位，是谋求最大市场和市场区所必须的。显然，廖什的研究范围明显扩大，他提出了蜂房结构的市场区，即正六边形的市场区，其重点在于解决面区位问题(市场区位)。廖什的市场区位理论的实质仍然是工业区位论，与工业区位理论的差别主要在以下几方面：

①把单一企业放入大量企业存在的体系中去考察，即从整体均衡的角度来揭示整个系统的资源配置问题。

②把生产区位和市场结合起来进行综合研究。

③从市场区的概念出发，提出了区域集聚和点集聚问题。廖什理论中的“点的集聚”是指各个配置点的重合，或者其配置中心的重合。廖什理论将区域集聚划分为地带和区，其中的“地带”是指同类工业区的集聚，它的市场网紧紧地挤在一起，而“区”是指彼此相互分离的市场范围。

廖什理论关于市场区、集聚区形成的推导，从理论上解剖了经济区域形成的内部机制。廖什认为，圆形的市场区是不能长久的，因为圆与圆之间总会有空角未被占领或利用。竞争者不断出现，占据空角，并将圆挤在一起，最后形成一个蜂房结构，呈正六边形的市场网。

上述理论之间具有继承性、延续性等特点，并在一定程度上影响到现代企业区位决策理论与实践。现代工业区位理论中较典型的流派是发展极(Development Poles)理论和增长极(Grouth Points)理论。

发展极理论的中心思想是假定存在着具有创新力的企业，这些企业的投资着眼点不在于过去按常规而取得成功，而在于未来通过创新而达到预期效果。发展极有两大类：一类是吸引中心(Attraction Center)；一类是扩散中心(Diffusion Center)。增长极理论认为，经济发展不是均衡地发生在地理空间，而是以不同的强度呈点状分布，按不同效应对整个区域发展产生影响。发展极、增长极的形成在区域发展中具有重要地位，忽视发展极、增长极的培育将会使区域发展速度大大延缓。公路建设对区域发展极、增长极的形成既有促进作用，也有制衡作用，关键在于如何应用。

发展极或增长极理论实质是把不平衡发展思想、创新学说，以及新古典学派关于人力、资本等要素流动的观点结合起来，并转化为地理空间的概念。在注重技术创新的当代中国，将其用于分析公路网建设与区域经济发展关系研究具有重要的参考借鉴作用。

2.5.2 空间结构理论及其发展

社会经济的空间结构是指社会经济客体在空间中的相互作用和相互关系，以及反映这种关系的客体和现象的空间集聚规模和集聚形态。社会经济空间结构分布着农业、工业、城镇居民点、道路和通信设施、文化及商业供应设施等多种客体，不断发生着商流、物流、人流、资金流、信息流的过程，以支持区域的商品生产、商品销售、信息传输等活动，以及新区开发、人口流动、城镇扩大、新技术扩散等运作过程。公路建设与区域发展的空间结构研究涉及相关区域农业、工业、商业、运输业、城镇居民点区位等在内的综合区位，公路沿线区域发展与区位理论关系非常密切，甚至空间结构理论的基本内容，也可看作全部古典区位理论在一定程度上的发展和综合运用。

对空间结构作出系统的理论分析和模型推导的是原联邦德国学者博芬特尔(E. V. Boventer)。他力图将韦伯、杜能、廖什的区位论综合起来，认为区位论要考察并尽可能深入地阐明不仅包括生产和货物，而且还要包括居住地、就业场所、流动性的生产因素的地理分布。他将区位论与发展理论相结合，分析论证社会经济各个阶段空间的一般特征。他详细分析了决定空间结构及其差异的最主要因素：集聚、运费及经济对当地生产要素的依赖性，这些因素的相互作用决定了区域空间结构的基本特征。他认为运费是投入产出关系特点与生产要素空间流动的决定性因素。土地对空间结构的影响，主要取决于土地的利用方式，其中生产性用途包括：农业、矿山、工业及基础设施用地，消费用途包括居住和休养地等。除了上述三个因素以外，博芬特尔还认为，空间中同类性质客体，如生产相同产品的工厂、提供同一种服务的第三产业的各个行业、出售同样商品的市场等，它们之间总是存在着各种竞争关系，竞争的结果，便产生了六角形顶点区位的景观模型。他还进一步推导出了各个区位点的生产规模、消费规模如何取决于各种产品的生产和需求机制，特别是与生产规模和部门间集聚优势的关系。博芬特尔对区位论和空间结构的发展还表现在：从最佳土地利用和合理集聚的角度，从理论上论证了工农业的企业规模、城镇规模及城镇结构。所以说，空间结构理论是涉及农业、工业、第三产业和城镇居民点区位的综合性区位理论，它所考察的方面包括产业部门、服务部门、城市居民点、基础设施的区位和空间关系、人员和产品、财政信息的区间流动等方面。

美国学者艾萨德从20世纪40年代开始区位论的研究，由于受到德国学者的影响，他开始主要侧重于部门区位的理论和实践研究。从50年代起，在他的领导下，组建了一个区域研究小组，根据区域社会经济综合发展的客观要求，开始将研究重点从部门的区位论转向区域综合研究与分析。他的区域科学模型包括生产企业、商业流通、运输、社会政策、环境生态等组成部分，在定量分析的基础上进行定性评价。艾萨德研究的基本目的是为编制科学的区域发展规划服务，或直接为工业等投资项目提供咨询，其理论可称之为总体的空间平衡理论。

现代区位论学者在空间结构理论、区域分析和区域模型等方面发展了一系列理论和方法。现代区位理论所研究的重大课题是：集聚因子与集聚过程，市场地域结构与空间集聚关系，区域经济结构合理化，城镇和区域性基础设施的合理发展与空间结构，人文现象的区域模型及地域系统，等等。根据空间结构理论推论，必须以系统的观点分析公路沿线区域三维空间中的社会经济发展的区位问题，因为现代区位决策不仅受到自然条件、经济利益因素的制约，而且受到社会公正、人口控制、环境生态因素、实现可持续发展等要求的制约。虽然从多维社会经济空间分析的增长速度一般低于二维空间结构，更低于一维空间结构状态，但是从人与自然、人与资源、人与环境相互协调、人与社会经济可持续发展的角度分析，多维空间分析结论所表明的是区域发展的一种比较协调、可行的高度化发展状态。

2.5.3 生产布局指向及区域产业发展趋势

由于各个国家、地区的生产要素禀赋和消费需求形式有较大差异，各个工业企业对生产要素和所面对的市场需求不尽相同，因此产生了生产布局指向理论。生产布局指向是指工业生产向能满足它主要要求的地区或地点接近的倾向，它大体分为：原料地指向、燃料动力指向、市场地指向、劳动力指向、交通枢纽指向和集聚经济指向。随着经济和科学技术的发展以及区位理论研究的深化，传统的生产力布局指向也发生了部分变化：原料地指向减弱，市场地指向增强，交通运输枢纽特别是港口周边进出口企业厂址布局倾向增强，高速公路在区位决策中的地位提高。

在区域发展中的产业横向联系，其基本含义是指相似单位存在竞争，并以空间相互排斥表现出来，结果形成各自的市场区和（或）供应区。而产业纵向联系是指交易双方在空间相互吸引，以节约运输成本形成原料地指向或市场地指向。其中被买方吸引的纵向联系称为前瞻联系；被卖方吸引的纵向联系称为回顾联系。互补联系的性质还要复杂些，它所引起的相互吸引发生于互补产品的供应厂商中和连带供应的产品用户中。一般说来，纵向联系导致自动强化增长趋势，而横向联系则有使增长趋于稳定的影响。论述区域增长产生的各种理论或是强调对该区域产品的需求和回顾联系，或是强调投入的供给和前瞻联系在区位决策中的影响与作用。

一些国家虽然基本完成了工业化进程，但工业化仍是中国区域发展的主要趋势。从工业化产业的一般发展过程分析，其共同的顺序是：以农副产品为原料的轻工业—重化工业—深加工工业。在这一发展演进过程中，产品及原料构成的变化，对公路交通运输的依赖性显然是增强了。

2.5.4 交通区位理论

从 19 世纪以来的农业区位、工业区位、中心地理论等，都把交通运输看作区位形成的条件，最典型的诸如：运输指向、劳动力指向和集聚指向。其实，交通运输同样要占有场所，也在一定的地域内具有一定的潜在优势、竞争优势。例如中心地理论所侧重的城市等级形成的三因素：行政管理、商品与服务的供应和交通。一般认为，工业地理分布是一种点集聚状态，而交通的地理分布则是（节）点—线（路）—网状态分布的，因此，交通区位理论特别突出点—线—网特征。

组成交通区位的线网称之为交通区位线。交通区位线是以地形、地貌为主要变量来确定的线路走向的一种大概率交通线。区位线原理建立在两条假设基础上：①地域无差异假设，即所研究的区域是封闭形的、理想的平原，生产要素在地域内是均匀分布的，能无差异地实现各种交通运输方式。②交通吸引带无差异假设，即地域内每次只有一条同内容的交通线，交通线单位长度上的效能吸引带是等宽的。

交通区位线的基本原理是：在无差异的地域中，集聚生产要素潜势最大的交通区位线是地域内最长的区位径线。两条最长的交通区位线正交（或近似正交）的交点，使生产要素再次向交点上集聚，促使交点生产力快速发展，交通运输促进了交流并形成经济中心，随之形成政治行政中心。按这一逻辑过程：交通中心促使经济中心形成，经济中心又促使政治中心形成，最后形成地域中心。由于区位线原理的两条假设与实际情况往往有较大差别，故在交通设施布

局中还得考虑受中心城市、区域中心集聚经济的作用，所以在区域决策中各种区位理论需要综合利用。

2.5.5 各种区位理论的综合运用

区位因素包括了区位单位，主要有：居民户、工商企业、企业总部、办事处、学校、警察局；多企业的公司、公共机构、工业部门、城市和区域。区位决策单位一般是一个或一个以上的区位单位。依区位决策主体的性质、功能以及环境要求不同，构成区位选择的因素也不同，除了常见的区位要素外，主要还有预期收入、安全、生活舒适性、国家公共机构政策等。

影响企业区位因素之一是运输定位，主要包括投入(或资源)定位、产出定位或市场定位。有的产业，其各个区位单位最主要的区位选择是相互排斥的，即相互之间都试图保持一定距离，各区位单位都有自己的市场区时，该产业为市场定位，而表现为市场分散；或各区位单位都有自己的投入区时，该产业为投入定位，而表现为投入资源地分散。影响企业区位决策的各类区位因素可以构成具备各种不同优势的空间结构。在微观空间着重点是地租的比较，而地租是多种因素的集中体现；在宏观空间需要在相距遥远的几个区位之间进行优势空间结构的比较。区位决策过程一般是先宏观分析，尔后再微观分析。

一个区位的相对优劣取决于地区性投入、地区性需求、输入的投入、外部的需求四类区位因素。输入的投入反映了来源与该区域间的运输成本；外部的需求反映了该区位与那些市场间的运输成本。各种区位理论分别从不同角度研究了推动区域发展的不同主体，应用工业区位理论需要考虑交通运输因素，应用交通区位理论需要考虑农业区位、工业区位、市场区位等因素，现代空间结构理论试图将它们综合起来研究。

显然，在均质区域或地域中心形成的最初过程中，交通的作用大于运输。地域中心一旦形成，城市的集聚效应、规模效应将带来空前的区域发展机会和利益。社会需求能把两正交的交通线吸引至尚未能覆盖的地域，也能通过新交通线的运输指向把它集聚到地域中心来，以便形成更强大的集聚效应、规模效应，于是出现了以地域中心为始点的交通辐射线结构，从而证明中心地理论在引导区域发展规划。

由于地理、社会、经济、文化、政治等因素的相互作用，形成了交通区位线、交通规划线与工程实践交通线这三种既有关联、又有差异的线路概念。一般认为，交通规划线偏离交通区位线主要是由于效能网络结点(微观地域中心)偏离交通区位线的端点形成的；结点的偏离是由山川、湖泊、沙漠、地表与地下资源、气候等地理因素造成的。虽然这两种线的结点与端点间发生偏离，但点间的直线是不变的。工程实践交通线对交通规划线的偏离，主要是两种线的端点间连线的偏离，而端点的位置是不变的，偏离原因也是地理因素造成的。而工程实践交通线对交通区位线的偏离，则是上述两种偏离的叠加，既有结点的偏离，也有线路的偏离。

在公路建设与区域发展的有关研究中，可以将交通区位理论与工业区位理论结合起来运用，如将点、线、网的交通区位与有关区域发展极、增长极理论协同起来研究，并考虑公路沿线区域发展中其他因素的影响综合运用。

2.6 本章小结

本章主要研究了区域科学、区域经济学、产业经济学等在公路建设与区域发展方面理论的应用，也是全文研究的基础理论铺垫，为进一步深入研究奠定了基础。

(1)本章概括的区域范畴是一个动态概念，在研究中主要指干线公路连接的“点”直接影响的范围，以及点与点之间沿轴线交互联系和作用、活动相对频繁的范围，诸如干线公路或公路网影响的一个中心地、城镇、高速公路立体交叉周边区域、点与点之间交流与合作逐步形成的通道范围，也包括相关中心地集聚效应、扩散效应影响的广义区域，诸如交流圈、经济圈等。

(2)现代工业生产力布局指向中的绝大部分内容都与运输指向有关，如资源地指向、能源地指向、市场地指向、交通运输枢纽指向等。区位决策理论与实践表明，最低物流费用或最高利润是多数企业区位决策的准则。

(3)工业区位理论的发展已形成了完整的体系。工业区位理论与交通区位理论应用的角度、产业部门主体不同，但是在区域社会经济活动中，它们交互作用、相互影响，各级政府及主管部门在规划公路建设与区域发展方案时，必须将它们综合集成起来进行统筹运用。

第3章 公路资源在区域产业结构转换中的地位和作用

从经济角度分析，高速路网形成了一种资源，这种资源利用得当，可以在公路寿命周期获得更好的产出，取得更好的关联区域发展的良好效果。本章提出公路资源理论，根据中国区域经济发展状况比较分析，探讨利用公路资源的途径、方式，以及可持续利用等问题。

3.1 公路资源理论及其利用形式

3.1.1 公路资源的含义

资源是生产资料或生活资料的天然来源，公路资源是指由公路及相关设施直接或间接提供生产资料或生活资料的资源，公路资源与天然资源不同，就公路自身而言，公路资源的持续利用涉及公路建设规划、设计、施工、运营和管理过程，涉及规章、制度以及实施等众多因素。公路资源持续利用研究的首要目的就是搞清楚公路资源的含义、影响因素、利用途径，以及和社会经济、管理体制等方面的关系。

就公路环境而言，公路资源持续利用涉及周边区域的自然、经济和文化环境，要结合环境特点研究公路资源开发和利用规律，指导公路资源合理利用。其中主要目的就是要通过公路资源持续利用研究，充分发掘公路资源在区域经济发展中的潜力和作用，以改善经济发展环境，提升区域经济竞争实力。

就公路建设和使用主体而言，需要对公路资源的形成质量和使用后果负责。在区域经济发展过程中，要充分利用公路资源的直接功能和间接功能，提高公路资源寿命周期的产出效率与效益。

3.1.2 公路资源在区域发展中的利用形式

(1)公路资源直接利用形式

公路建设形成的线形基础设施，即运输通道，是区域发展的重要资源，也是公路资源的直接利用形式。通过运输通道运输效率、质量的提高，促进物流、商流、人流的有效快速地流通，并不断降低流通成本，为区域经济发展提供有利条件。

(2)公路资源间接利用形式

公路资源的间接利用形式集中表现为公路资源利用信息化，这也是提高公路资源利用效率的一项重要途径。注重公路资源利用信息化，使公路资源通过科学的理论方法、技术手段和运行机制得以充分和持续运用，将沿线区域开发科学化、产业结构合理化、企业选址合理化与公路资源管理的智能化、信息化及科学化等有机结合起来。

3.2 中国区域发展的比较分析

因自然、地理和经济发展等因素的影响，中国形成了东、中、西部三个明显的经济带；依据历史和经济联系等特点，又可进一步细分为八大经济区。进行区域间比较分析是区域发展研究的基础和前提。

3.2.1 三大经济带的比较

世界银行2000年对各国经济水平的划分标准参见表3-1。

各国经济水平的划分标准(单位:美元) 表3-1

人均国民生产总值	国家经济水平	人均国民生产总值	国家经济水平
≥9 656	高收入国家	≥786	中下等收入国家
≥3 126	中上等收入国家	<786	低收入国家

2000年，中国国民生产总值88 254.0亿元人民币，人均约842美元，远远低于世界平均水平，刚进入中低收入国家行列。近年来，中国国民生产总值有了飞速增长，到2005年中国国民生产总值达17 727.24亿美元，但人均仅为1 352美元，仍处于中低收入国家行列，属于典型的发展中国家。

自1993年至今，中国(不含港澳台)是世界上仅次于美国的吸引外资的第二大国，1996年实际利用外资548亿美元，2005年达到724亿美元，并且据预测，未来几年内中国实际利用外资金额将会保持平稳发展趋势。但是，在中国的东部、中部和西部之间的差距还很大，参见表3-2。

中国东中西部基础数据比较 表3-2

指　标	东　部	中　部	西　部
面积(百平方公里)	10 674	16 820	68 147
面积占全国的比重	11.16%	17.59%	71.25%
人口(万人)	49 251	43 037	37 127
人口占全国的比重	38.06%	33.25%	28.69%
GDP(亿元)	95 305.75	40 349.51	27 585.17
GDP占全国的比重(%)	58.38%	24.72%	16.90%
实际利用外资(亿元)	4 848.13	514.70	258.17
实际利用外资占全国的比重(%)	86.25%	9.16%	4.59%

资料来源:《中国统计年鉴2005》;商务部外资统计。

东部地区包括北京、天津、河北、辽宁、上海、江苏、浙江、福建、山东、广东、海南11个省市；中部地区包括山西、吉林、黑龙江、安徽、江西、河南、湖北、湖南8省；西部地区包括重庆、四川、贵州、云南、西藏、陕西、甘肃、青海、宁夏、新疆、广西、内蒙古12个省、市、自治区。

城市是带动区域发展的动力源、发展极。1989年，中国东部地区城市密度是西部地区的7.8倍，空间人口城市化普及率是其12倍，城市人均GDP是其1.6倍，城市地均GDP是其11倍；而2004年仅东部地区的城市密度就是西部地区的9.8倍，可见两者的差距在进一步拉大，参见表3-3。

中国东中西部地区城市化发展比较 表 3-3

项 目	东部地区	中部地区	西部地区	备 注
区域总面积(百 km^2)	10 674	16 820	68 147	未含港澳台
城市数量(座)	263	227	171	
城市分布密度(座/百万 km^2)	246	135	25	

资料来源:《中国统计年鉴 2005》。

公路建设情况在三大经济带的分布也有明显的差异,参见表 3-4。

中国公路在三大经济带的分布情况 表 3-4

地 区	单 位	公路里程	等级公路合计	高速公路	一级公路	二级公路
总计	km	1 870 661	1 515 826	34 288	33 522	231 715
东部合计	km	547 060	496 998	15 988	23 596	95 103
所占比重	%	29.24	32.79	46.63	70.39	41.04
公路密度	km/100km^2	51.25	46.56	1.50	2.21	8.91
中部合计	km	566 340	464 109	9 660	5 647	80 538
所占比重	%	30.28	30.62	28.17	16.85	34.76
公路密度	km/100km^2	33.67	27.59	0.57	0.36	4.79
西部合计	km	757 258	554 718	8 638	4 279	56 077
所占比重	%	40.48	36.59	25.19	12.76	24.20
公路密度	km/100km^2	11.11	8.14	0.13	0.063	0.82

资料来源:根据《中国统计年鉴 2005》数据计算。

中国公路包括等级公路与等外公路,公路总里程在东中西部分布所占比重分别为 29.24%、30.28%和 40.48%,其中等级公路分别为 32.79%、30.62%和 36.59%,而高速公路、一级公路所占比重分别为 46.63%、28.17%、25.19%和 70.39%、16.85%、12.76%。显然,东中西部在公路技术等级以及相应等级公路密度等方面相差悬殊,从而进一步影响到公路运输的组织方式。诸如,集装箱运输是先进的运输组织方式,它可以很方便地组织起海运、内河、铁路以及公路等多种运输方式形成多式联运体系,集装箱运输的内陆延伸水平关系到中国统一的综合运输体系的协调发展与组织程度,其中高等级公路网是一个重要的先决条件。中国的公路集装箱运输从沿海到内陆运输量急剧下降,沿海地区集装箱运输发展水平高有其必然条件,而内陆集装箱公路运输的能力及水平,与现在的区域经济发展水平以及公路网技术等级有密切的关系,这一影响可以通过公路集装箱运输量的分布状况看到(参见表 3-5)。

东中西部公路集装箱运输量分布情况 表 3-5

地 区	国际标准箱(单位:千 TEU)		
	TEU 合计	40ft	20ft
全国总计	20 866.0	5 979.2	8 370.4
东部合计	20 372.4	5 894.1	8 131.9
所占比重	97.63%	98.58%	97.15%
中部合计	165.2	28.7	59.8
所占比重	0.79%	0.48%	0.71%
西部合计	328.4	56.4	178.7
所占比重	1.58%	0.94%	2.14%

资料来源:《2005 年中国交通年鉴》,1ft=0.304 8m。

可见，中国公路集装箱运输基本上集中于东部经济带，东部公路运输的国际标准集装箱量占到97.63%，而中西部非但集装箱运输量少，且大多是非国际标准集装箱运输。这反映了集装箱运输与国际贸易、海运方式有密切的关系，同时也受到集装箱物流设施、集装箱货车的地理分布，以及区域经济水平的较大影响。

中国东、中、西三个地区经济发展水平不同，城镇、人口及交通枢纽地理分布也很不均衡。以新疆为例，新疆地域辽阔，绿洲分散，具有特殊的经济条件和地理位置，从乌鲁木齐到15个地、州、市的平均距离为743km，县与县之间的平均距离为112.4km，乡与乡之间的距离也在35km以上。新疆共对外开放一类口岸16个，二类口岸5个，其中一类口岸中航空口岸2个，陆路口岸14个。因此，公路交通在区域社会经济发展中的作用十分突出，提高现有公路网总体服务水平和通过能力显得非常重要。中国综合运输网、公路网、国道主干线系统也自然表现为东密西疏的特点。例如，在国家规划的45个公路主枢纽中，东部地区25个，占55.6%，中部地区10个，占22.2%，西部地区10个，占22.2%，相邻主枢纽间的平均间距，东部地区为200～300km，中部地区为300～400km，而西部地区在500km以上。

综合各方面因素的影响，中国东中西部不仅经济发展水平不同，而且经济发展速度也有差别，不过近年来，在西部大开发政策的引导下，西部经济也有了较快的发展(参见表3-6)。

中国东中西部GDP占全国比重(%)及发展速度比较 表3-6

年份	东部	中部	西部	比较项目	东部	中部	西部
1978	52.8	30.7	16.5	1978～1995年GDP增减百分点	+5.54	−3.17	−2.38
1995	58.34	27.53	14.12	1995～1997年GDP增减百分点	−0.43	+0.59	−0.15
1997	57.91	28.12	13.97	1997～2004年GDP增减百分点	+0.47	−3.4	+2.93
2004	58.38	24.72	16.90	1978～1995年GDP平均增速(%)	10.40	9.00	8.80
				2000～2004年GDP平均增速(%)	11.45	10.15	10.45

资料来源：根据《中国统计年鉴2005》数据进行计算整理。

3.2.2 八大经济区的比较

经济区一般是指由于地理条件、自然资源、产业结构、经济布局等诸方面的内在联系，自然形成的地域经济综合体。

2005年，国务院发展研究中心发布《地区协调发展的战略和政策》报告，报告提出“十一五”期间内地划分为东部、中部、西部、东北四大板块，并可将四个板块划分为八大综合经济区的具体构想，以期通过这八大经济区的划分，来进行经济区的统一考虑，加强区域间的联系。这八大综合经济区的具体构想是：

(1)东北综合经济区——辽宁、吉林、黑龙江：重型装备和设备制造业基地；保持能源原材料制造业基地的地位；全国性的专业化农产品生产基地。

(2)北部沿海综合经济区——北京、天津、河北、山东：最有实力的高新技术研发和制造中心之一；加速区域一体化进程。

(3)东部沿海综合经济区——上海、江苏、浙江：最具影响力的多功能的制造业中心；最具竞争力的经济区之一。

（4）南部沿海综合经济区——福建、广东、海南：最重要的外向型经济发展的基地；消化国外先进技术的基地；高档耐用消费品和非耐用消费品生产基地；高新技术产品制造中心。

（5）黄河中游综合经济区——陕西、山西、河南、内蒙古：最大的煤炭开采和煤炭深加工基地、天然气和水能开发基地、钢铁工业基地、有色金属工业基地、奶业基地。

（6）长江中游综合经济区——湖北、湖南、江西、安徽：以水稻和棉花为主的农业地区专业化生产基地及相关深加工工业；以钢铁和有色冶金为主的原材料基地；武汉"光谷"和汽车生产基地。

（7）大西南综合经济区——云南、贵州、四川、重庆、广西：以重庆为中心的重化工业和以成都为中心的轻纺工业两大组团；以旅游开发为龙头的"旅游业—务业—旅游用品生产"基地。

（8）大西北综合经济区——甘肃、青海、宁夏、西藏、新疆：重要的能源战略接替基地；最大的综合性优质棉、果、粮、畜产品深加工基地；向西开放的前沿阵地和中亚地区经济基地和特色旅游基地。

中国八大综合经济区的经济发展水平比较及公路建设情况参见表3-7、表3-8。

中国八大经济区经济发展水平比较 表3-7

地　区	面积（万 km^2）	人口（万人）	GDP（亿元）	GDP占全国比重（%）	人口密度（人/km^2）	人均GDP（元/人）
东部沿海综合经济区	21	13 895	34 096.43	20.89	662	24 538.63
南部沿海综合经济区	34	12 633	22 861.96	14.01	372	18 097.02
北部沿海综合经济区	38	18 506	31 474.71	19.28	487	17 007.84
东北综合经济区	81	10 743	15 133.86	9.27	133	14 087.18
黄河中游综合经济区	171	19 141	17 453.09	10.69	112	9 118.17
长江中游综合经济区	71	23 459	20 230.8	12.39	330	8 623.90
大西南综合经济区	137	25 055	17 092.88	10.47	183	6 822.14
大西北综合经济区	406	5 983	4 896.70	3.00	15	8 184.36

资料来源：《中国统计年鉴2005》。

中国公路在八大经济区的分布情况　　表 3-8

地　区	公路总里程(km)	等级公路合计(km)	高速公路里程(km)	高速公路占该区公路总里程的比重(%)	路网密度(km/百 km²)
东部沿海综合经济区	133 002	122 237	4 383	3.30	63.33
南部沿海综合经济区	188 533	158 249	4 187	2.22	55.45
北部沿海综合经济区	173 110	164 316	5 781	3.34	45.56
东北综合经济区	166 032	158 192	2 901	1.75	20.50
黄河中游综合经济区	270 228	249 336	4 573	1.69	15.80
长江中游综合经济区	311 191	223 522	5 290	1.70	43.83
大西南综合经济区	418 269	292 478	5 333	1.28	30.53
大西北综合经济区	210 293	147 495	1 838	0.87	5.18

资料来源：根据《中国统计年鉴 2005》数据计算。

在区域发展水平和增长条件都十分悬殊的情况下，各个经济区生产要素产出弹性会相差很远，即使同等幅度和同等速度的投资增量扩张，也不可能保证产出弹性的区域均衡。同样，等幅度公路建设投资增量所引来的公路产出综合效益也会大大不同。在每个经济核心区内，经济和人口又高度集聚在由主要核心城市和主要发展轴组成的核轴地带，人口密度较大的区域往往也是经济较发达的地区。

3.2.3　关于东西部差距的认识

由前面的数据比较，可以看出中国东西部之间存在较大差距，据有关分析，中国东西部差距已经接近或超过美国开发西部前的最大差距，而这一差距目前仍在进一步扩大。目前，中国大多数贫困人口和贫困地区仍集中在西部的少数民族地区、边疆地区和山区。根据国家统计局《2004 年中国农村贫困状况监测公报》，在农村绝对贫困人口中，东部地区为 374 万人，中部地区为 931 万人，西部地区为 1 305 万人，西部地区占到 50%。

一段时期的经济不均衡发展对整个国民经济的发展是有利的，但过度差异会带来社会经济发展的不稳定，反过来又会影响到整个国民经济的发展。美国东西部自然条件、经济基础差异较中国小得多，而美国开发西部用了 50 年，经历了近一个世纪的开发，才使东西部人均差异降到 1.54：1(1970 年)。所以，解决中国东西部差距问题已不单是个认识问题，它是个涉及政治、经济、社会和科技的综合性区域发展问题，党中央已经将其列入区域经济发展方针之中。

从经济发展的不平衡规律分析，西部区域经济发展与东部同样需要“特区”。目前，巨大投资额项目几乎都集中在东部，投资重心长期持续性东移，在造成东西部差距进一步拉大的同时，也造成了人才东流，缩小这种差距需全方位努力且已刻不容缓。

3.2.4 西部的比较优势与劣势

中国西部地区拥有丰厚的自然、矿产、能源等资源。西部水能理论储量达5.5亿千瓦，其中可以开发利用的水电资源2.74亿千瓦，分别占全国总量的82%和77.8%；中国现已发现171种矿产资源，查明资源储量的有158种，在这158种矿产中，西部地区就拥有138种，西部地区的煤炭、油气、钾盐、铬铁矿、稀土、磷、镍、钒、锰、铜、铝、锌等30余种矿产资源在全国具有比较优势；西部煤炭地质储量占全国的64.1%；西部石油探明储量21.68亿吨，占全国的41%；西部众多地区也是生物集聚区；西部具有农业、牧业、工业等的优势，可以形成重要的农牧业基地、原材料基地、机械工业基地；西北地区可进一步发挥连接东亚和中亚的区位优势，农牧业、能源、矿产资源优势和军工企业技术优势，还可配合以新亚欧大陆桥为基础的高等级道路网建设，沟通国际区域经济合作通道，加快水利、交通建设和资源开发，形成全国重要的棉花基地、畜产品基地、石油化工基地、能源基地、有色金属基地；西部的低价能源、低价待开发土地、廉价的劳动力和相当数量的尚待充分发挥作用的高级智力资源，将形成西部吸引海内外投资的重要因素；西部还具有丰富的文化旅游资源，陆路口岸多，具有发展边贸的条件。

但是，西部也是贫困人口最多的区域，脱贫的任务艰巨。西部区域缺少开发资金，生活质量水准低，多数人的观念守旧保守，与外界联系少，公路基础设施建设质量低，所以仅靠资源优势、低人力资本形成的较高资金利润率吸引海内外资金的难度仍很大。

3.2.5 开发西部区域的战略基础

中国经济发展应是动态平衡的发展。幅员辽阔，不同区域发展水平悬殊，是中国的重要特点。这个特点决定了中国必须十分注意各地区发展的均衡性，要充分利用国际、国内资源完善区域经济发展极，利用庞大的国际、国内市场为自身提供广阔的发展空间。经济发展的均衡性是社会和谐发展的重要基础，这就需要通过全国范围的资源配置、社会流动和利益调整，逐步实现相对平衡。因此，西部区域经济发展不仅需要“产业迁入”、需要大量海内外资金投入，也需要大量的还处在封闭状态的人们出行与外界交流，因此，构筑高质量公路基础设施系统，对区域经济还很落后的西部有极为重要的战略导向作用。

例如，作为拥有关中平原和西北最大的中心城市(西安市)的陕西省，其人均GDP水平却居全国倒数第4位(2004年)。陕西由于自然、地理和经济联系的关系形成了关中、陕南、陕北三个经济区，陕南、陕北都有一些产业尚待开发、尚待形成规模。沟通关中与陕南、陕北的联系，强化中心城市的经济辐射力需要通畅的区域间合作通道。陕南需要与关中连接更快捷的交通、物流通道，并将“三国”等历史名胜、旅游景点联成一体形成交流圈，进一步促进经济圈形成，这些都需要公路建设奠基。陕北榆林将辟为国家能源重化工基地，但公路交通非常落后，极大地影响了开发进程。关中积聚了大量的科技人才资源和科技实力，西安作为中西部经济发展的中心城市，教育、科技实力、科技工作质量很高，具有科研与开发的强劲实力和巨大的开发潜力，其科教综合实力排在全国前几位，但科技成果应用能力薄弱，产业化率低，而且往南、往北出行都不是很便利、快捷，大大制约了科技产业化的发展。因此，构筑高效率公路运输系统，创建优质的投资环境，对推动陕西省区域经济及中西部区域经济的发展都是十分必要的。

目前，指导西部区域经济决策的可持续发展原则、社会福利原则、最经济原则已渗透在有关政策研究工作中，公路基础设施建设将在西部生产、分配、交换、消费、环境等方面取得较好的系统协同效益。

3.3 区域发展中的公路资源利用思考

3.3.1 公路资源利用中存在的问题

在社会和经济发展的过程中，国家、地方和其他各类投资主体在公路建设中已经投入大量资金。但是对东、中、西部一些建成公路资源的利用情况进行回头望，会发现存在许多问题，例如，河南、浙江等地出现 5～8t 改装车装载 50～60t 货物的现象，公路经营只注重收费不重视监控，市场货运价格远不到位，造成某些经营者掠夺式地利用公路资源等现象。诸如此类现象造成有些地区出现前面建路、后面修路，公路寿命周期大大缩短；公路寿命周期产出低，公路资源利用效果差等很多问题。在西部一些地区公路建成几年后就开始大修，此类情况显然制约了公路资源的持续利用，甚至会大大延缓西部开发的进程。根据专家预测，西部大开发至少持续 30 年，因此，必须结合中国实际情况，针对公路资源利用中已经存在和可能存在的问题进行深入分析研究，及时采取有效措施，以提高公路资源利用效果，提高公路寿命周期产出效益。

公路质量是公路资源持续利用的物质基础，公路规划、施工、运营及管理各个阶段的主体，以及沿线区域经济发展主体对公路资源利用的认识程度和所采用的实际态度，都会直接影响到公路的质量及公路资源的持续利用，如果公路资源不能得到合理运用，不仅直接影响到周边区域的发展，也会直接影响到整个国民经济发展的进程。

3.3.2 公路建设与区域发展呈现交互作用关系

综合分析有关资料，可以发现公路建设与区域发展呈现交互作用关系。

(1)公路建设可以引入和激活相关区域资源要素，从而拉动和创造交通需求，沟通区域间经济联系并带动着区域社会经济的发展。当一个地区经济发展水平很低，且没有公路或其他交通与外界联系时，公路建设对其区域发展产生的效应是质的进步，此时，公路成为区域经济效率的放大器。这就是人们总结的："要想富先修路，想大富修大路，想快富修高速"。

(2)区域经济发展产生的交通需求，促进了公路建设高速度、高质量的发展，以适应交通需求的发展要求。翻开中国公路地图可以看到，目前已建成和在建的高速公路均是连接省会城市、重要港口、重要城镇并构成区域经济发展的战略或重要通道。当经济发展达到一定水平后，经济发展就越快，则公路建设特别是高技术等级公路建设发展就越快。

(3)公路建设与区域发展两者存在交互作用关系。在先发优势等条件下，中国东部已建成的高速公路沿线区域迅速实现其功能并形成通道经济区，正是这两者交互作用的反映；而西部局部区域高速公路建设效果不像东部那样突出，一些高速公路作用不能在较短时期内迅速实现，也是这两者交互作用的反映。

(4)随着区域人均经济水平的提高，公路会从平稳发展时期过渡到一个较快的发展时期，然后又进入平稳发展时期。用 2004 年中国各省市人均 GDP 指标和公路密度指标经过初步筛选后，可做出两者之间的拟合曲线(参见图 3-1)。可以看出，中国大部分区域目前仍处在公路密度增长较快的经济发展水平阶段，因此对公路建设应予以特别重视。

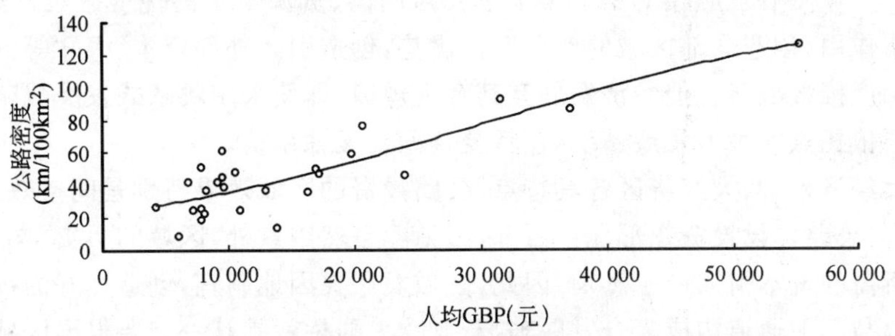

图 3-1 中国人均 GDP 与公路密度的发展关系

在图 3-1 中，以 x 表示人均 GDP(元)，以 y 表示公路密度(km/km²)的拟合曲线的方程式如下：

$$y_{km/km^2} = -6\times10^{-13}x^3 + 5\times10^{-8}x^2 + 0.000\,7x + 24.208 \tag{3-1}$$

$$R^2 = 0.745$$

(注：拟合曲线样本 27 个，其中未采用内蒙古、青海、西藏和新疆的数据。R^2 表示复相关系数，以下相同)

式中：x——人均 GDP(元)；

y——公路密度(km/km²)；

R^2——复相关系数。

中国人均 GDP 与公路密度的变化关系说明，除少数地区的地理、自然、人口、经济等具有特殊性外，就中国的绝大部分地区而言，公路建设将处于一个较快发展的时期，主要表现为公路密度较大幅度提高。由于中国东部经济发达区域的路网和公路等级水平远远高于西部，上述关系若用等效公路里程描述将会更加清晰。但是，受中国目前经济发展水平的限制，这一全过程图像还不能完整地描述出来。

(5)高速公路的等效公路里程及功能远高于一般公路，高速公路建设迅速从经济发达城市及相关港口城市首先兴起是符合公路发展规律的。随着人们对高速公路认识的进一步深入，又促使人们从对带动区域社会经济发展具有重要战略地位和作用的城市角度思考发展高速公路，这同样也是符合公路发展规律的。但是，构成产业区位优势的条件很多，高速公路只是其中重要的一项因素，因此，由于区域经济基础和其他因素的不同，“高速公路沿线区域迅速形成通道经济区”理论并不一定带有普遍性。

3.3.3 区域发展中的公路资源利用思考

中国要从整体上加速构筑公路主骨架的步伐，并与相应配套设施紧密结合起来，从而能够真正起到带动区域经济发展的作用。由于公路建设需要大量资金，中国在资金、技术等方面相对薄弱，公路建设对区域发展的促进作用不能脱离周边环境经济基础进行讨论，也不能脱离区域发展战略来考虑。

(1)东部经济发达区域主要依靠地方力量，发挥市场机制和各种筹资机制，以区域发展对公路交通的需求拉动公路建设，足以使公路建设形成正循环系统，在发展中实现梯度推移战略。

(2)中部则以区域发展对公路交通的需求决定公路建设的数量和质量，实施公路技术等级与数量并举策略。

(3)西部考虑采用公路数量优先准则,对重点的经济发展、资源开发地区可发展一级公路或高速公路。产业发展也应相对集中于干线公路网内、资源丰足的优势区位。通过公路建设的前导型战略作用,创造局部区域的产业区位优势,创造引入外部资本、人才等的环境,在局部区域实施反梯度推移战略。但经济发展有其客观规律,即使采用跳跃式发展战略,其发展的核心思路还是要依托点—轴型发展系统,包括复合型发展轴系统。

中国三大经济带、八大经济区各具特点,公路投资的区域效果特别是间接效益是很不均衡的。一般而言,公路建设投资东部优于西部,因为除自然因素外,区域的历史、文化等因素都会对区域发展所需的资本引入产生影响,因此,区域发展要因地制宜,创造良好的投资环境。

公路可以与其他通道构成复合发展轴,新亚欧大陆桥就是其一。要根据区域的特点,构思区域公路与经济发展战略,设计公路建设与区域发展的基本模式。根据中西部区域自然、资源和社会经济特点,一些区域具有充分利用公路建设倍增效应的相对优势,随着经济力的辐射西移,一些中、西部具有战略意义的区域优势会逐步增强。

3.4 公路建设与区域产业结构的转换

产业及产业结构可以从国家角度研究,也可以从区域角度研究,前者更强调完整的体系,而后者更注意区域自然、经济、社会、文化等特征,以及区域的可持续发展等方面。

3.4.1 产业与公路建设

产业是指具有某种共同特征的企业集合。一个区域的产业完善需要哪些企业的集合,是要根据社会经济发展的需要而定的。区域产业结构的产业含义通常是指三次产业的构成和发展,或是指行业的构成和发展。

交通运输基础设施建设在宏观上构成了综合国力的基本要素,在微观上也成为企业区位决策的基本条件,特别是公路建设所构成的线形基础设施,成为影响区域产业构成或企业选址导向的重要因素之一。干线公路及公路网作为区域中心地集聚和扩散、区域间合作与发展的主要通道和依托,是构筑城乡一体化的网络基础,对区域发展各方面有直接和重要的促进作用。在中国公路建设迅速发展的过程中,如何正确认识公路建设与区域发展的关系,充分把握和利用公路尤其是高速公路建设的时机,是有效推动区域社会经济发展的一个十分关键的问题。正确认识和解决这些问题,不仅对提高公路建设内部效益、直接效益,而且对提高外部效益作用显著,从而使各级地方政府都能从战略的角度认识和把握公路建设促进社会经济发展的规律,对公路建设与区域发展一体化规划进行科学地决策与管理。

公路建设不同时期对区域经济和沿线区域发展的直接影响,人们已或多或少地感觉到,并试图从不同角度进行探讨分析。近年来,中国的国内生产总值(GDP)一直以年均增长率世界第一的速度发展(参见图 3-2),其增长趋势的指数式拟合曲线方程为式(3-2)所示。

图 3-2 中,以 x 表示年份,以 y 表示中国 GDP(亿元)增长的方程如下,其中虚线为拟合曲线。

$$\begin{cases} y_{\mathrm{GDP}} = 2\,785.6e^{0.152\,1x} \\ R^2 = 0.985\,5 \end{cases} \tag{3-2}$$

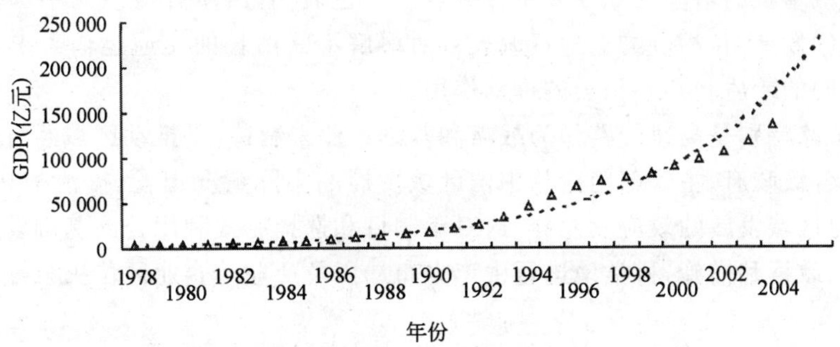

图 3-2 中国 GDP 增长量及发展趋势

式(3-2)的一阶导数方程为：

$$y_{CDP}=423.68976e^{0.1521x} \tag{3-3}$$

式(3-3)表明，在相关年份内，拟合曲线呈很强的增长率。所以，即使在1998年东南亚金融危机的背景下，中国经济仍达到了较高的发展速度，并为亚洲和世界经济发展做出了重要贡献。

近20年来，中国 GDP 飞速增长有多方面的原因，其中公路建设也起到了较大的促进作用。公路用地与 GDP 增长显著相关，用线性方程拟合其复相关性为0.7359，用多项式拟合其相关性为0.8551。从图3-3可以看出用多项式拟合的变化关系，说明公路用地在初期阶段带动 GDP 发展是线性相关的，直接影响很大，达到一定数值后其增长势头减缓，我们应当深刻地认识其内在的规律，科学地利用土地这一宝贵资源。

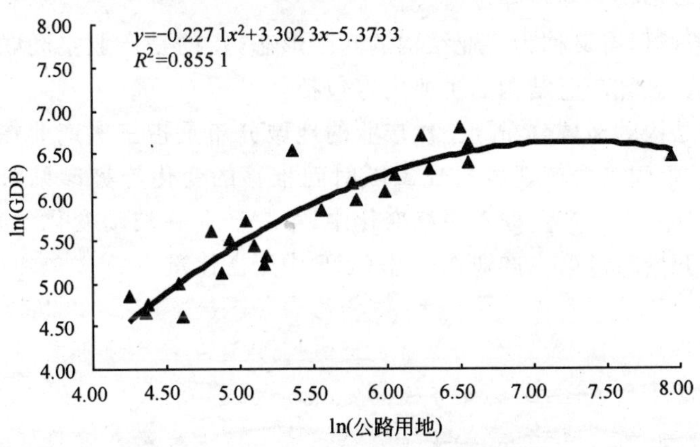

图 3-3 公路用地与 GDP 增长的相互关系

图3-3是利用改革开放以来公路交通建设占地的历史数据，以及有关的 GDP 记录来分析公路用地与经济增长的实证关系。将公路建设用地数据记做 v，将对应年份的 GDP 数据记做 u，在 u 和 v 之间建立的双对数回归方程为：

$$\ln(u_t)=\alpha_0+\alpha_1\cdot\ln(v_t)+\varepsilon_1 \tag{3-4}$$

模型分析表明，改革开放以来中国的公路建设占地与经济增长之间存在明显的正相关关系，如图3-3所示。图中 x 表示公路用地的对数值，y 表示以 GDP 衡量的经济增长对数值。计量结果显示，公路用地对经济增长的贡献是显著的，平均而言，公路建设用地每增加一个单位可以拉动经济增长的增幅为 0.658 个百分点。这也表明，改革开放以来中国公路交通进入一个持续快速的发展期，相应的土地资源投入对缓解不断增长的交通运输需求与落后的交通运输生产力之间的矛盾起到了积极的推动作用。

因此，将公路特别是高速公路作为战略和基础产业来看待，是推动区域经济迅速发展的关键因素之一。各级政府、主管部门应从中国区域发展的实际情况出发，搞清楚高速公路、干线公路、公路网对区域发展的效应及差异，这对于制订和选择有效利用公路基础设施发展区域社会经济的方针、政策和措施，科学地进行生产力布局以及产业与企业区位决策等都具有实际和深远的战略意义。

处在经济起飞阶段的中国，各行业、各区域的发展都需要大量的资本导入，在不均衡的区域发展和缩小东西部差距的要求之间怎样权衡，在区域间竞和关系中，在提高中国综合国力的大环境下，怎样用好公路建设资金，如何更好、更快地发展公路产业来促进相关区域发展，都需要新的理论作指导。为了解决实践中的问题，必须从理论上正确认识有效利用公路建设促进区域发展的有关性质、特征、作用和规律，必须认真地、系统地、科学地将已有的多年工作经验、人们的感性认识上升到理论水平进行全面的概括总结，这些是充分利用公路网促进区域发展的重要前提和基础工作。目前，在系统地、科学地总结国内外实践，深入研究公路建设与区域发展的规律，利用有关规律更好地服务于区域发展等方面，人们的认识还比较肤浅，许多规律有待深入探讨，甚至还有许多空白等着人们去填补，这些工作完成的质量状况如何，对于指导公路建设、促进区域发展、缩小东西部差距，以及更有效地体现公路产业应起到的战略和基础结构作用将有着直接和长远的影响，甚至是至关重要的影响。

3.4.2 产业结构的地域形态

产业结构的地域形态又称为产业结构的空间形态，指的是产业空间联系及联系方式在空间、地域上的表现。区域产业结构的主要内容包括：

(1)三次产业结构的地域分布。三次产业的地域分布是指三次产业在地域上形成的一定联系和联系方式。中国三次产业构成比重随时间推移的变化趋势参见图 3-4。其中，第一产业有明显的降低趋势，第二产业处于平稳变化中，第三产业在波动变化中有明显上升趋势，第三产业在 1985 年开始超过第一产业在全部 GDP 中所占比重。

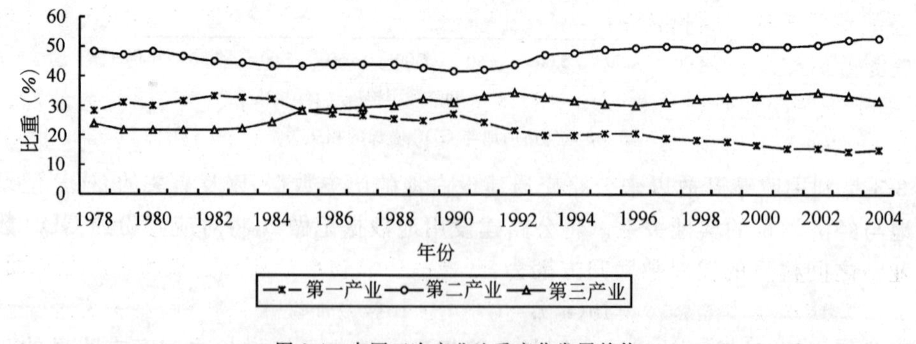

图 3-4 中国三次产业比重变化发展趋势

然而，国家资源分布与地区资源分布不可能完全一致。地域产业结构分布，主要考虑如何发挥本地资源优势，因此，各地域的三次产业结构分布具有各自的特点，也不能去追求雷同化。如 2004 年，中国国内生产总值为 136 875.9 亿元，其中，第一产业产值 20 768.1 亿元，第二产业产值 72 387.2 亿元，第三产业产值 43 720.6 亿元，占国内生产总值的比重分别为：15.2%、52.9%、31.9%。而西部 12 省（区、市）的第一、二、三产业产值为：5 368.8 亿元、12 230.0 亿元、9 986.4 亿元，分别占西部总产值的 19.5%、44.3%、36.2%。

(2)轻重工业比例关系的地域分布。轻重工业比例关系的地域分布是指轻重工业在各地域的联系和联系方式。这种联系和联系方式将受到该地域自然资源、经济条件、人口状态等因素的影响，具有该地域的特点。

(3)多部门产业的地域分布。多部门产业的地域分布是指各地域按标准产业分类而划分的各产业间的联系和联系方式。

(4)产业内企业关系的地域分布。产业内企业关系的地域分布主要是指地域性产业组织的状态。这种状态包括：应参与全国性市场竞争的地区性产业有无市场进入的地区壁垒；区域性市场结构、市场行为和市场效果；区域性产业组织形式。

(5)产业产品结构的地域分布。产业产品结构的地域分布是指产业供给结构在各地区的不同状态。由于各地区的地理位置、气候、社会文化、消费习惯、人口、收入水平等方面的差异，使得各地人们的消费结构带有地区性特点。因而产业的供给结构首先要考虑区域经济发展的需要。

另外，研究的一个重要方面是产业组织结构研究。产业组织结构是指产业内企业联系及联系方式，至少包括产业内企业间垄断与竞争的基本态势；产业内企业间的组织形态等内容。

从静态分析，产业的组织结构一方面表现为产业内企业间一定程度的垄断、竞争态势，具体反映在一定产业的市场结构、市场行为和市场效果；另一方面，表现为产业内企业间相互协调的具体组织形式。

从动态分析，产业内企业间的联系方式产生市场垄断、市场行为和市场效果发展的变化趋势，又表现在产业内企业间相互联系的组织形态变化上。由此可以探索有利于区域资源优化配置，取得最优市场效果的具体产业组纵结构，即寻求既能保持市场竞争活力，又能获得规模经济效益的具体产业结构类型与产业组织形式，并避免区域间产业同构。

3.4.3 公路产业作为战略产业的特征

从宏观角度考察中国的公路产业，在区域经济发展中它具有战略产业的特点，通常从下面几个范畴展开战略产业研究。

(1)所谓战略产业是指关系到国民经济发展和产业结构转换及高度化的关键性、全局性、长远性的产业。从国民经济的角度考察，战略产业包括了主导产业和瓶颈产业，公路产业在相当长的一段时间处于经济发展的瓶颈状态；同时作为国民经济基础功能具有先导产业作用。

(2)主导产业，也称先导产业、带头产业，是指产业关联强，具有带动其他产业一起发展功能的产业。随着科技的发展和时间的推移，区域的原有主导产业也会被新兴产业取而代之，并引起区域产业结构发生变化。交通运输业本身是一个关联性很强的行业，由交通运输业的发展而带动的前向及后向关联产业很多，如车辆及配件制造、能源、电力、建材、冶金、化工、机电设备、通信、旅游等。

现代产业理论对主导产业的范畴界定，是基于对后发展国家工业化的基本假设和对工业化先行国家经济成长过程的经验总结。非平衡推进理论是基于产业体系关联效应非均衡的事实本身，主张以主导部门的扩张带动产业体系的总量扩张，以主导部门的转换带动产业结构体系的转换。日本非均衡推进式工业化战略的成功，使人们更有理由相信，依靠主导产业结构功能的扩散和主导产业的转换，能逐步提高产业体系结构在经济上的合理性。

(3)瓶颈产业是指产业产品在国内市场上供不应求，而且已严重制约其他产业和国民经济发展的产业。由于其严重影响产业的合理化和高度化，因而也将其归纳为战略产业。基础产业是指能源、原材料、交通等为大多数产业提供服务的产业，基础产业发展的滞后往往成为制约经济发展的"瓶颈产业"。中国的交通运输在很长一段时间内不能适应社会经济发展需求，被认为是国民经济的瓶颈产业，具体到公路建设的数量、质量与发达国家相比都很落后，制约了社会经济的发展，为改变这种状态应将交通运输作为战略产业来对待。

经过经济体制改革以来 20 多年的公路建设和存量积累，公路的数量和质量发生了突变，但是，公路数量的增长总是赶不上车辆的增长速度(见图 3-5)。

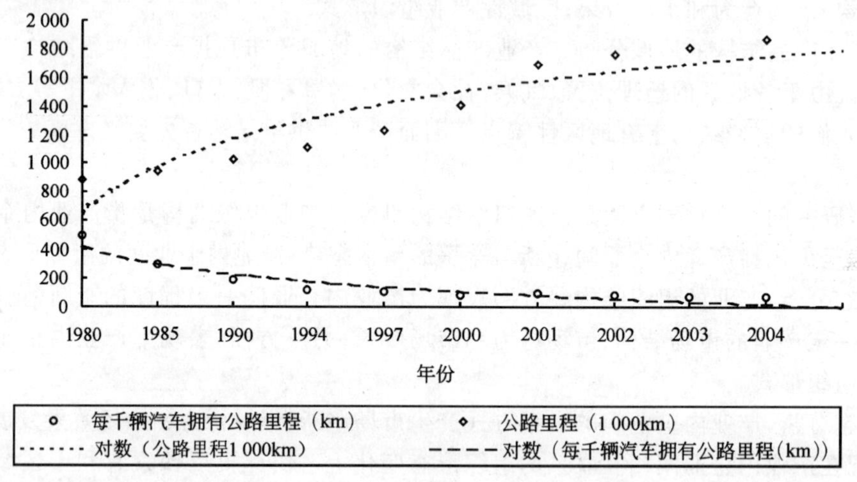

图 3-5　中国公路里程与每千辆汽车拥有公路里程的关系

虽然，中国公路发展逐年呈递增趋势，其拟合曲线是递增上凸的对数函数，参见式(3-5)；但每千辆汽车占用的公路里程的拟合曲线多项式却是递减下凹的对数函数，其斜率总是逐年呈现递减趋势，参见式(3-6)。

以 x 表示时间(年份)，以 y_{km} 表示公路里程的对数拟合曲线方程为：

$$\begin{cases} y_{km} = 479.33\ln(x) + 650.46 \\ R^2 = 0.8357 \end{cases} \tag{3-5}$$

以 $y_{km/千辆}$ 表示每千辆汽车占有公路里程的对数拟合曲线方程为：

$$\begin{cases} y_{km/千辆} = -175.38\ln(x) + 425.64 \\ R^2 = 0.8926 \end{cases} \tag{3-6}$$

从产业结构的演变过程分析，中国公路产业的战略地位始终没有发生改变。进行横向比较也可以看到，中国公路密度远远低于其他一些发达国家(参见表 3-9)。根据日本资料分析，在很长一段时间内，高速公路建设几乎和交通量同步增长，当达到一定水平时，交通量的增长就超过了高速公路的建设速度。所以，一方面，公路建设不仅要注重数量，而且要注重质量，通过提高公路技术等级，来提高公路通过能力；另一方面，除了硬件建设以外，软件建设如规划决策与管理也必须得跟上，要抓好相应产业的经营与管理工作。

主要国家的公路相关指标比较 表3-9

国家	面积($10^4 km^2$)	1999年公路里程(km)	高速公路占公路总里程的比重	公路密度($km/100km^2$)	综合密度($km/(100km^2 \times 万人)^{\frac{1}{2}}$)
中国	960.0	1 351 691	0.86%	14.08	12.30
美国	962.9	6 304 193	1.42%	65.47	121.70
加拿大	997.1	901 903	1.84%	9.05	51.72
英国	24.3	371 913	0.90%	153.05	98.53
法国	55.2	894 000	1.29%	161.96	156.80
德国	35.7	230 735	4.99%	64.63	42.62
意大利	30.1	479 688	1.38%	159.36	115.15
澳大利亚	774.1	811 603	2.29%	10.48	66.97
日本	37.7	1 161 894	0.56%	308.19	168.15
印度	328.7	3 319 644	—	100.99	57.93
巴西	845.7	1 724 929	—	20.40	45.48

资料来源：《2003年国际统计年鉴》。

注：①巴西和法国为2000年数据；

②加拿大为1995年数据(数据来源：世界各国高速公路发展状况，新华网)；

③印度和巴西无高速公路统计数据。

3.4.4 区域主导产业及作用

根据各产业部门的自然、经济、技术等特点，可以将社会产业体系分为区位性产业和非区位性产业两大类。区位性产业具有比较强的区位指向性，集聚性明显，如工业、农业等，非区位性产业的区位指向性不明显，如商业、金融、餐饮、服务、交通、建筑业等。

据各国区域结构演变过程分析，在某些区域中，区位性产业可以引起集聚和扩散效应；当集聚效应大于扩散效应时，作为中心地的极化效应对相关其他区域可能产生负面效应，这种负面效应会使区域间差异、差距加大。若中心地引入创新企业，就会引起关联产业的集聚，并推动相关区域经济发展。目前，中国东中西部企业数量相差悬殊，见表3-10。

东中西部企业单位数及比重分布比较 表3-10

地区	国有及规模以上非国有工业企业单位数(个)	企业单位数比重(%)	大中型工业企业单位数(个)	企业单位数比重(%)
东部	154 029	70.18	15 511	66.67
中部	39 040	17.79	4 361	18.74
西部	26 394	12.03	3 395	14.59
总计	219 463	100	23 267	100

资料来源：根据《中国统计年鉴2005》数据计算。

可以看到，60%以上的大、中型企业集中于东部，而西部不仅企业数量少，而且多为中小型企业，例如，在西部一些省份的钢铁“利税”大户，就其钢产量而言，在东部或中部基本上就属于整合或淘汰的对象。

在区域发展中的非区位性产业，诸如商业、金融、餐饮、服务、交通等在区域分布的比重越大，则区域间产业的差异就越小，非区位性一般产业通过改变产业结构而缩小区域差异。所以可以断言：交通运输业通过改变产业存量体系的流动性而缩小区域差异。工业化的非平衡结构推进不仅表现为主导产业与非主导产业的非平衡发展，还表现为区域之间主导产业的差异和区位之间、区位与非区位之间产业关联方式的差异。主导产业的区域传递具有以下特征。

(1)工业化初期，现代主导产业部门只可能在少数社会经济条件优越的区位或发展极优先发育，并逐步打破区域内部产业静态均衡体系，造成传统部门与现代部门此消彼长的非平衡发展格局。

(2)区位性发展极的形成，不可避免地扩大了地区间的差异。接近发展极的区位地带随发展极的传导范围扩大而日益成为发达的工业化区域；远离发展极的地带则相应地成为传统的非工业化区域，即回流效应(Back Wash Effect)和极化效应(Polarized Effect)。这两类区域的贸易交往，最初会扩大区域间差异；经过一段时期的增长，到一定水平后，区域间的差异就会逐渐缩小。没有发展极就没有真正的工业化，区域间存在极化效应或回流效应虽不是必要的，却是区域发展中的必然现象。

(3)区位性发展极随主导产业的影响范围和感应力度的扩大而日益强化其集聚与扩散两种功能。通过集聚，各相关产业组合成为互补性的增长链，共享规模效益，提高专业化水平；通过扩散，发展极派生出非区位性产业，如建筑业、交通运输业、日用机械和日用消费品制造业、商业、饮服业、金融业和修理业等，强化了区域功能结构。集聚与扩散双重功能的统一作用形成现代产业化城市，进一步造就了全国统一的市场，形成了区位性产业不同，但商业具有普遍性的特点。但是，由于发展极的特点引起的区域间差异，使得商业在不同城市起着明显不同的作用。

(4)交通运输业和非区位性产业随着发展极的扩展，使发展极的极化效应趋微，最终小于扩散效应，区域结构相对同化，产业总体水平趋近。交通运输业迅速发展，其关键意义不在于刺激运输机械制造业的发展，而在于打破一切传统或非传统的地域界限，过去由于发展极的极化效应和资源分布不均匀导致的地区差异，也必然为之淡化，使生产资源能在全国均匀地配置，提高区际协作水平，优化劳动生产率赖以提高的生产的社会组合。用计量经济学方法分析，扩散效应是外生变量传导的结果，回流效应才是产业体系内生的，因而是必然的，最终表现为区域产业趋同的现实。

区位性主导产业扩散效应的强化，有助于交通运输业的迅速扩展，也有助于非区位性一般产业在发展极驱动下的迅速扩展。交通运输业起到了放大器的作用。

(5)作为基础性主导产业的交通运输业对于区域均衡趋势的影响，更多地体现于统一市场对国内区际贸易量和贸易结构的影响。

在区域发展水平和潜在增长条件都十分悬殊的情况下，各区域要素综合产出弹性当然相距甚远，同等幅度和同等速度的投资增量扩张，不可能保证产出弹性的区域均衡。其中隐含的一个关键问题是：政府宏观投资计划所维持的区域投资既是存量概念，表现为国家总收入存量的区域化；又是流量概念，不断转化为区域再投资能力，维持投资—收入—再投资的循环。国家公路建设的资本投入，使得相关区域公路资本存量沉淀，形成引入域外、海外新资本的基础设施之一，利用得好则可形成区域经济收入增长的源泉。根据产业经济学理论，从主导产业的区域传导和区际传导的一般趋势中可以总结出以下基本规则。

(1)主导产业的存在以及集聚和扩散效应传导，是以产业体系本身在客观上的不平衡性为前提。

(2)作为区位性发展极的产业发动因素，主导产业的最初效应是导致区域极化。但随着产业体系的进一步扩展，主导产业的进一步延伸，必然使发展极的扩散效应大于回流效应，缩小区域差异。

(3)交通运输起的作用主要是强化了区域内的可达性和区域间的协作功能，加速了集聚和扩散效应传导。

(4)区位性主导产业的培育和成长，有利于形成区域社会经济空间优势，产生具有特色的区域经济。

3.4.5 公路建设对区域产业结构转化能力的提升

区域产业结构演进与调整的方式主要是存量调节和增量调节。存量调节一般带有经济体系自我调整、自我整合的性质；增量调节一般是在一定的存量结构基础上发生的流量及变动幅度、速度和方向的调节与控制，使之与经济增长目标相适应。区域产业的变革，促进了区域均衡发展过程中不同企业的选址。

公路建设涉及大规模的公共投资，政府可以运用公共投资成功地进行区域间的再分配，从而通过增大内需激活区域经济，形成内需主导型的产业经济结构。这一产业转换逻辑过程十分简单，公路网的建设促进了更多汽车投入运营，促进了人与物的交流与移动，促进了旅游资源的开发，扩大了内需，意味着耐用消费品的消费增加，激活流入城市的人口，促进了城镇化。同时，在利用公路建设转换产业经济结构过程中，涉及多种产业选址的区位决策，能促进区域产业结构转化能力的提升，进而推进了区域产业结构高度化。主要表现为如下。

(1)高科技企业及研究机关选址类型增加，促进了区域经济从重厚超大型产业向轻薄短小型产业转化。

(2)旅游胜地服务型产业选址增加，促进了以农业经济为主的产业向旅游服务业转换，使历史文化资源得到开发。

(3)核心业务城市的培育成长，产业向生产效率高的城市集聚，促进城市化、城乡一体化进程。

(4)区域产业结构转换能力的提升对产业应用高新技术的需求更迫切，同时也增进了企业技术创新能力。

3.5 本章小结

本章主要研究了公路资源在区域发展、区域产业结构转换中的地位和作用，通过对中国不同区域发展的比较分析，对公路建设与区域发展之间的相互作用关系以及公路资源在区域发展中的利用进行了思考。主要研究结论如下。

(1)公路资源是指由公路及相关设施直接或间接提供生产资料或生活资料的资源。公路建设形成的线形基础设施，即运输通道是公路资源的直接利用形式；公路资源的间接利用形式集中表现为公路资源利用的信息化。将公路看作是一种资源，就必须注意资源的可持续利用与发展。

(2)公路建设对其沿线区域经济发展的作用主要体现在两个方面：其一是促进经济总量的增加，其二是促进产业结构的调整和进步。公路建设能够改善区位条件，吸引各类高技术企业、创新企业参与到区域产业结构转换以及区域产业发展中。因此，公路建设对区域产业结构调整与转换有巨大的推动作用，甚至可能为区域发展创造新的产业增长及发展点。

(3)中国三大经济带、八大经济区各具特点，公路投资的区域效果特别是间接效益是很不均衡的。一般而言，公路建设投资东部优于西部，因为除自然因素外，区域的历史、文化等因素都会对区域发展所需的资本引入产生影响。因此，区域发展要因地制宜，创造良好的投资环境。

(4)国家投资的公路建设，特别是高速公路建设，由于各区域资源天赋、经济基础和产业结构转换能力不同，即使同等量的投资，也不能保障区域间均衡发展，而区域间经济非均衡增长是国民经济迅速发展的必然产物之一。

(5)公路在不同区域的建设发展，逐步形成了区域公路存量资本沉淀。但在不同的自然、资源、经济、文化等条件及不同的公路利用效率水平上，公路产出的综合社会经济效益是不均衡的，若公路利用得好，综合其他因素，将会对域外资本、海外资本有巨大的吸引力，形成区域经济收入增长的源泉。

(6)利用公路建设促进相关区域社会经济发展，提高公路建设的间接效益，需要引入创新企业，促进区域产业结构高度化，以增强区域经济活力和竞争实力。缺乏具有活力的经济运行主体，区域社会经济发展就缺少了动力源。

(7)中国人均 GDP 与公路密度的变化关系说明，就中国的绝大部分地区而言，公路建设将处于一个较快发展的时期，主要表现为公路密度较大幅度提高。由于中国东部经济发达区域的路网和公路等级水平远远高于西部，上述关系若用等效公路里程描述将会更加清晰。

(8)公路可以与其他运输通道构成复合区域发展轴，新亚欧大陆桥就是其典型一例。要根据区域特点，构思区域公路与经济发展战略，设计公路建设与区域发展的基本模式。根据中西部区域自然、资源和社会经济特点，一些区域具有充分利用公路建设倍增效应的相对优势，随着经济力的辐射西移，一些中、西部具有战略意义的区域优势会逐步增强。

第4章 公路建设与企业选址决策理论

企业的竞争力集中表现在两个方面：一是企业内部因素，诸如，技术创新能力、研究与开发能力、销售与管理技术等；一是企业外部因素，诸如，寻求最佳区位等。公路是企业区位选择的重要因素之一。本章重点探讨区位选择影响因素、企业选址条件。一个正确的区位决策有利于降低生产经营成本，增强企业竞争力，从而促进企业增长与区域发展。

4.1 区位选择的因素

企业选址涉及制造企业、商业企业、物流企业等等，一般是先要进行区位决策，然后是工厂(商店、站场等)地址决策。在决策的不同阶段，企业所考虑的因素一般也不相同。企业投资的区位决策首先决定于项目的性质，不同的产业类别，如制造业工厂、运输站场、批发业仓库、企业的地区总部、销售机构以及开发与研究机构等，其功能与要求不同，在区位选择时所考虑的因素往往也有较大差别。在地区选择阶段，企业主要考虑的是劳动力的供应、临近市场、原材料和零件的供应、较低的工资水平、相关产业发展等因素，而社区和居民的态度并不重要。在厂址选择阶段，企业主要考虑的是一些更具体的因素，诸如水文地质条件、交通运输基础设施、社区生活质量、商业服务设施、土地费用等，此外还要考虑其他公司区位决策的影响。

在中国工业区位选择考虑的因素主要有：交通条件(道路通达度、铁路、公路、空运、水运情况)、基础设施(供水、排水、供电、供气、供暖)、集聚效益(协作条件、工业区规模)、自然条件(工程地质、水文地质、风向、洪水淹没)、职工生活条件等。分析某城市在一般情况下工业选址所考虑的因素及权重：交通条件所占的权重为0.272，基础设施权重为0.262，集聚效益权重为0.152，自然条件权重为0.173，生活条件权重为0.135。其中，交通条件权重最大。

此外，随着时间的推移，生产技术、管理技术和经营环境在不断改善，企业区位决策考虑的因素也会有相应变化。表4-1列出了1973年和1993年对美国企业区位决策所作的调查结果，显然，交通运输尤其是高速公路在区位决策中的地位明显提高了。因此，可以发现随着社会经济的不断发展，交通运输基础设施条件及交通的便利性因素对于企业区位决策的影响越来越大。

影响美国企业区位选择的主要因素 表4-1

排序	1993年	1973年	排序	1993年	1973年
1	接近消费者和顾客	环境方面的考察	6	较低的工资水平	社区对工业的态度
2	接近州际高速公路	劳动力供应与质量	7	合理稳定的设施收费率	低成本融资
3	较低的房地产价格	公用设施的可得性	8	较低的生活费用	土地的供应与费用
4	熟练工人的供应	交通尤其是高速公路	9	较低的营业税	市场
5	与政府保持好的关系	向农村和郊区扩散	10	文化娱乐设施	税收

注：资料来源 Site Selection，February 1994，p. 25。

4.2 城市区域 ABC 选址策略

由于道路通达度直接受地理情况影响，在不同区域会有较大差别，并且道路通达度会间接影响到协作条件、工业区规模以及生活条件的便利性。所以，城市交通设施与土地利用应是相互作用的，土地利用合理化、汽车交通便利化、交通设施效率化应作为一个系统来考察。但是，不少地区还未注意到这一点，对一些中外城市用地结构进行比较，会发现存在较大差异，参见表 4-2。

中外城市用地结构比较(单位:%) 表 4-2

用地比重	生活用地	工业用地	仓储用地	对外交通用地	备注
国内城市	45～55	17～33	4～10	3～9	
国外城市	30～50	10～20	3～5	5～15	未含其他

可见，中国城市交通用地比例偏小，因此，为了减轻城市交通负荷，必须从土地利用计划、企事业单位选址、城市发展等方面综合考虑，同时，还要将减轻环境负荷作为提高交通绩效的一个重要环节来抓。

在荷兰的主要城市圈，实行独特的土地利用规定和基本交通政策，体现出了交通、企事业单位选址、城市土地计划与城市发展以及环境的协同。荷兰的城市区域 ABC 选址策略参见表 4-3。

ABC 型选址特性、可达手段及适宜的功能 表 4-3

项目	选址特性		企事业单位的活动特性
	地区特征	可达手段	适宜的功能
A 型选址	方便于大量运输(城市中转站周边区域)	以公共交通为主	从业者密度高;来访者多;业务用汽车多;搬入货物多
B 型选址	方便于大量运输手段、干线公路、高速公路	用汽车或公共交通	从业者密度适中;来访者适中;汽车依赖程度适中;货物搬入适中
C 型选址	方便进入干线公路、高速公路(高速公路立体交叉周边区域)	以汽车为主	从业者、来访者多;物流、业务汽车依赖程度高

借鉴 ABC 选址策略的思想，城市内公共交通可达性与汽车可达性功能相对应，可以形成不同的选址类型及组合，参见表 4-4。不同企事业单位期望的选址类型，参见表 4-5。

交通可达性功能与选址类型表 表 4-4

公交 / 汽车		可达性功能			备注
		高	中	低	
可达性功能	高	A	B	C	A_1:指对公交依赖度中等，对汽车依赖低的区域; R:指对公交依赖、汽车依赖均低的区域
	低	A	A_1	R	

不同企事业单位期望的选址类型

表 4-5

序号	企事业单位分类	期望选址类型		序号	企事业单位分类	期望选址类型	
		优先	次优			优先	次优
1	低密度工厂	C	—	7	依赖汽车程度低的办公室	A	A_1/B
2	农业系列	C	R	8	政府机关	A	A_1
3	贸易系列	B	C	9	服务业	B	A_1
4	运输通信业	C	—	10	公共设施	A	A_1
5	依赖汽车程度高的办公室	B	—	11	医疗设施	B	A_1
6	高密度工厂	B	A_1				

4.3 企业选址条件分析

4.3.1 高新技术企业选址条件分析

企业选址涉及多方面的因素，除交通外还包括了劳动力状况、市场的接近性、生活质量、资源状况、工资水准、现有基础设施的接近性、环境的适应性等。新工厂的开设，铁路运输与高速公路是必须考虑的重要因素。日本“高新技术产业在选址时新规定的要求”（表 4-6）表明了高新技术企业选址必须考虑的重要条件。

从表 4-6 可以看出，在区域性产业发展中，市场的可达性对其中的大多数产业都是最重要的基础条件，劳动者生活环境对所有产业都是最重要的决定条件。在交通基础栏下，高速公路对于表中所列的所有行业种类都是最重要的基础条件，其次是航空港。因为，从物流角度分析，高新技术产品与传统产品相比更趋向于短、小、轻、薄，技术及价值含量更高。据 1985 年日本的一项调查，对传统的电器产品，如电冰箱、全自动洗衣机、吸尘器、11～21 英寸彩电、电风扇等 9 项典型产品进行统计测算，平均 1g 相当于 6.22 日元，而液晶小型彩色电视机等 10 项高新技术产品，平均 1g 相当于 192.5 日元，其单位质量价值增加了 30 多倍。因而，高新技术产品运输的时效性、安全性以及服务水准显得非常重要。

企业规模经济是由自身规模扩大，单位成本降低产生的经济效益，规模经济还可以从其他角度来认识，企业外部、行业内部的规模经济，主要是指由同一行业的企业向特定的区域集中带来的平均成本节约。同行业企业使用相近技术，一个企业的技术创新对同行企业会产生良好的示范作用，这就是“技术溢出效应”，而距离越近，雇员间的沟通就更方便，这种示范作用就会越强烈，新技术的扩散也就越快，这也是为什么美国的微电子和生物方面的高新技术企业集中在硅谷及波士顿 128 号公路附近的一个重要原因。日本 1976～1984 年，高新技术企业选址距高速公路立体交叉距离的分布情况参见表 4-7。

表 4-6

高新技术产业在选址时新规定的要求

条件/业种	市场			交通基础				生产基础							劳动力			关联工业集聚					信息				学术研究功能			城市功能			生活环境	企业(工厂)类型
	可达性							用地		用水		电力			技工		技术人员						技术信息获取			市场信息获取								
	大都市	中心城市	地方城市	高速公路	航空港	海港	快速铁路	地价	规模	量	质	低压	高压	超高压	高中男子	高中女子	生产部门	原料领域	零部件领域	加工外购领域	关联装置领域	周边环境系统	大学等	学会	其他		大学	公设研究机关	其他	大都市	地方中心城市	地方城市		
大型医学电子设备	◎			◎	○		○	○	大					○	◎		◇	◇	◇	□	◇	◇	○	○	◎	◎	◎		◎	◎			□	批量型
小型医学电子设备	◎	○		◎	◎		◇	○	小			○				◎	◇	◇	◇	□	◇	◇	□	◇		◇	□		◇	◇	◇	◇	□	大量型
工业机器人	◎			◎	○		◇	○	小				○		◎		◇	◇	◇	□	◇	◇	□	◇		◇	□	◇		◇	◇	◇	□	批量型、大量型
IC、LSI	◎			◎	◎		◇	○	大	◎	○			○	◎	◎	◇	◇	◇	□	◇	◇	□	◇		◇	□			◇	◇	◇	□	大量型
大中小型计算机	◎			◎	○		○	○	大	○				○	◎		◇	◇	◇	□		◇	○	○	◎	◎	○			◎			□	批量型
办公用计算机	◎	○		◎	◎		◇	○	大				○			◎	◇	◇	◇	□		◇	□	◇		◇	□			◇	◇	◇	□	大量型
文字处理机	◎	○		◎	○	◇	◇	○	大					○		○	◇	◇	◇				□	◇		◇	□			◇	◇	◇	□	大量型
光纤、光学仪器	◎			◎	◎	◇	◇	○	中					○	○		◇	◇	◇	□				◇	◎	◎			◎	◎			□	大量型
精密陶瓷	○	○	○	◎	◎		◇	○	大	○				○	◎	○	◇	◇		□		◇	□		◇	◇	□	◇		◇	◇	◇	□	批量型
化学、医药品	◎			◎	◎		◇	○	大	◎	○			○		◎	◇	◇	◇		◇	◇	○	◇		◇	○			◇	◇	◇	□	大量型
软件业	○	○	○	◎	○		○	○	小						○		◎				◇			◇		◎	□	◇		◎			□	批量型

注：基础条件 ◎-最重要条件，○-重要条件；决定条件 □-最重要条件，◇-重要条件。用地规模：大指 10ha 以上，中指 5～10ha，小指 5ha 以下。

不同高新技术企业选址距立体交叉的距离分布情况　　表 4-7

业种 距离(km)	医药品	通信及关联设备	电子应用装置	电气计测仪器	电子设备部件	医疗用器械	光学机械透镜	小计(件)	所占百分比%
＜20	110	311	157	34	473	39	77	1 201	70.1
20～40	33	74	43	12	124	7	14	307	17.9
＞40	19	59	22	5	81	6	14	206	12
合计	162	444	222	51	678	52	105	1 714	100

由表 4-7 可见,70.1%的高新技术企业选址距立体交叉在 20km 以内,这类企业产品的特点一般是:短小轻薄,价值较高。所以高速公路建设对各类高新技术企业都是最重要的,同时它还能将区域生活质量提高到较高水平,吸引和稳定技术人才以及高素质员工。

在中国,随着高速公路的建设,许多省、市政府在立体交叉周边区域掀起建设开发区热。值得注意的是,构成产业区位优势的条件很多,许多高新技术产业将高速公路作为选址的重要依据,但这只是其中的重要依据之一,同时还需要多方面的配套建设,若不注意配套建设,一味强调土地开发,就会造成较大的浪费。此类案例在一窝蜂上开发区建设项目过程中已经出现了很多,有很多教训值得汲取。

中国许多城市建设的开发区与其他国家或地区同类型开发区相比,普遍存在用地规模过大问题(参见表 4-8)。在中国开发资金、技术力量相对薄弱的情况下,开发区的规模应逐步发展,做到"一次规划、留有余地、逐步开发、注重实效"。

部分国家和地区高科技园区用地规模比较　　表 4-8

国家或地区	一般规模(ha)	最大规模(ha)	备　注
美国	300～2 700	3 040	
英国	0.5～40	52.6*	*剑桥
日本	32	28 500*	*筑波
韩国	17～660	660	
台湾省	238	2 100*	*新竹
香港	76	90	
中国	1 300	10 300*	*北京

中国至今已建立了 53 个国家级高新技术开发区,总占地面积达 280km^2。开发区规模虽大,但经济效益不甚理想。一方面是时间短,经验不足;另一方面是缺乏创新企业作为发展极的动力源。为了能引进创新企业,公路立体交叉周边拟开发利用区域的"七通一平"(指通水电、通排水、通电力、通电信、通煤气、通热力、通道路、平场地)十分重要。

4.3.2 物流企业选址条件分析

物流企业选址最主要的内容是物流设施的定位。物流设施与高速公路立体交叉、干线公路的距离,都直接与物流效率、物流成本、物流管理效益等密切相关。物流中心一般集货物集散中心、物流信息中心和物流控制中心的基本职能为一体,在物流设施体系中处于较高层次,居重要地位,若与公路距离过近可能影响公路的利用效率,与公路过远则可能造成调度及运距过长，物流网络系统的运行成本增高。根据日本有关的调查统计得到物流设施与高速公路的理想距离见表 4-9，此表中的数据也可作为物流设施布局与干线公路距离的参考。

物流设施与高速公路的理想距离　表 4-9

距离高速公路	直　临	<3km	<5km	<10km	>10km
所占百分比(%)	11.2	34.5	29.8	21.5	2.9
累计百分比(%)	11.2	45.7	75.5	97.1	100

由表 4-9 可见，在 10km 以内范围，物流设施选址的累积百分比已达到 97.1%，在 5km 以内范围，累积百分比达到 75.5%。除日本国土面积小的原因以外，主要是物流设施距高速公路较近的选址要求更高于一般制造业企业。此外，与物流中心的类型也有关。据有关调查表明，区域物流中心、配送中心、仓库与高速公路的理想距离如表 4-10 所示。

物流设施与高速公路的理想距离(单位：%)　表 4-10

距离高速公路	直临	<3km	<5km	<10km	>10km	合计(个)
区域物流中心	5.6	32.4	29.6	28.7	3.7	182
配送中心	16.3	37.0	27.2	17.4	2.2	163
仓库	13.9	22.2	38.9	22.2	2.8	103
物流设施	10.8	34.4	30.5	22.0	2.3	548

可见，区域物流中心、配送中心和仓库距高速公路的理想距离分布有一定的差别。此外，分行业的物流设施与高速公路的理想距离也有不同要求。

从物流总费用节约的角度分析，区域物流中心、物流设施布局要重视接近于距高速公路、干线公路的理想距离。利用表 4-9、表 4-10 的参数，可以建立物流中心、物流设施综合评价中的距高速公路理想距离的隶属函数，作为综合评价中确定量化指标的依据。

4.3.3　美国中西部企业选址比较分析

根据 D.J. 佛肯伯克、诺尔曼 S.J. 佛斯特在美国中西部的艾奥瓦州和密苏里州所进行的调研，艾奥瓦州货运量的 82%，密苏里州货运量的 76%由公路运输经营者经营。1992～1993 年，D.J. 佛肯伯克和诺尔曼 S.J. 佛斯特在艾奥瓦州和密苏里州对 50 人以上的制造业、仓储业经营者进行了调研，对艾奥瓦州 234 个企业(回答率 49.4%)和密苏里州 248 个企业(回答率 29.3%)的问卷调查表进行了整理，两州的基本情况如表 4-11 所示。

密苏里州和艾奥瓦州调查的背景资料　表 4-11

州　名	密 苏 里	艾 奥 瓦	备　注
重工业所占比重	23%	31%	
仓储、流通业所占比重	28%	24%	
轻工业所占比重	35%	35%	
沿线房屋很少的里程(km)	755	305	
<16km(<10mile)处选址	70%	47%	选址企业累积所占百分比

资料来源：根据 D.J.フオ-ケンブロック、N.S.J.フォスタ-的“道路と企业の立地决定”进行整理，表 4-12～表 4-14 类同。

在美国，车辆限速一般是时速 88.5km/h(55mile/h)，而在人口稀少区域的一级道路平均行驶速度为90.7km/h(56.4mile/h)，有14个州限速在88.5km/h(55mile/h)以下。据调查，艾奥瓦州和密苏里州企业选址考虑的要素排序见表4-12。

艾奥瓦州和密苏里州的企业选址考虑的要素排序　　表4-12

序　号	艾奥瓦州企业选址		密苏里州企业选址		备　注
	考虑的要素排序	所占百分比(%)	考虑的要素排序	所占百分比(%)	
1	劳动力素质	74	劳动力素质	79	
2	人工费	70	人工费	74	
3	市场接近性	22	运输服务性	38	
4	原料接近性	18	市场接近性	33	
5	运输服务性	16	原料接近性	26	
6	公益事业	8	税率	24	
7	税率	7.8	公益事业	22	

可见在艾奥瓦州和密苏里州，劳动力素质、人工费是企业选址的重要因素，其次是市场、原料、运输因素等条件，这些与公路网的质量、运行情况有很大关系。

调查结果还表明，企业选址趋近于州际公路。其中，大型企业中的年销售额在1～5千万美元的企业比年销售额小于5百万美元的小型企业更倾向于在州际公路附近选址(参见表4-13)。

密苏里州和艾奥瓦州的企业选址距州际公路距离分布情况(单位：%)　　表4-13

州　　别	距离范围(km)	所占比重(%)	企业年营业额(百万美元)					合计(%)
			<5	5～10	10～50	50～100	>100	
密苏里 $n=239$	<1.6	33	6	18	39	8	29	100
	1.6～4.8	23	6	8	48	23	15	100
	4.8～16.1	14	13	0	53	6	28	100
	16.1～32.2	8	0	11	42	32	16	100
	>32.2	22	6	20	38	22	14	100
	合计	100	6	13	43	16	21	100
艾奥瓦 $n=212$	<1.6	19	5	2	41	22	29	100
	1.6～4.8	14	7	10	37	23	23	100
	4.8～16.1	14	11	14	32	14	29	100
	16.1～32.2	11	5	9	41	23	23	100
	>32.2	42	7	10	46	11	26	100
	合计	100	7	9	42	17	26	100

从表4-13可以看到，企业销售额大小(即衡量企业规模大小的一个指标)与企业选址也有较大的关联性。此外，在密苏里州距州际公路16.1km(10mile)以内范围，企业选址的累积百分比占70%，在艾奥瓦州为47%，显然企业选址与空间可达性有密切关系。

据调查，企业认为距州际公路的距离对企业竞争力也有较大的影响，参见表4-14。

企业关于“距州际公路的距离对竞争力的影响”的认识　　表4-14

州　别	距离范围(km)	所占比重(%)	曾受损或受益的程度(%)					合计(%)
			大损	小损	均无	小益	大益	
密苏里 $n=239$	＜1.6	33	0	0	22	29	49	100
	1.6～4.8	23	0	6	43	20	31	100
	4.8～16.1	14	0	9	42	12	36	100
	16.1～32.2	8	5	10	25	40	20	100
	＞32.2	22	9	53	28	4	6	100
	合计	100	3	31	20	20	31	100
艾奥瓦 $n=212$	＜1.6	19	2	2	18	29	49	100
	1.6～4.8	14	0	0	24	39	36	100
	4.8～16.1	13	3	6	28	34	28	100
	16.1～32.2	11	4	28	40	20	8	100
	＞32.2	43	11	48	33	5	2	100
	合计	100	6	25	29	20	20	100

4.3.4 公司总部的区位决策

公司总部是整个企业的管理控制中心，特别是全球性公司总部，其主要任务是进行一些关系整个企业命运的高层战略决策。公司总部掌握着整个公司的命脉，决定着公司预算在不同部门之间的分配，其中最主要的职能是财政职能，涉及公司所有重大的投资、撤资决策。由于高层行政管理、财政、法律、广告以及研究开发等职能都集中在公司总部，因此，一些国际大公司大都把总部区位定在大城市特别是首位大城市。其目的主要有以下几点。

(1)能容易地充分利用大城市国际和国内交通中心的有利作用，便于总部与在各地的人员联系。

(2)能容易地利用或建立高效畅通的全球信息网络，及时掌握国内外各种实时政治、经济信息。

(3)能较容易地获得一批高素质管理与技术人才，特别是经营管理、投资、财务、律师、广告策划和研究开发的高级人才。

(4)方便加强与政府各个部门之间的沟通与联系，容易掌握政府决策的各种动向，以及凭借地缘优势和公共关系手段不断改善与金融机构等的关系。

(5)方便与各类客户进行面对面的洽谈、自由交流思想，以增进相互信任和了解，更有效地进行经营活动。

公司总部特别是跨国公司总部所做出的各项决策都应当具有长期的战略眼光。随着交通和通信特别是电子信息技术的迅速发展，国际性大公司总部向首位大城市集中的趋势正在减弱，大城市、城镇，甚至高速公路立体交叉周边区域也有可能成为一些公司总部区位抉择的范围。R.K.森普尔和A.G.菲普斯曾提出了公司总部区位变迁的四阶段模型。

初级阶段　由于存在着全国性的支配中心，大公司总部一般都集中在全国性的支配中心，区位选在国家首都(政治、经济中心)或首位大城市(经济、金融中心)。主要原因是由于经济发展水平、基础设施特别是交通通信条件的限制。

第二阶段 出现了一些区域性的支配中心(商业、工业中心),随着国家经济发展和交通条件的改善,除首位城市以外,一些区域性的支配中心也成为大公司总部的区位抉择点。

第三阶段 以区域发展走向成熟为特点,已不存在真正的支配中心,公司总部区位出现分散化现象。

第四阶段 以国家成熟为特点,已不存在国家或区域性支配中心,公司总部区位最大限度地分散在全国各地。

在中国大公司总部出现集中布局的情况下,在美国、英国等国家都出现了大公司总部分散化现象。分析跨国公司总部从集中走向分散的主要原因有:①交通通信基础设施条件特别是航空条件的改善,一些大城市甚至中小城市也能满足大公司总部的区位要求;②发达国家的人口、制造业由城市中心区转向城市郊区以及中小城镇,公司总部也随之转移;③企业特别是大企业之间的兼并也导致公司控制中心转移;④因特网、高速交通的发展对公司总部分散化也是一个促进因素。在区域发展中创造公司总部区位决策条件,往往与区域产业发展、区域交通、通信基础条件等相关联,显然,高速交通、高效通信的发展对改善大公司总部区位条件,以及区域发展有重要的影响。

4.3.5 海外资本在中国投资的区位选择

海外资本在中国的投资十分重视地区的地理位置,以及该地区与投资国的历史、经济和文化等的联系。例如,香港和澳门的资本较多地流向珠江三角洲地区,台湾资本在福建特别是在厦门地区集中,以及韩国企业在山东省的大量投资,大都是受这种地理、历史和文化等因素的影响。有关资料表明,即使在其他经济发达国家这一倾向也十分明显。因而,中国的珠江三角洲地区、长江三角洲地区和环渤海地区在这些领域具有独到优势,往往成为海外资本投资的首选区域。如果一个地区不仅地理位置优越,而且基础设施良好,市场潜力巨大,那么,该地区也可能成为海外投资者首选的投资区域。同时,企业之间的相互依赖的集聚效应也是影响海外资本投入的一个重要因素。此外,在社会经济的发展过程中,每一个地区的发展都不可能是孤立进行的,因此,相互间的接触和交流机会也是极为重要的发展因素,这也可以表现为国家及地区间的经济合作通道所体现的区域可达性。目前中国外资的流向仍然高度集中在东部沿海地区,2002 年中国东部、中部和西部外资企业占工业的比重分别为 34.88%、9.68%和7.76%,东西部相差 4 倍以上。2004 年,东部地区占全国实际利用外商直接投资总额的 86.25%,而中部和西部地区分别只占 9.16%和 4.59%。可以看出可达性在外资投资区位选择中的重要地位和作用。因此内地区域要更好地引入海外资本发展区域经济,必须综合考虑各种因素,从较广的范围创造引入外资的环境条件。

4.4 本章小结

公路建设特别是高速公路建设,可以创造高新技术企业选址的区位优势,也成为各类产业选址的重要条件,在提升区域产业结构转换能力的过程中具有重要的地位和作用。本章研究结论主要体现在以下几方面。

(1)在有高速公路通过的区域,围绕干线公路形成公路网,因而成为产业区位的选择条件。公路建设特别是高速公路建设所创造的区位优势,对吸引高新技术企业选址有特殊的重要作用,从而使区域增加了带动区域发展的积极因素,促进了区域产业结构转换能力的提升。

(2)公司总部从更倾向于首位大城市选址向其他优位区域转移。优质的交通、通信基础设施有可能使一般性总部选址更倾向于功能完善的城市,随着社会经济发展、社会技术基础的进步和企业兼并机制的发展,甚至更倾向于具有较强集聚效应的高速公路立体交叉周边区域。

(3)新建的高新技术企业、非区域性产业、物流设施经营企业、工业企业等都更倾向于高速公路立体交叉周边区域选址,表现为对高速公路的接近性。高速公路的多种功能能为这些企业带来交通运输效率及低运输成本的实际利益。开发区地方政府的优惠政策又可以为这些企业带来更多的经营便利和潜在的经济利益。

(4)城市、城镇企事业单位选址、交通基础设施建设、城市土地利用计划与城市发展以及环境应当协同起来规划,从而通过综合集成的规划方式来缓和城市交通阻塞问题,以避免高速公路由于"窝"在两头所造成的时间和经济的损失。从规划的角度制约交通阻塞是一条重要的思路,通过实行公路建设与区域发展一体化决策来实现。

(5)产业结构转换机制在于企业构成的数量和结构,它既体现为区域一定阶段发展的结果,也将对区域的进一步发展起重要作用。公路建设作为区位选址的重要条件,对企业数量及构成变化产生的作用举足轻重。从统计结果分析,一般大中型企业选址对公路建设的要求相对更高一些。

(6)引入国外资本还涉及区域与投资国的历史、文化渊源,以及地理联系,其次才是区位决策的有关因素。在宏观选址中,综合运输通道具有重要地位,对选址起重要的作用。公路特别是高速公路是多数企业微观选址中最重要的因素之一,在具体厂址的选择中所起的作用很大。

(7)要利用高速公路发展区域经济,需要利用复合干线轴及大城市或中心城市的集聚功能,创造高新技术企业、工业企业、商业企业、运输企业以及住宅业等的选址和建设条件。

第5章 高速路网与公路运输一体化发展

高速公路带动周边地区经济的快速发展，其中最直接的表现方式，即为周边地区物质快速流动提供了良好的发展平台，也充分体现了“公路建设是基础，发展运输是手段，激活经济是目的，构建和谐社会是宗旨”的思路。本章探讨一体化发展基础理论，高速路网与公路运输一体化发展理论问题，并进行实证分析。

5.1 一体化发展的基本理论

(1)一体化发展战略

一体化一般指“集成”的一种形象化表示，此外还有“整合”等表述方式，都是在相关领域应用集成理论在实际运作中术语。集成(Integration)可以理解为，将一些事物集中在一起构成一个有机整体，并以集成管理理论、方法和相应技术作支撑以取得协同效果(效益)。集成化则是强调了实现集成(一体化)构成有机整体的这样一个过程，高速路网与区域经济一体化发展特别强实现集成规划、实施和管理。

一体化发展战略则是反映高速路网与区域经济集成发展的整体性、全局性、纲领性和根本利益的谋划和指导思想。高速路网与区域经济一体化发展战略的实质是实现两者的协同发展、集成管理，并充分体现“以人为本”的原则。一方面，提高高速路网的利用效率，最大限度地体现其应用价值和所能带来的经济价值，依托高速路网，促进公路运输业的产业升级，提高公路运输的服务水平；另一方面，通过高速路网与公路运输的一体化发展，带动沿线区域各产业升级，实现高速路网与区域经济的协同良性化发展，进而促进区域经济的快速发展，提升区域经济的综合竞争力。

(2)高速路网与公路运输是一体化的最直接结合点

作为公路交通运输体系的两个不同部分，高速路网与公路运输有着天然的联系，高速路网是公路运输发展的基础和依托，公路运输质量、效率和发展水平的提高需要高密度的高速路网作为支撑，而高速路网的效应和价值也需要公路运输来体现，两者之间存在着相辅相成、相互促进、协同发展的关系。因此，可以说两者的一体化发展趋势具有天然的必然性。同时，一体化的发展不仅仅是现实生活的需要，更重要的是基于理论上的支持，为了深刻探究两者之间的关系和规律，有必要从一体化发展的基本理论分析出发，剖析一体化发展内涵，总结有关规律并用以指导高速路网与公路运输一体化发展的实践。

公路运输在基于路网这一良好载体的基础上，结合计算机网络和通信技术等现代信息手段，将现代道路客流(客运)、物流(货运)服务项目细化，一方面可提高公路运输质量，实现公路运输业的跨越式发展，另一方面也可以更好地促进路网与区域经济一体化发展模式的实现。因此，实现高速路网与公路运输的一体化发展，可以更好地实现高速路网的经济辐射作用，从而更好地促进区域经济的快速持续发展。可以说,在高速路网与公路运输一体化发展的进程中,区域经济是一体化发展的直接受益领域,在此过程中也可促使公路运输业利用信息技术进行产业升级。

5.1.1 系统理论

一体化发展是人工大系统。该类系统是指具有特定目的的,由相互依存、相互作用的若干要素以某种分布形式结合成的,具有所需功能的有机综合体。所谓高速路网与公路运输一体化系统,是为了实现国民经济发展的目的,由路网和运网两个相互作用和相互依赖的部分组合而成,具有相应功能,并能带来一定效应的有机整体。这个整体能够产生单一子系统单独发展所不能达到的效果,同时应该注意系统本身又是它从属的一个更大系统的组成部分,它的发展也会对其所从属的更大的系统带来一定的影响和作用效果(参见图 5-1)。高速路网和公路运输一体化的发展体现了两者融合为一个新系统的思想。系统理论在路网与运输一体化的发展模式形成与运作过程中提供了系统观点和方法。

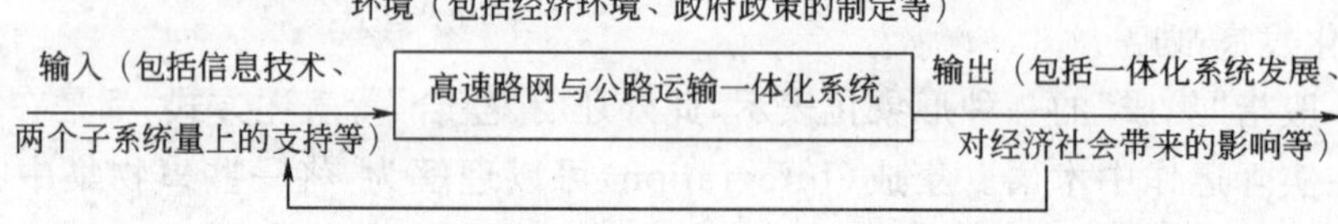

图 5-1 高速路网与公路运输一体化系统示意图

5.1.1.1 一体化系统中的两个子系统

高速路网与公路运输一体化发展系统,具有高速路网及公路运输两个相对独立又有千丝万缕联系的子系统,亦即两者是构成一体化系统的组成要素。对于两者而言,在一体化这一大系统中仍然具有其自身发展的内容。高速路网是一体化系统发展的基础要素。在一体化系统发展的进程中,高速路网子系统所包含的主要内容有:在量上表现为高速路网在数量上的增长、高速路网智能交通系统的建设等,在质上表现为促进公路运输结构调整、促进公路运输业及相关产业升级。公路运输子系统所包含的主要内容有:在量上表现为运力结构的提升、经济效益的增长等,在质上表现为利于体现高速路网的真正价值、并依托两者的一体化发展带动其他相关产业的发展。

5.1.1.2 一体化系统中两个子系统的地位

在高速路网与公路运输一体化系统中,针对两个子系统,其地位关系应描述为相互促进、相互制约、协同发展、共同提高。高速路网是一体化系统发展的基础条件,也是公路运输发展的重要基础载体。在一体化发展进程中,高速路网这一子系统的发展应首当其冲,真正起到一体化发展的先锋作用;同时,公路运输也应结合一体化系统的最终目标,起到提升整体效果的作用。在两者各自发展的过程中,应时刻按照系统的总体目标和要求,相互促进,相互推动,在系统目标实现的过程中,得以共同发展,共同进步。

5.1.1.3 应用系统理论为一体化发展所带来的效应

一体化系统的方法是指用系统的观点来研究和分析一体化活动的全过程。把路网、运网两个子系统在运作管理过程中看做一个新的实体的系统,从而实现整体系统的目标。

对于高速路网与公路运输一体化发展系统来说,具有与其他系统相同的属性,诸如:一体化系统具有集合性——它是由高速路网与公路运输两个子系统所组成的;一体化系统具有相关性——两个子系统之间存在着相互促进、相互制约的关系;一体化系统具有适应性——整个系统能够适应外界环境的实际变化;一体化系统具有目的性——整个系统以实现两个子系统的协调发展并促进经济发展为最终目标,即一体化系统的发展要为整个公路运输产业创造更大的价值和为社会提供更为有效的运输服务,实现最大的经济效益和社会效益,与此同时,使整个一体化系统的消耗达到最低。另外,最重要的一点是,一体化系统具有一定的整体性,这也是系统理论指导高速路网与公路运输一体化发展最重要的效应体现。有效的管理总能带来"整体大于部分"的效果,分散的路网和运网相互独立、各自为政势必影响系统的整体效果的发挥,一体化系统将从根本上消除这种影响。应用系统理论指导一体化系统的发展,使得高速路网与公路运输可以作为一个整体而存在,高速路网与公路运输两个子系统均不能离开系统加以研究,要素的功能和要素之间的关系都必须服从整体的目的而共同实现系统总体目标。一体化系统可以具有高速路网及公路运输两个子系统所没有的"新"的性质和行为方式。如果缺乏系统理论对高速路网与公路运输一体化的理论指导,那么高速路网与公路运输两个子系统只能简单的实现量上的增长,而不能实现质上的飞跃。因此,在一体化实施的过程中,要用系统的观点来分析问题和解决问题,进而推动一体化进程,促使一体化发展。

5.1.2 木桶理论

木桶理论告诉我们:沿口不齐的木桶装水的多少,不是取决于木桶上那块最长的木板,而是取决于木桶上最短的那块,要想提高木桶的整体效果,不是去增加最长的那块木板的长度,而是要下工夫去补齐最短的那块。因为不论其他木板有多长,只要水面高过最短的木板,水就会自动溢出来。将木桶理论应用于高速路网与公路运输一体化发展,就是要找出一体化发展中各个子系统所存在的问题与不足,然后采取措施补足"短板",让木桶里多装水。同样一体化过程中的任一环节效率的低下,都会影响到整个一体化系统效率的发挥,因此都应该采取相关的"补齐"措施。

5.1.2.1 高速路网与公路运输"短板"分析

一体化发展的过程中,涉及高速路网、公路运输网,为了更好地体现木桶理论在一体化发展进程中的价值,首先应该明确在发展过程中两个子系统孰强孰弱,取长补短,以发挥出一体化发展的整体功效。

以陕西省为例,2004 年全省公路总里程 52 720km,二级以上公路 6 877km,占总里程的比重仅为 13.04%,低于全国平均水平 16.01%,远远低于江苏省 24.99%,由此可见,陕西省高速路网密度还很低,有必要加快公路建设力度。同时,陕西省的高速路网的管理水平也较为落后,在收费管理这一方面仍然实行的是落后的、且效率低下的人工收费方式。这样就会大大地降低高速路网的使用效率,体现不出高速路网为广大使用者带来的时间效益和经济效益等。因此,高速路网与公路运输都存在一体化发展过程中的"短板",主要表现为"四低":高速路网密度低、路网管理技术低、运输网络效率低、运输组织层次低。

5.1.2.2 "补齐木桶"的思路

衡量整个交通运输效率的高低或竞争力的大小,绝不是看一项指标就够了,因为一体化发展过程中所遇到的"短板",将会对整个系统产生不利影响,只有在整个公路交通运输系统中的所有环节都强大了,才能够有足够的竞争力,才能有更高的运输效率。因此,可以说高速路网和公路运输一体化发展过程就是不断查缺补漏的过程，也就是不断完善不断提高分系统效率的过程。针对陕西省高速路网数量不足且管理水平落后，以及公路运输效率低、组织层次低的局面，"补齐木桶"的措施可从以下几方面着手。

(1)提高路网整体水平。一方面，提高高速路网的通车里程，另一方面，提高道路通达能力，为高速路网与公路运输的一体化发展提供基础载体。

(2)积极引进现代信息技术，创建智能交通运输系统，为高速路网与公路运输的一体化发展提供技术支持。努力提高高速路网的管理水平，提高管理人员素质，为高速路网真正价值的体现创造一定的软件环境，同时依托现代信息技术的应用，加快步伐实现电子收费，以提高高速路网的利用效率，为使用者创造畅通无阻的运行环境。

(3)加快提高公路运输经营者的经营水平，促进大型且具有实力的运输企业形成。

5.1.3 约束理论

5.1.3.1 一体化中的"两制"约束问题

约束理论认为，对于任何一个分阶段的系统来讲，如果其中一个阶段的产出取决于前面一个或几个阶段产出的话，那么，是那个产出率最低的环节决定着整个系统的产出水平。换句话说，一个链条的强度是由它最薄弱的环节来决定的。高速路网与公路运输一体化约束理论是指，在整个高速路网和公路运输一体化发展的过程中，存在管理体制、运输机制"两制"约束问题。这两个约束涉及的面很大，包括政府及主管部门、事业及企业单位的权限、责任在管理体制下的统一规划等，同时运行机制影响到不同主体的实际运作统一。针对当前两个子系统本身以及外界环境所带来的"两制"约束，应采取有关措施，以提高一体化运作的效果与效益。

5.1.3.2 一体化发展进程约束因素分析(参见图 5-2)

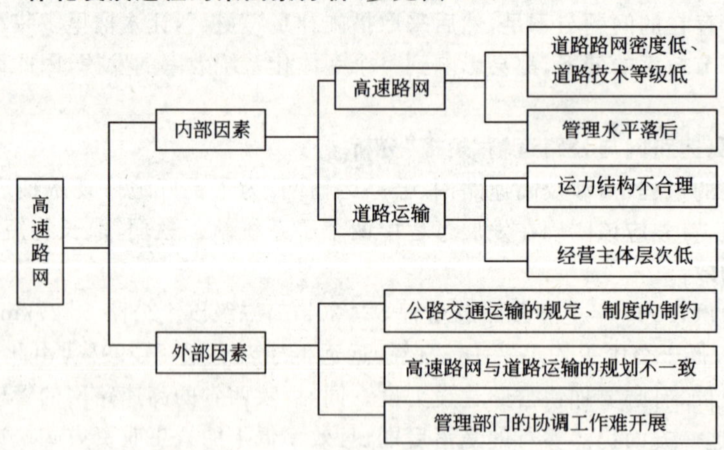

图 5-2 高速路网与公路运输一体化发展制约因素示意图

在一体化发展进程中，约束因素可以来源于整个系统的内部，也可以来源于系统的外部。总的来说，在高速路网与公路运输一体化发展过程中，约束因素主要体现在以下几方面。

(1)来源于系统内部的约束因素。首先，就高速路网来说，其本身的道路条件，包括道路等级、道路的通车里程等还不能为一体化的顺利发展提供强有力的支持，同时，其管理效率还较低下，严重影响了整个系统效率的发挥。其次，公路运输方面也存在许多制约一体化发展的因素，诸如运力结构不合理，公路运输经营主体层次不高等。来源于系统内部的制约因素应该说是一体化进程顺利发展的基础条件，所以要竭尽全力打破内部因素对系统发展的制约，以促进一体化目标的顺利实现。

(2)来源于系统外部的约束因素。由于高速路网与公路运输的一体化发展所蕴涵的内容广泛，因此对于其发展制约因素众多，除了内部因素外，外部环境因素也会对一体化的发展带来影响。首先，各种有关公路交通运输的规定、制度等会对公路运输产生一定的影响，比如收费标准的制定，将很大程度上影响高速路网的使用效率及公路运输经营主体的经济效益。其次，政府有关高速路网与公路运输的规划，也会对一体化发展带来一定的影响，因此这里要求两者的规划应该协调一致，不能孤立发展。最后，由于一体化涉及范围广泛，牵扯到的管理部门众多，因此部门之间工作是否协调一致也会对一体化发展带来深远的影响，公路交通管理部门应该协调一致，共同致力于一体化的发展，致力于整个高速路网和运网的畅通。

可以说任何一种约束，都会直接或间接地影响到整个系统效率的发挥，影响到一体化水平的发挥，应尽量排除约束因素对一体化发展带来的不利影响，以促进一体化进程的顺利实现。

5.1.3.3 约束理论在一体化发展进程中的运用

约束理论的运用就是帮助识别出在一体化实现目标的过程中存在着哪些制约因素即“约束”，并进一步指出如何实施必要的改进来消除这些约束，提出关于进行改进和如何更好地实施这些改进的一套管理理念和管理原则，从而更有效地实现一体化的发展目标。

针对上述有碍于一体化发展的“两制”和其他内外制约因素，应采取相应措施尽量避免这些因素对一体化发展带来的负面影响。对于高速路网及公路运输来说，首先要解决好管理体制和运行机制的问题；另外，作为内部制约因素，应加大力度首先实现量上的积累，即高速路网通车里程的增加、技术等级的提高、运力结构的提升等等，从而为一体化发展这一质上的飞跃打下基础。而对于外部制约因素来说，在日常的高速路网及公路运输的经营管理中，应根据实际情况及一体化发展的需求制定符合一体化发展原则的制度标准等，并做好两者的建设规划工作，两者应协调一致，避免独立发展，同时管理部门进行有效协调工作，减少由于部门利益冲突而给一体化发展带来的阻碍。

5.1.4 资源理论

如“3.1公路资源理论及利用形式”所述，公路资源是指由公路及相关设施直接或间接提供生产资料或生活资料的资源。公路建设形成的线形基础设施，即运输通道是公路资源的直接利用形式；公路资源的间接利用形式集中表现为公路资源利用的信息化。将公路网络看做一种资源，国家或地方政府将其投入待开发区域，就可以带来区域发展的利益，将公路看做是一种资源，就必须注意资源的维护和可持续发展。

5.1.5 集成理论

5.1.5.1 集成理论与一体化发展

“集成”是现代管理的前沿理论，一体化集成理论就是针对高速路网和公路运输两个不同子系统，将其两者结合在一起共同发展，以此全面提高公路运输的效率。因此，一体化发展就是集成发展，是集成理论的具体应用，一体化发展的过程也就是集成理论的具体实践过程。高速路网与公路运输一体化发展使两者间形成了相互联系、相互作用和相互促进的有机整体，其主要目标就是实现集成系统的功能最优和协同效益最大。

随着现代科学技术特别是信息技术的迅速发展并广泛运用于交通运输领域,交通运输正发展成为一个复杂而又庞大的系统。要想驾驭这样一个系统,并使之能够最有效地运转,充分发挥各子系统的威力和潜力,就必须使各个子系统实现一体化。集成不是简单的堆砌,不是把各种硬件设施合起来放在一起就完事了。它是以现有的技术为基础,把公路运输信息等与相应的道路状况、高速路网甚至人员等无缝地统一在一个应用框架下,通过采用可视化管理,建立一种可以实现高速路网管理和公路运输业主之间信息传递和共享的综合集成环境,以此提高公路运输效益和效率。

5.1.5.2 集成管理是一体化进程中最重要的手段

高速路网与公路运输一体化发展的基础是集成管理,集成管理涉及不同部门规划管理的集成、枢纽运作的集成、运营过程的集成和多层次控制的集成等不同的层面。一体化发展最重要的基本表现形式就是集成管理,而一体化目标实现与否首先取决于规划的集成和集成的规划,这是确立一体化发展的蓝图,是一体化营运机制设计的基础。对于公路运输而言,一个重要的发展趋势是更好地与其他的运输方式融于一体,在高速路网规划与公路运输发展规划相一致的前提下,也要力争各种运输方式规划的一致性,从而实现整个交通运输系统的一体化发展。在各层次的集成管理中,除了集成的规划、枢纽运作的集成之外,营运过程的集成也很重要,其中包括营运过程的技术、组织、制度和管理手段等多方面的集成管理。在中国货运逐渐向物流化发展的过程中,遇到的一大瓶颈就是高速公路的一些管理体制对公路运输顺畅发展所带来的束缚,诸如在收费政策、地方利益等方面,一些不恰当的举措均会给货运物流化的成本降低带来空间阻塞。而营运过程的集成主要通过市场机制和基于市场机制的经济规律促使其实现。同时,应该注意的是在高速路网与公路运输一体化发展的进程中,应在不同的层次领域实现集成管理,建立多层次的集成控制体系,并实现信息集成及共享管理,从而为高速路网与公路运输一体化的实现提供强有力的保障。

5.1.6 可持续发展理论

5.1.6.1 一体化可持续发展的内涵

一体化可持续发展是指在高速路网与公路运输一体化发展进程中,不仅要考虑发展问题,更重要的是要兼顾环境问题,使一体化发展实现良性的发展过程。

在高速路网与公路运输一体化发展的进程中,追求着一种主体与客体的和谐,但在经济发展中有时会对环境带来一定的负面影响,主要表现在:高速路网的建设对环境所带来的影响和公路运输发展给环境所带来的影响。高速路网的建设过程中对环境的影响主要指新建公路对动、植物生活环境的影响,公路建设占用土地造成的土壤流失的影响,公路建设对农作物环境的影响以及对水环境的影响,尤其是对饮用水源的影响等。在高速路网的使用过程中,公路运输业对环境所带来的影响主要表现在交通阻塞、交通事故、交通污染交通三大公害上。

5.1.6.2 在一体化发展进程中坚持可持续发展理论

针对一体化发展进程中给环境带来的不利影响,在高速路网与公路运输一体化发展进程中,要尽量避免或降低高速路网的建设及公路运输运营对环境所带来的负面影响。在高速路网的建设过程中,既要考虑公路基础设施建设,又要考虑沿线环境建设,减少对自然景观的破坏。同时要尽力使发展与环境协调,使公路沿线绿色走廊的建设与“山川秀美”工程有机地结合起来,注重总体效果,防止、减少并治理人类活动对环境的破坏,使维持生命所必需的自然生态系统处于良好的状态。在公路运输发展过程中,既要考虑提高运输效率,又要考虑减少交通三大公害的产生。交通事故是阻碍高速公路行车速度的最大因素,为了提高公路运输的效率,应该在如何降低交通事故上下工夫,一方面需要提高公路运输业主特别是驾乘人员的素质,另一方面做好营运车辆的检修、保养工作和资质认证工作。

一体化可持续发展是可以持续不断的,不会在有朝一日被限制或中断的发展方式,它既能满足当今的需要,又不危及人类未来的发展。高速路网是为了运输而存在的,运输是为了满足社会政治和经济长远发展的需要,一体化可持续发展体现了构建和谐社会的宗旨,是可持续发展思想在交通运输产业上的具体应用。

总之,高速路网和公路运输的一体化发展也是构建和谐社会的大势所趋,是一种客观必然。在现实生活中,应该注意这些理论的应用,结合实际情况,以指导运输事业的发展,促进公路运输系统效率和区域经济效果的提高。

5.2 高速路网与公路运输一体化发展问题分析

5.2.1 高速路网与公路运输在一体化发展中的功能

5.2.1.1 高速路网在一体化发展过程中的功能

高速路网是发展运输的基础,可促进区域之间资源快速、高效的流动。从而使资源通过高速路网实现快捷、安全、经济的配置,促进社会经济和谐发展。高速路网显著的交通优越性,使之具备了高水平、快速度、大负荷、远辐射、高效益的特点,对公路运输产业的直接作用表现如下。

(1)促进了载运工具的更新。高速公路是汽车性能的"试金石",一些性能不稳定、运载能力差的汽车自动被淘汰。而那些与高速公路相适应的车辆结构及其类型发展起来。对客运车辆而言,快捷、安全、舒适的高档汽车日益增多。对货运车辆来说,重载车辆和集装箱等专业化车辆比例逐渐增大。如沈大高速公路建成后,城际运输中专用、特种运输车量不断增加,1993年比1990年增加17.8%。

(2)发展了新型运输组织。随着国民经济和社会的发展,旅客要求安全、舒适、快捷的公路运输服务,同时小批量、高附加值货物迅速增加,客户要求快捷、便利、优质、高效的运输形式。高速路网的远距离辐射和快捷、舒适的运输环境,为此提供了最为关键的条件,从而也促进了快速客运、快速货运、现代物流等新型组织的发展。这些新型运输组织不仅提高了运输效率,而且大幅度提高了人们的生活水平。

(3)改善了公路运网结构。高速公路主要承担大中城市间的快速运输,缓解了一般干线运输的压力。同时,有了适当比例和规模的高速路网,整个路网的层次、结构才能顺利展开,各层次路网的分工、地位和作用才会逐渐明晰起来,构成一个层次分明、结构完整、功能强大的公路运输体系。

(4)促进了公路运输结构调整。高速公路、一级公路等高等级公路的建成通车,必然会对公路运输业的运行车辆提出更高的要求。专业化、大型化、集装箱化车辆与高速公路设施条件相配套是必要条件,可以说高速路网的发展为公路运输结构调整带来了一次良好的契机。

(5)促进了公路运输产业升级。高速路网是公路运输网络得以升级和完善的重要标志,是公路运输网效率提升的重要因素,促使了公路、车辆装备、企业组织和技术水平的全面提升。

高速路网对公路运输的间接作用是通过其对社会经济的作用体现出来的。交通条件的改善会造成一种区位优势，有力地推进高速公路沿线地区各类产业的发展，特别是那些对公路交通依赖性强，运输质量严格的产业迅速发展。由于进一步沟通了沿线地区与大城市、工业中心、交通枢纽、开放港口之间的联系，缩短了时空距离，改善了投资环境，因此高速路网的建设带动了外向型经济的发展、经济开发区的崛起、中小城镇的拓展、土地的增值等，也满足和刺激了人们的出行需求。又由于运输需求是一种派生需求，经济的发展必然会引发运输需求，从而导致运输市场的扩大。

5.2.1.2 公路运输在一体化发展过程中的功能

(1)公路运输的发展可以体现高速路网的真正价值。依托高速路网，公路运输的客、货运输平均运距进一步延长。2005 年公路水路交通行业发展统计公报显示，2005 年全国公路客运平均运距为 54.74km，比上年提高 0.89km；货运平均运距为 64.79km，比上年提高 1.81km。随着路网的进一步提升和完善，这种增长趋势还将会继续持续下去。这意味着只有通过公路运输业的发展才能真正体现出高速路网的价值所在。

(2)公路运输可以依托高速路网及自身发展带动其他相关产业升级。通过公路运输的发展可以促进沿线工业的发展，改善投资环境；可以促进沿线农业的发展，缩短农产品的储运时间，加快农业信息的交流与传播，有助于农业生产结构的调整和优化；可以促进沿线商业的繁荣，缩短产地与销地的时空距离，减少商品交换的运输费用和时间，推动商业的发展；可以促进沿线旅游业的发展，诸如，西临高速公路建成后，使得从西安到临潼的空间距离缩短了许多，带来了更多的游客，促进了相关产业的更大发展。

5.2.2 一体化发展的原因和要求

了解高速路网和公路运输一体化发展产生的原因及其运作过程中的具体要求，对于指导一体化发展实践和实施具有重要意义。

5.2.2.1 一体化发展的因素

高速路网和公路运输的一体化发展是由一定的现实条件所决定的，作为新系统中的两个子系统——路网和运网，分别隶属于不同的管理部门，由不同类型的企业经营，各个部门规划和管理及企业中的经营活动是否协调，能否生成协同效应，成为考察一体化发展成功与否的重要依据。

(1)一体化发展的内在因素。企业最大的目标就是盈利，特别是在企业发展的最初阶段更是如此，这是保持良性发展的关键。在高速路网与公路运输一体化的发展过程中，直接原因除了市场需求以外至少还涉及两类企业主体，即高速公路经营公司和公路运输企业的利益，间接原因涉及社会、公众等的利益。

对于高速公路经营公司而言，实现两者的一体化发展，有利于提高公路运输业对高速公路的使用频率，充分体现高速公路的价值所在，同时路网的完善使得公路运输经营主体更愿意采用高等级运输通道，从而可以增加一定的经济收入，这会对收费公司的发展产生深远影响；同样，对于公路运输企业而言，高速路网与公路运输的一体化发展，有利于相对合理的收费制度以及收费标准的制定。这一方面会对高速公路经营公司产生影响，更重要的是将极大地影响到公路运输企业对高速路网的使用与否，以及公路运输企业自身的经济效益，可以使得公路运输企业的运营成本得到合理的控制和降低。因此，从企业的角度来讲，一体化发展可以使高速公路经营公司和运输企业都获得最大的收益，取得双赢的效果，这是一体化发展的根本内因所在。

(2)一体化发展的外在因素。一体化发展的外部原因是社会经济发展需求，特别是公路运输可持续发展的要求，这是重要的社会经济发展环境因素，是社会公众关心、政府必须涉及规划建设和管理的工作。

中国高速路网的规划建设主要是政府行为，投资建设开始出现多元化，高速路网发展需要经营业主体能够维持投资或运营，而高速路网发展也需要大量高效率运输来支撑，这是政府采取有关措施促使两者进行合作、协同发展的重要原因。高速路网的建设需要投入巨额资金，由于国家建设资金有限，使得高速路网的真正形成具有一定的难度。而公路运输企业为了自身的发展，也要建设一批事关本企业发展的场站设施等，这需要和高速路网的建设相互合作、协同，才有可能尽快实现区域基础设施的网络化，两者的一体化发展将有利于弥补资金的缺口，并会给两者的发展带来很好的契机。政府部门已经意识到一体化发展是大势所趋，充分认识到仅仅依靠提高高速路网数量来解决交通问题以及促进关联产业升级是远远不够的，路网建设得再快也无法满足社会经济发展的要求，同时，单单依靠高速路网也无法实现公路运输的快速化、高效化，只有实现两者的一体化规划和管理，才能真正达到预期的目的和效果。

此外，现代技术的发展也为高速路网与公路运输一体化的发展提供了有力支持。一体化发展需要关联主体之间的沟通，包括动态实时沟通。信息技术的发展，各种信息装备、监控设施、GPS(全球定位系统)、GIS(地理信息系统)等的出现使得高速路网和公路运输一体化发展在技术上成为可能。高速路网采取监控设施，实现动态监控，可以使整个路网的使用情况变为“可看得见的过程”，进而可以为高速路网的经营者及使用者提供可视化效果，有利于提高高速路网的使用效率。对于公路运输业经营主体而言，通过 GPS、GIS 等现代信息技术的应用，可以随时随地准确地确定车辆的位置，从而有利于经营主体选择最佳的行车线路，提高公路运输效率及服务质量。同时，通过信息网络的构建，可以使高速路网及公路运输两者之间实现快捷的双向沟通和联系，从而更好地促进一体化的运作。

5.2.2.2 一体化发展的要求

为了保证一体化进程的顺利实施，在一体化发展过程中，应遵循一定的发展要求。

(1)体现协同发展思想。在高速路网与公路运输的一体化发展进程中，协同发展是指导一体化进程顺利实现的重要思想之一。协同发展主要体现在两个方面：其一，高速路网与公路运输本身在规划、建设等发展进程中，要做到统一规划、协调发展，相互之间实现信息的有效沟通，避免两者独自发展并在各自发展过程中发生脱节现象；其二，随着社会进步和经济发展，在高速路网与公路运输一体化的发展中将涉及越来越多的部门，靠单一方面来完成工作势必会面临更大的困难，这就需要一定的协调合作的思想指导各部门的运作，以促进一体化进程的顺利实现，同时，在一体化发展中会蕴涵越来越多的现代技术成分，也需要一定的专业人员相互之间协调运作，以更好地借助现代信息技术推动一体化发展进程。

(2)体现适度超前原则。在高速路网与公路运输的一体化发展进程中，应体现一定的适度超前原则。在高速路网的规划和建设中，不要仅仅满足于“货畅其流、人便于行”，更要具有前瞻性的眼光，诸如，在高速路网构建中，要避免由于诱导交通量的增加使得高速路网提前达到饱和期；在公路运输业的发展规划中，也要充分考虑服务对象需求层次的提高，避免低水平公路运输设施的重复建设，努力提高公路运输的服务质量水平，加快公路运输运力结构调整，为向高水平服务质量进军提供基础保障。

(3)体现信息技术应用。在高速路网与公路运输一体化发展进程中，应体现现代科技的巨大力量，充分利用现代信息技术为一体化发展带来的便利。高速路网在完善道路基础设施和交通安全的基础上，应尽量采用现代技术，提高公路交通管理智能化水平，尽快实现智能交通系统及电子收费系统的建设，为提高高速路网的使用效率及营运效率提供基础条件；同时，对于公路运输而言，一方面可充分利用现代信息技术装备的高速路网，另一方面，也要提高自身信息技术的利用程度，积极采用 GPS 等技术，实现公路运输过程的可视化管理与控制。

(4)体现"以人为本"的核心思想。一体化发展所要体现的是以路网效率为核心，并实现所支持的交通运输质量目标——安全、舒适、快捷、方便。"以人为本"可以具体显示在人的时间价值、体力价值、经济价值等诸多方面，因此，高速路网与公路运输一体化发展可以在诸多方面为"以人为本"做出贡献。诸如，高速公路网可为乘客提供舒适、安全的服务；其通达深度则可更好地实现快速、便捷的公路运输优势。同时，高速公路网体系可为实现货运物流化提供基础载体，两者的一体化发展还可为货运物流化提供良好的发展环境，促进运输产业升级，不仅能解决路网和运输单一发展所产生的相互矛盾，而且能够取得两者协调发展的协同效应，体现"以人为本"的核心思想。因此，无论是以高速路网为基础的高速客运或高速货运，还是高速路网与公路运输两者的协同发展，都是促使"以人为本"这一最终目标实现的一条捷径，另外在解决好"以人为本"这一核心问题的同时，也可以更好地促进两者的一体化发展进程。

(5)体现可持续发展的要求。在高速路网与公路运输的一体化发展进程中，应体现可持续发展要求。在高速路网的形成过程中，应尽量减少由于建设工作对周围环境带来的污染。在高速路网的使用过程及公路运输业的发展过程中，应尽量减少交通三大公害——交通阻塞、交通事故、交通污染造成的影响。另外，应注意高速路网的规划要与周围的自然景观和谐一致，建成布局合理、干支分明、四通八达、效益显著、覆盖辐射强、通达程度深的高速路网，同时，路网建设要致力于促进运输业的发展，实现高速路网与公路运输的协调持续发展。

5.2.3 一体化发展的运作主体

一体化发展涉及的主体很多，主要包括政府、企业以及中介组织在内的各个部门。高速路网与公路运输的一体化发展，就是需要上述部门在一体化发展过程中正确定位，各司其职，采取相关措施，达到协同合作、共同发展的效果，进而促进高速路网与公路运输的一体化发展。

5.2.3.1 政府在一体化发展中的定位和作用

(1)政府[①]是一体化发展进程中的宏观调控者。政府在高速路网与公路运输一体化发展进程中，更重要的是体现其作为宏观调控者的风范，政府不参与到一体化的具体运作当中，而是将自己定位于政策环境的改善者，从而为一体化的发展提供良好的软件环境。

(2)政府在一体化发展进程中的宏观调控作用。在一体化发展的过程中，为了尽可能的取得最大的整体效益，政府应该起到宏观调控者的作用，以前瞻性的眼光对待一体化发展，在法规上、政策上为一体化进程扫清障碍。针对一体化发展就是要突破原有的管理体制或部门约

① 主要指政府职能部门。

束的性质，因为一体化发展势必会损害部分部门或是个人的利益的现状，要想使整个系统能够有效、有序地运行，行政性的法令是解决这些问题的最为直接有效的办法。同时，考虑到一体化发展需要很多的部门给予支持，为了使一体化得到顺利的发展，政府应该召集交通部门、运输部门、物价部门、运输企业、公路协会、运输协会等，听取各部门的汇报，并制定有关政策，采取有关措施，例如出台公路运输经营资质管理办法、公路运输管理办法、道路建设管理法规等等，使得一体化能够顺利实施，并朝着良性方向发展。

5.2.3.2 企业在一体化发展中的定位和作用

(1)企业是一体化发展的微观运作主体。企业是高速路网与公路运输一体化发展进程中最活跃的运作主体，它也是一体化目标能否实现的重要实施者。高速公路经营企业、公路运输企业以及其他关联企业主要追求其自身价值，在一体化发展中的协调机制作用下，不同经营主体主要依赖市场机制的作用产生协同行为，当然，政府规划、指导职能是不可或缺的功能。

(2)企业在一体化发展进程中的作用。在一体化发展进程中，所蕴涵的企业主要包括高速路网经营公司和公路运输企业，两者之间的合作将会使两者实现共赢。在一体化系统中，双方发展均会给对方带来一定的收益，诸如高速路网经营公司的一系列措施会为公路运输企业带来以下几方面基本效益：客货运输成本降低、缩短里程节省运输成本、相关公路减少拥挤降低运输成本、货运节约在途时间的价值、旅客节约在途时间的价值、减少交通事故的价值、减少货损事故的效益等。同时，高速路网的发展也使新型运输组织得以蓬勃发展，包括旅客运输及货物运输两个方面，高速公路与其他高等级公路相结合的连接主要省会城市的旅客快速运输系统、汽车旅游客运、出租汽车客运等得到了较快的发展；另外，国际集装箱、零担、快件、冷藏保鲜、危险品和散装货物运输，大型散货专业化运输、多式联运以及快速货运等现代化运输组织方式成为公路运输业新的经济增长点和亮点。高速路网使得道路经营业主的实力有了明显的增强，能够主导区域市场发展的大型公路运输企业已经开始出现，高档客车、高效低耗的重型货车、厢式货车、集装箱拖挂车、特种专用车在社会车辆中的比重从无到有，发展越来越快，推动了中国道路货物运输向多样化方向发展。与此同时，公路运输企业提高了对高速路网的使用频率，会带来通行费用的增加，从而为高速路网的经营公司带来经济上的收益。

从以上几个方面来讲，如果公路运输企业选择高速公路作为运输线路，必将带来高速公路经营公司与公路运输企业双方的盈利，但是结果并非完全如此。在现实的发展过程中，由于两个运作主体在利益上的一些矛盾，造成了现实与理想运作状态脱节的情况。较高的交通通行费使得许多经营业主不愿意使用高速公路，这也是陕西省境内的东行货运车辆大多选择 312 国道线路的原因之一。而高速路网经营公司是否盈利的关键在于交通量的大小，一旦交通量过低，势必会降低经营公司的盈利水平，甚至导致亏损。

根据一项统计调查显示，中国高速公路交通量在整体上偏低，远远落后于美国，如图 5-3 所示。目前，中国高速公路平均断面交通量为 16 000 辆小客车/日，仅是普通国道公路交通量的两倍，而美国高速公路单位里程承担的交通量是公路网中其他公路的 27 倍。

之所以出现这种情况，其中一部分原因有以下两点：

(1)高速路网的收费标准偏高。乘用车物流是技术性、专业性、风险性较强且投入大、回收期长的一类汽车物流。某公司乘用车辆物流的固定费用、变动费用构成比例见图 5-4。

现在物流企业的成本结构发生了变化，运营设备的成本结构中属于乘用车物流企业控制

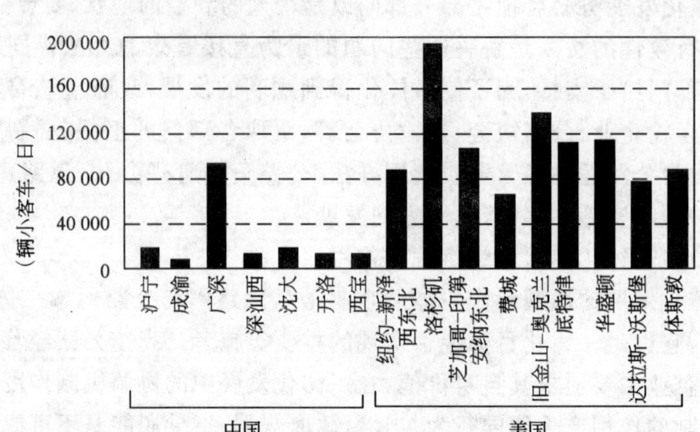

图 5-3　中国与美国高速公路交通量比较

资料来源：http://www.economicdaily.com.cn.

的只是一小部分。在成本费用中，路桥通行费用几乎与燃料消耗一样，达到 27.3%。交通部、国家发展和改革委员会联合下发了《关于降低车辆通行费收费标准的意见的通知》(交公路发[2004]622 号)，通知指出，为鼓励发展高效运力，降低运输成本，减轻企业负担，推动道路运输结构调整，鼓励使用多轴大型运输车辆，依法增加运量，提高运输质量和效益，使合法道路运输企业和运输业主真正得到实惠，同时充分考虑收费公路还贷的压力，兼顾广大经营性收费公路企业的利益，经省政府同意，降低高速公路车辆通行费收费标准。

(2)现有的高速公路并没有形成真正的网络，部分车辆驾驶员因无法达到目的地而拒绝走高速公路。从这个方面分析，中国政府要继续加大高速公路的建设力度，而高速公路经营公司也要采取相应措施，例如通过降低现有的费率，针对不同车型和载客率高低的不同采取不同的价位等等，鼓励公路运输业主尽量选择现有的高速公路，从而提高自己的盈利水平，同时也可以提高公路运输的效率和服务质量。鉴于此，企业应该从自身利益出发，采取措施，通过两者之间的合作，促使高速公路和公路运输企业的一体化发展。

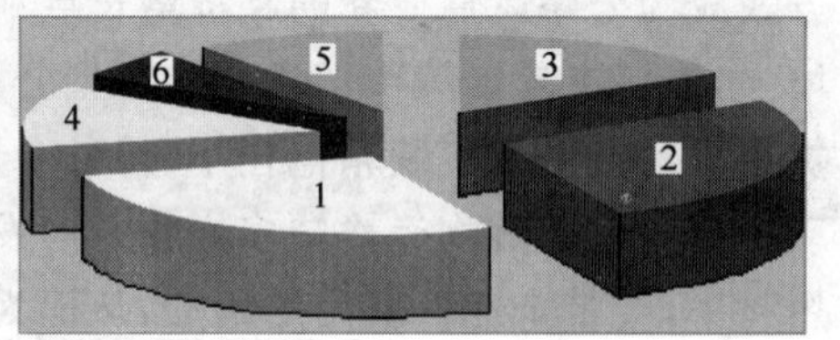

图 5-4　乘用车物流运营成本费用分割图

1-燃油费 27.5%；2-路桥费 27.3%；3-固定费用 16.3%；4-工资 13.1%；5-其他变动费用 10.4%；6-维修费 5.4%

5.2.3.3　中介组织在一体化发展中的定位和作用

中介组织主要是指公路协会、道路运输协会、物流咨询公司等社会民间组织，是联系政府与企业的纽带。公路协会是公路交通运输界学术性的社会团体，主要是在公路企业、建设者与政府部门之间“牵线搭桥”，通过加强行业之间的沟通，推广先进的科学技术和管理经验。其主要目的是：促进公路交通科学技术水平的繁荣和发展，促进公路交通科学技术的普及和推广，促进公路交通科技人才的成长和提高，为公路建设企业搭建起信息资源平台，提供公路设计、建设、咨询服务等。

(1)中介组织是一体化发展进程中的沟通桥梁。在高速路网与公路运输一体化发展进程中，中介组织起到的是高速路网及公路运输两个独立因素之间的沟通桥梁作用。通过中介组织的有效运作减少由于缺乏沟通及信息的交流而给一体化发展带来的阻碍。

(2)中介组织在一体化发展进程中的作用。在高速路网与公路运输一体化发展进程中，在路网规划、设计和建设过程中，**公路协会**应该从一体化的角度出发，提供切实可行、行之有效的方案，例如景观的保护、高速路网和城市交通的衔接等等，从基础处为一体化发展创造良好条件。**道路运输协会**是公路运输行业的企事业单位和个人自愿组成的行业组织，是不受部门、地区和所有制限制的社会团体。其主要任务是：沟通企业和政府交通行政主管部门的联系，反映企业的意见和要求；推动横向经济联系，协调企业之间生产经营、技术合作的关系，促进行业协调发展；开展咨询服务，帮助企业提高经营管理水平；组织公路运输从业者商定有关公路运输的行规行约，并监督实施，建立行业自律机制，规范行业管理行为等。在此基础上，道路运输协会可以借助自身优势，加强政府和运输企业的沟通，从而在政策法规制定方面提供切实可靠的资料，制定符合一体化发展的相关政策和文件。**物流咨询公司**的主要任务是为企业提供物流运作设计方案，运用现代信息技术包括GPS和GIS等，为企业出谋划策创造最佳的物流价值。物流咨询公司主要是利用现有高速路网和公路运输设施并采取相应的措施，在这方面，咨询公司的良好建议可以促使公路运输业主更新运输装备和转变企业的经营机制等，从而促进公路运输业的发展；另一方面，咨询公司从物流的角度来讲，可以为社会及企业提供整个系统的运网设计，从理论上为高速路网的建设和运营管理提供依据，促使高速路网经营公司改善经营管理水平，带动两者的一体化进程。

5.2.3.4 运输服务需求者在一体化发展中的定位和作用

运输服务需求者可以说是影响公路运输一体化发展的重要因素，运输服务需求者对运输服务的要求是改变现有服务方式的最主要原因。

(1)运输服务需求者是一体化发展进程中的直接受益者。在高速路网与公路运输一体化发展进程中，运输服务需求者是最直接的受益者。通过两者的一体化发展，可以使运输服务需求者享受更为舒适、安全、便捷的服务。

(2)运输服务需求者在一体化发展进程中的作用。随着现代社会节奏的加快，随着生产方式向JIT(准时)制转化，随着推进型(PUSH)市场向牵拉型(PULL)市场的转变，运输服务需求者越来越需要及时响应的快速准时服务。单一的公路运输往往由于诸多方面的原因，会造成服务的一致性无法达到和可靠性的降低，例如由于路网收费系统的故障或是路网上交通事故的出现阻碍了正常的行驶等原因，势必会影响到运输服务需求者的服务要求，进而影响到运输服务需求者是否愿意继续定购该项服务。因此，运输服务需求者可以影响到企业采用不同的运输方式，也可以影响到其对运输线路的选择，一旦这种需求无法得到满足时，客户将会考虑调换运输服务公司，进而也有可能会影响到高速路网的盈利。从这个意义上来讲，三者也是相辅相成的，互为促进的，运输服务需求者也应以实际行动促进两者的一体化进程。

在一体化发展的过程中，政府、企业、中介组织和运输服务需求者，作为一体化运作中的主体部分，都会从不同角度对一体化的进程和发展产生作用，并将继续为推进这种进程作出不懈的努力。

5.2.4 一体化发展的动力机制与支撑体系

5.2.4.1 一体化发展的动力机制

所谓机制，原指机器的构造、工作原理和运作方式，也可以指生物机体结构组成部分的相互联系，以及其间发生的各种变化过程的物理、化学性质和相互联系。现已广泛应用于自然现象和社会现象，指其内部组织和运行变化的规律。一体化发展的动力机制就是指高速路网和公路运输一体化发展过程中，各种相关因素（包括内部结构和外部条件）之间的相互作用和联系，这一相互作用与联系，既存在一定的规律，又受到一定条件的制约。在一体化发展过程中，动力机制是一体化发展的关键因素。因此，了解动力机制及其内容对于实现高速路网和公路运输的一体化进程将会产生重要的影响。

在市场经济这个大环境下，一体化的实现形式仅靠政府法令是行不通的，必须寻求实现一体化发展的动力。鉴于此，一体化发展过程中的动力机制主要有以下几方面内容：

（1）经营主体的自发的利益引力机制。经营主体是一体化系统中的主体，包括高速路网经营公司和公路运输企业。经营主体在追求客户满意率的同时，势必以企业利润最大化作为发展目标。通过前面的分析可以知道，只有一体化发展才有可能实现双方的共赢，只有一体化发展才有可能会实现利润最大化，因此引力机制是一体化发展的重要动力。

（2）区域自我发展的内在动因。为了尽快提升区域的区位竞争力和吸引力以及增强区域的竞争力，完善的高速路网和优质的公路运输服务成为提升区位竞争力的关键所在，而一体化发展将会使两者之间的合作与协调达到质的提高，从而必将使区域竞争力大大增强。

（3）客户利益的诱发机制。随着社会经济的飞速发展，高速路网及公路运输所面临的客户的需求也日益提高，人们不仅仅要求“走得了、运得了”，更要求“走得好、运得好”。根据用户所提出的需求，就要求高速路网及公路运输经营主体们提供更为舒适、便捷的服务，而通过两者的一体化发展可为服务质量的提高提供一个良好的切入点，这也是一体化发展适应市场需求的具体体现。

（4）政府统一规划协调机制。动力机制的完善需要建立政府协同规划机制。应该从现实出发，由省政府有关部门牵头成立一个跨部门、跨区域的一体化发展管理机构，建立政府部门的协同规划机制，实现统一运作与管理。一般包括规划目标的分解与协调、协同规划的组织、信息沟通协调、规划任务的协调与监督等内容。同时，一体化发展涉及多个部门，需要建立管理部门之间的协调机制，降低一体化发展的制度成本。应根据一体化发展的需要尽快明确制度成本最低的管理模式，调整部门之间的任务分工和管理分权，建立管理部门之间协调的制度和协调的技术支持纽带，建立必要的协调协议等。

5.2.4.2 一体化发展的支撑体系

高速路网与公路运输一体化发展需要信息技术、运行机制和管理体制的综合作用，需要多方综合努力去实施。

（1）一体化发展的技术体系。典型的集成技术体系是智能运输系统，其中包括硬件设施和软件设施，即高速路网、场站设施、运输装备等，这是一体化发展的硬件条件；GPS、GIS系统以及公路运输信息系统等，这是一体化发展的软件条件。一体化发展需要做好的首要条件就是要建立起比较完善的技术体系，这是一体化发展的前提基础。

（2）一体化发展的客货运输体系。一方面需要在硬件上下工夫，例如高速公路开口的设计、开口的间隔距离、运输装备的改善以及运输资质的鉴定等，另一方面即软件方面的工作也要做好，包括高速路网的交通标志的设计、交通安全法规的宣传和贯彻、交通信息的畅通流通以及交通运输信息系统的全面应用等，促使整个客货运输系统标准化、现代化。

(3)支持一体化发展的信息服务体系。信息不畅使得运输和货物分离,公路运输无法选择最为有效的运输线路,高速路网无法适应变化越来越快的运输服务类型,它是阻碍一体化进程的致命杀手。因此,一体化的信息服务体系是一体化实现的关键步骤。科学的、现代化的信息服务体系,将会从根本上为高速路网和公路运输搭建沟通的桥梁和合作的纽带,有效地提升一体化进程的质量。

(4)建立促进一体化发展的人才体系。一体化发展需要高素质的人才,需要考虑人力资源的培养和有效地应用。

5.2.5 一体化发展涉及的主要因素

高速公路是国家交通现代化的标志,它是需要高额投入、长期使用的公共产品,一经规划和修建,将极大地影响国家的城镇发展布局、国土的整治和利用、区域规划和建设以及经济带的形成,其直接、间接与潜在的效益几乎囊括经济、社会、文化、国防各个领域。近年来,中国以高速公路为主体的国道主干线系统建设取得重大进展,初步形成了连接一些重要城市地区的高速公路通道。总的来说,高速路网与公路运输一体化发展过程中涉及的因素主要有以下几方面。

5.2.5.1 公路技术等级、路网里程对一体化发展的影响

公路运输在发展的过程中,公路是其实物化的发展载体,是公路运输发展中的基础设施。对于公路自身而言,其技术等级、路网里程则是影响、提高路网效率和运输效率的基本因素。

公路技术等级和路网里程是分别从质和量不同角度对路网进行描述的两项指标,为了更好地促进公路运输的发展,数量增长和质量提高是首先应该考虑的问题。当公路里程达到一定程度之后,可以大大提高运输的延伸性及其可达性,从而为运输的发展消除死角,提高运输的效率。而对于技术等级来说,不同等级的公路,在其性质上具有很大的区别,技术等级高的公路,因为它具有舒适、快捷等方面的优势,可以使运输时间大大缩短,运输质量提高,车辆损耗减少,运输成本降低,有利于运输效率的提高。因此,在高速路网与公路运输一体化发展的过程中,应首先从提高公路技术等级、增加路网里程这两个基本方面着手,从而为公路运输发展提供良好的基础。

5.2.5.2 信息技术装备对一体化发展的影响

信息技术是指以计算机与通信技术为核心对各种信息进行收集、存储、处理、检索、传递、分析与显示的高技术群。信息技术装备则是这些现代信息技术的发展载体。现代信息技术被认为是21世纪公路交通行业的牵头技术,高速公路作为实现中国工业化、现代化的基础设施之一,通过发展高速公路信息化,从而促进运输效率的提高,就显得尤为重要,可以说它是一体化发展进程中最重要的技术载体。通过信息技术装备的运用,可以实现以收费管理、运营监控、养护与维修为核心的运营管理内容的信息化,从而确保运营管理中的各种要素,诸如人员、车辆、车流、道路、物质、资金处于动态管理中,发挥高速公路高速、安全、快捷、畅通的优点,从而更好地为客、货运输做出贡献。在高速路网与公路运输一体化的发展中,应用各种信息技术装备,可以有效地提高高速公路的运营管理水平,也可以提高运输效率。因此,加强动态监控,改进信息技术装备对实现高速路网与公路运输一体化发展是很重要的。

5.2.5.3 运营管理水平对一体化发展的影响

中国高速公路的发展时间相对较短,没有现成的管理经验可供借鉴,高速公路的运营管理又是一个复杂的系统工程,具有技术密集的特点,因此在对高速公路运营、管理的过程中,任何一个环节出现偏差或衔接不良,都会造成工作的失误及不必要的经济损失,进而影响运输效率的发挥。道路作为车辆运行的载体,对车流量的密度、驾乘人员的满意度等,起着最关键、最基础的作用,在日常的运营管理中要加强对道路的养护管理,使高速公路保持行车舒适、安全标志鲜明、沿线设施完善的良好状态,从而真正为运输提供良好的发展基础。同时,良好的运营环境,可以大大提高公路运输的运行效率,诸如科学、合理的收费系统,可以为车辆的行驶提供顺畅的空间,从而达到提高运输效率的目的;另外,顺畅的高速公路运营管理体制,可以减少跨市、跨省运输过程中出现的各类问题,减少地方保护现象对运输效率带来的影响。可以说,运营管理水平的提高可以为一体化战略目标的实现创造顺畅的制度空间。

5.2.5.4 路网及与其他运输方式衔接对一体化发展的影响

中国现有的高速公路是根据总体规划分期建设的,虽然中国第一个以高速公路为主的国道主干线网"两纵两横三条主要路段"已建成,"五纵七横"国道主干线有望于 2007 年年底全部建成。届时,中国将拥有横跨东西、纵贯南北的快速公路运输网络。"七射九纵十八横"的高速公路网将在 30 年内完成。但目前大高速公路网应有的经济效益还没有完全发挥出来。对于高速公路而言只有形成网络,连续运输距离达到 800km 左右才能发挥出高速公路的安全、快捷、高效的独特优势,同时也只有各路网之间紧密衔接,才能真正的实现安全、快捷、高效的运输目标。交通运输的发展方向是多式联运,建立综合运输体系是当代运输业发展的方向,存在于运输体系当中的五种运输方式的联系已经是日益密切,各种运输方式逐渐打破孤立、单一的发展模式,走向综合、协调,这对于运输业自身的发展及相关产业、国民经济的发展都是很重要的。作为五种运输方式之一的公路运输,在其与高速路网一体化发展的进程中,还应考虑能否与其他四种运输方式进行有效的衔接,这是其能否实现快速发展,能否在整个运输体系中占据主要地位的关键所在。实现五种运输方式的有效衔接可以吸取铁路、汽车、船舶、飞机等所有运输方式的长处,把他们有机地复合起来,可实现多环节、多区段、多工具相互衔接进行商品运输,并能克服单个运输方式或手段所固有的缺陷,从而在整体上保证运输全过程的最优化和效率化。

5.3 高速路网与公路运输一体化发展实证分析

5.3.1 高速路网收费管理与公路运输效率关系分析

高速路网完善的目的是促进公路运输效率提高,依托高速路网的公路运输事业发展,要求公路建设规划以及经营管理各方面提供一系列有力的支持。

公路运输特别是高速公路客货运输与高速路网经营管理有密切的关系。其中,高速路网收费费率、收费方式和管理水平在很大程度上影响到公路运输的效率(收费站点数量、收费作业方式、收费作业时间、收费工作质量等)和运输成本(收费费率、收费额、车辆缓行、停车、加速等)。因此,公路运输发展要求高速路网在规划、经营和管理等方面都与之协调发展,需要高速

路网经营管理等诸多方面给予支持。在高速路网与公路运输一体化发展过程中,路网收费管理合理化、收费技术现代化、收费方式自动化可以提升公路运输效率,提高公路运输在关联运输线路上的竞争能力。

5.3.1.1 高速路网收费管理与路网效率关系分析

(1)四种高速公路收费制式对路网效率的影响。高速路网有多种收费制式,实证分析表明,不同收费制式对高速路网效率有不同的影响。

均一制收费系统:车辆在高速公路上行驶只需一次停车收费,加上收费标准单一,使收费手续简便,收费效率很高,可以保证车辆不至于排队等待,对交通的影响较小。

开放式收费系统:收费手续简便,效率高,对交通的影响较小;但易出现漏收、多收、少收现象,收费标准的制定不能做到很准确、合理,长途车辆需多次交费,影响长途客货运输的可达性。

封闭式收费系统:严格按车型和行驶里程收费,公平合理,没有漏收费现象;可以兼顾高速公路出入口的交通管理;虽然出入口均需停车,入口处理效率较高,每辆车平均服务时间6~8s,但出口需验卡收费,手续较复杂,效率较低,平均服务时间在14s以上(14~18s)。

混合式收费系统:收费手续简单,效率高,对交通的影响小;在主线上通过一次收费,无通行券,且票据简单,运营成本低。但对道路里程长且行驶全程的车辆需停车两次以上,且无法准确按里程收费,存在漏收、少收和多收等不合理现象。

根据路网效率相关指标分析各种收费制式,相关指标水平的变化及对路网效率的影响程度比较如表5-1所示。

四种收费制式对路网效率的影响比较 表5-1

收费制式	相关指标水平及特点	路网效率
均一制收费系统	路网运输密度大,路网连通度低,路网的可达性差,路网平均车速快,路网拥挤程度低,路网结点连通度低,公路的通行能力低,服务水平低	较低
开放式收费系统	路网运输密度大,路网连通度低,路网的可达性差,路网平均车速快,路网拥挤程度低,路网结点连通度低,公路的通行能力低,服务水平高	稍高
封闭式收费系统	路网运输密度大,路网连通度高,路网的可达性好,路网平均车速快,路网拥挤程度低,路网结点连通度高,公路的通行能力高,服务水平高	较高
混合式收费系统	路网运输密度大,路网连通度高,路网的可达性好,路网平均车速快,路网拥挤程度低,路网结点连通度高,公路的通行能力高,服务水平高	最高

(2)三种高速公路收费方式对路网效率的影响。**人工收费系统:**可节省大量的建设费及管理经费,运作成本低,收费效率低。**半自动收费系统:**采用计算机自动认读统计,完全在自然连续车流的情况下自动记录车辆通过情况,通过较完善的维护系统提高收费效率。**全自动收费系统:**也是不停车收费系统,收费的全过程均由电子计算机完成,无须人工介入,也不用停车交款,收费员不直接与钱币接触,彻底杜绝漏费现象,由于不需要停车,道路通行能力大大提高,能有效地缓解收费站的车辆拥堵现象,减轻了环境污染。不同收费方式对相关的路网效率指标的影响比较如表5-2所示。

三种收费方式对路网效率影响的比较 表 5-2

收费系统	相关指标水平及特点	路网效率
人工收费系统	路网密度小、路网连通度低、路网平均车速慢、路网负荷度高、路网里程拥挤度高、路网通行能力低、路网服务水平低、路网可达性差	降低
半自动收费系统	路网密度较大、路网连通度较高、路网平均车速较快、路网负荷度较低、路网里程拥挤度较低、路网通行能力较高、路网服务水平较高、路网可达性好	较高
全自动收费系统	路网密度最大、路网连通度最高、路网平均车速最快、路网负荷度最低、路网里程拥挤度最低、路网通行能力最高、路网服务水平最高、路网可达性最好	最高

(3)收费公路计费标准对公路利用的影响。中国收费公路主要是还贷性收费,计费标准开始时主要按车型、车辆标记吨位收费,在实践中出现了运输车辆大(吨位)车辆小(吨位)标记现象。例如,有的8吨位车辆标记吨位仅1.95吨位,一些制造厂家与运输商联合起来少缴通行费。同时,在公路上出现了大量的超载运输,例如,8吨位车辆经过轮胎、钢板、车厢等改装后,装载货物竟达80多吨,载重量超过标准10倍,但车辆轴数不变,造成了公路严重损坏,公路寿命大大缩短。计划15年才需要进行大修的公路,七八年就不能使用了,这种现象在运煤、水泥等价值比较低、实物又比较重的货物时表现得更为突出,因为这些货物的运价比较低,车主为了获利采用了这种竭泽而渔、杀鸡取卵的经营方式,使公路基础设施这一公共资源遭到掠夺性的破坏。

从按车辆(吨位)收费到计重收费的实践。设立高速公路计重收费系统,该系统可根据要求,安装收费车道低速高精度称重系统,对所有过往车辆进行称重,配合已有的收费系统,对过往车辆进行计重收费,同时根据《超限运输车辆行驶公路管理规定》的要求进行超限检测,对超限车辆进行加重收费的处罚,可有效控制超重车辆对公路路面的破坏。

为了在收费站实现计重收费和超限检测功能,在收费车道前安装一台收费车道低速高精度称重系统,向收费系统计算机传输轴重、整车重、车速、车轴数量、车型、轴距、速度、车道号和行驶方向、日期和时间、数据记录序号、车辆加速度、超限判别标识等信息,实现计重收费和超限检测功能。计重收费系统通过设置在收费站入、出口前端的动态称重装置与车型识别装置,对收费车辆按重量进行分类,从而体现出多收益者多支付的收费原则。系统不但与传统的车辆自动识别技术融为一体,并增加了以重量识别车型的功能。由于与收费系统可实现无缝连接,完全适用于现行使用的包括开放式与封闭式在内的所有收费制式。与高速公路收费相结合的计重收费系统原理示意图见图5-5。

(4)高速公路收费管理技术对路网效率影响。区域联网收费技术可以使得道路使用者只需在入口和出口停车完成通行费缴纳,大大简化了收费过程,减少了车辆运行时间,降低了成本,使得车畅其流,大大方便了道路使用者,提高了公路的使用价值。联网收费系统建立起来之后,各路段与路段之间的收费站就没有存在的必要性了,这样就可以减少一部分收费站,使得收费站建设这一部分成本降低,而且因为收费站而引起的环境污染也得以减少,符合可持续发展的要求。一旦能够建立起联网收费系统,那么各路段也就形成了一个有机的整体,能够互相协调,相关数据在一定要求上可以共享。这样,政府便可以通过各种手段对整个路网进行统筹,并且能够在此基础上建立智能运输系统。

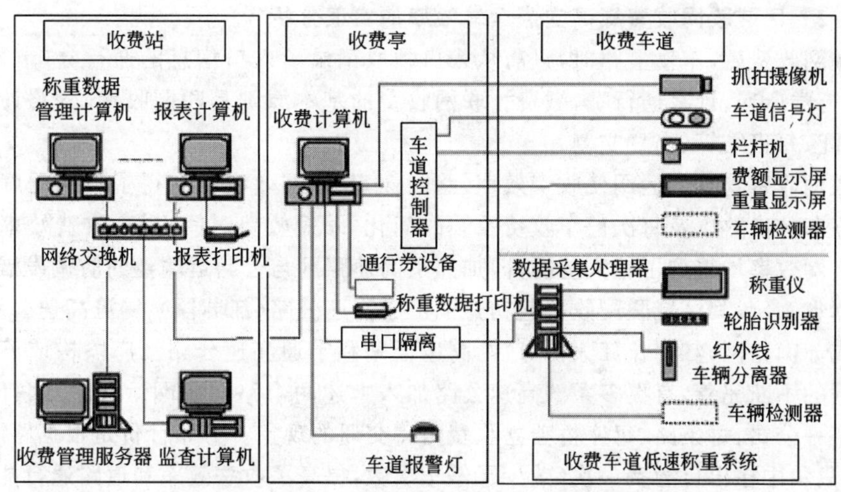

图 5-5 与高速公路收费相结合的计重收费系统原理示意图

非接触式 IC 卡具有可靠性高、使用方便、防冲突、保密性能好、适合多种用途等优点，提高了卡片的使用性，提高了每次完成操作的速度，增加了应用的并行性，提高了系统的工作速度，保证了使用的机密性。在高速公路收费系统中的使用将可以加速公路运输一体化发展，提高公路运输速度和通行能力，降低公路运输拥挤度，改善路网的可达性，提高路网效率。

电子收费技术最大的特点是“不停车收费”，即车辆可以以相当高的速度通过收费口，无需在收费站前减速并停车缴费，一切均由电子设备完成。这样，可以大大节省劳力，降低运营成本，也减少了银行处理现金的大量事务，同时可以有效地提高收费车道的通行能力，缩短行程时间，从根本上避免了为收取道路通行费所造成的交通延误和堵塞现象，大大提高了车辆通过收费车道时的速度，极大地改善交通条件，提高交通流量。当然，为保证行车安全，可在收费车道处安装减速设施使车辆通过收费车道时适当减低速度，也有利于改善公路交通安全管理。

(5)选择提高路网效率的高速路网收费管理模式。为了进一步提高路网效率，从而提高公路运输效率，增强与铁路等其他运输方式的竞争力，需要加速高速路网收费管理的信息化发展。

中国铁路已经完成了五次大提速，第六次大提速也即将展开，公路运输部门应当针对铁路运输的“五次大提速”对公路运输发展的影响认真研究。应进一步加强高速路网推动公路运输业高度化的作用，不断提高公路运输服务水平和竞争能力。比如：可以减少车辆等待和顾客等待的时间；缩短车辆运行过程中间收费与中途停车次数等非车辆运营所占时间等等。选择提高路网效率的高速路网收费管理模式需要从收费方式、收费技术、制度等各方面考虑，收费管理方式合理化与收费技术现代化要协调发展，使收费系统满足快速、高效、便捷、安全、可靠、完备，即不会漏收且设备出故障率低、故障维修率高等要求。

具体选择可考虑选择封闭式收费制式与全自动收费方式相结合的收费系统，收费技术选择区域联网收费技术与电子收费技术并行使用，收费制度最好采用从高速公路建设开始就由企业负责(例如 BOT 公路项目)，竣工后仍由该企业经营的方式；此外，还需要兼用区域联网收费技术、非接触式 IC 卡技术或电子收费技术以形成高速路网的网络化、信息化、自动化以及合理化的收费管理，提高整个路网的运作效率和运输效率。

5.3.1.2 区域联网收费提高交通运输效率的实证分析

区域联网收费后，车辆上路时，只需从入口领取记录了入口信息的通行券(卡)，车辆下路时，交回通行券(卡)，计算通行费，缴费。联网收费的基本原则是联网收费、分路计价、一次缴费、逐车分配、每班结算、当日交割。

区域联网收费管理的运用使收费效率、路网效率、运网效率均获得了不同程度的提高，其通过减少停车的次数以及每次停车收费手续的简化，缩短收费时间、提高收费效率，使公路运输效率及路网效率均得到了较大的提升，加速了高速路网与公路运输业的协调发展。

以江苏省为例，其区域联网收费起初是以沪宁高速公路(江苏段)、锡澄高速公路和江阴长江大桥构成苏南路网，江阴长江大桥、广靖高速公路和宁通高速公路江广段构成苏北路网，随着后来路网的不断完善，有更多条的高速公路加入上述两个路网联网运行。其联网收费改变了原来一路一公司、每条路、每座桥独立收费阻碍交通的现象。分路计价是根据路网的不同等级计费，但只集中在出口缴费一次，减少了停车次数，提高了收费效率和道路通行能力，并且把各个不同公司管理的复杂的收费手续全部简化留给计算机操作，既保证了管理每条路的不同企事业单位的利益，也分清了不同车辆收费标准，实现了在同一区域内的统一，避免了出现同一辆车在上一个收费站收费额与下一个收费站收费额不同而给车主造成不公平收费的看法，且实现了在同一封闭路网内不停车收费管理。

以沪宁高速公路上海到常州路段收费效率为例，原来未联网收费之前，需经由苏州、无锡、江阴到常州，这中间路上从地域范围看至少有 4 个收费站，需要停车 4 次、收费 4 次，而联网收费后却只需要在进入沪宁高速公路入口处领取江苏省收费通行卡，然后在出口处交回通行卡一次缴费即可，将停车收费次数降到原来的四分之一，收费时间也至少降到四分之一，减少了因收费排队等待的时间，提高了收费效率，也提高了路网的运输效率，增大了高速路网的通行能力。

在高速路网与公路运输一体化的发展进程中，可以对使用的通行卡进行一定的完善，如换成比较实用且成本低又比较耐磨的材料；可以给长期使用的车主留作查看收费额情况备用的通行卡，这样对于收费管理的各个公司之间是通过当日收费后计算机结算操作打印出凭条以对账，这可以进一步降低在使用过程中直接收取现金时手续烦琐所延长的车辆通行时间，缩短收费所花费的时间，提高收费效率，这也是为高速公路运输提速的一个有效措施。

5.3.1.3 不停车收费管理完善提高运输效率化的实证分析

高速路网的发展促进收费管理的合理化发展趋向必将是收费效率、运网效率、路网效率均可大大提高的不停车收费管理，因此要促进不停车收费管理进一步发展完善以适应公路运输业发展的需求。至今为止，已经使用不停车收费的国家有美国、日本、意大利、英国、挪威等。以美国为例，1995 年美国已建成的路网已达到 83 956km，占世界高速公路总里程的 62.9%，29 个州有收费路桥，两个州有收费隧道，在得克萨斯、路易斯安那、俄亥俄三州已成功使用自动不停车收费，即在汽车前挡风玻璃上安装一个无线电发射器，当车接近收费站时，高敏感天线就测出代表驾驶员和车型电码的无线电信号，自动从驾驶员代收费站存款账户中扣除过路费，后自行打开栏杆放行。为了减少收费口排队现象，采用单项收费，增加收费口。收费标准按车型种类和行使里程计算，一般是 0.5～5.0 美元不等。

美国由于使用不停车自动收费管理，使在得克萨斯、路易斯安那、俄亥俄三州内高速公路上行驶的车辆原本需要至少停车收费四次降为零次，大大缩短了因收费而延长的车辆通行时间，即仅有在收费站前减速行驶一段时间，极大地提高了高速路网通行能力，几乎不会出现交通阻塞和排队收费等待，提高了车辆在路网上的运行速度和收费效率，更好地实现了高速路网与公路运输一体化协调发展。此外，因减少了车辆停车后再发动的次数，降低了排放污染废气的次数，减轻了高速路网周边环境污染。还因车辆在路网上运行不停车可以始终保持适当的车速以及与前后车辆的安全车距，从而可以降低交通事故发生率，提高了高速路网运输的安全性，也增强了与铁路运输的竞争实力。

5.3.2 陕西省路网与运输一体化发展实证分析

5.3.2.1 高速路网与公路运输一体化发展是一个规律

高速路网与公路运输在发展中相互影响是一潜在过程，这一过程客观上反映了高速路网与公路运输一体化发展的规律，即不论人们是否主动参与，客观上要求高速路网与公路运输相互促进，有关实证分析说明了这一个有规律的发展过程。

陕西省在1995年以前和从1996～2000年以及从2001～2004年这三个阶段，高速路网里程数与公路运输业均得到了很大的发展，这在一定程度上反映出在高速路网与公路运输的发展过程中，两者的一体化是一个潜在的规律，具体实证体现在以下几个方面：

(1)高速路网里程数量增加迅速。根据陕西省高速路网发展实际情况，到2000年陕西省高速路网里程数从1995年的244km增加到580km，即增加的里程数为336km，而到2004年其里程数增至为1 325km，即比2000年增加745km(未包括二级专用公路)；此外，全省公路总里程数从1995年的39 621km增至2000年底的44 225km，即增加4 604km，到2004年其公路总里程数增至为52 720km，比2000年增加8 495km。

(2)高速公路促进公路运输及关联经济活动繁荣。高速公路的促进作用不仅体现在促进公路运输业发展，还大大推动了陕西全省旅游业发展，进而促进陕南、陕北、关中三地区的经济繁荣发展。

高速公路建设促进了陕西省公路运输业与旅游业协调发展，激活了既有旅游资源，使关联产业迅速发展。西临高速公路连接古城西安，通往闻名中外的秦兵马俑、唐华清池等名胜之地；咸阳至永寿公路连接西安与著名唐代古遗址乾陵；西沣一级公路的建成通车促进了秦岭山区旅游资源的开发，形成了新的旅游经济带；绛法汤二级汽车专用公路将西安、宝鸡与佛教圣地法门寺、汤峪温泉、太白山森林公园紧密连接起来；乾法二级公路连接关中西部旅游点眉县汤峪至扶风法门寺至乾县乾陵，将汤峪、法门、乾陵、茂陵等旅游点连成一体，使乾县至法门寺两地的行车时间从原来的90min缩短到40min。高速公路建设大大提高西部旅游交通服务质量，促进陕西省公路运输业与旅游业的协调发展，进而加速区域经济的繁荣发展。旅游资源的激活促进了住宿、餐饮、娱乐等服务产业的发展，使关联区域人们受益不浅。

(3)高速公路发展加速了以西安为中心的交通圈的形成。高速路网直接提高交通圈可达性，进而促进经济圈形成，而以西安为中心的经济圈可促进关中“一线两带”发展并带动陕南、陕北地区经济发展。

——机场汽车专用公路使西安至咸阳机场的里程缩短为39km，汽车行驶仅需30～40min；蓝(田)—小(商塬)二级汽车专用公路使西安至商洛间的行车时间由原来的3个多小时缩短为2h；宁强至棋盘关二级公路、西沣一级公路提高了关中至陕南的公路通行能力，改善了陕南地区的交通环境，加快了商洛地区、汉中地区脱贫致富，促进了陕南区域经济发展。

——铜川至黄陵高速公路使西安和铜川与关中相接并通往陕北以及榆陕蒙，改善了陕北地区的投资环境，加速了陕北地区经济快速发展。

——西安绕城高速公路使整个绕城公路形成环路，从而使国道主干线及国道在西安实现联网，完善了西安市公路交通枢纽功能，确保了国道主干线及国道实现连续、通畅，使各方向交通车辆快速通过和转换。该高速公路穿越了西安市北郊区集工业、农业、旅游、度假为一体的经济开发区，改善了陕西省及关中地区的交通运输条件，缓解了西安城市交通拥挤状况，提高了全省公路交通的整体水平，加快了关中地区公路运输业的发展进而促进经济发展。

高速公路的发展可改善陕西与周边邻省的快速通道效率与服务质量，推动以西安为中心的经济圈以及陕西和周边省域经济发展。西铜一级公路为陕西连接甘肃、宁夏、内蒙古等相邻省区提供了快速通道；西潼高速公路是全国"二纵二横"公路主骨架310国道与108国道的共用线，打通陕西东大门，贯通关中大通道；咸阳至永寿公路与西安至蓝田高速公路相接并打通东南省份及沿海城市通往西北地区的通道；宝牛公路连接西安与陕西省关中地区西部以及连通连云港至霍尔果斯国道主干线，与西宝、西潼高速公路一起横贯陕西省东西，形成东起豫陕边界，西至陕甘边界的交通大动脉。以上这些高速路网的建成进一步扩大了陕西省的经济贸易、文化交流，改善了投资环境，促进了西部经济高速发展。

5.3.2.2　交通圈、经济圈一体化发展实证分析

(1)公路运输相对优势营运半径范围。与铁路、民航相比，公路客运的营运范围可分为最佳营运距离(经济效益很好)、具有较强竞争力营运距离和具有一定竞争力营运距离。根据道路客运组织特征，可以将陕西交通圈分别按300km半径、500km半径和800km半径，时间单位按小时分别进行讨论。由于铁路货运受托运、储存、编组、装卸等作业过程影响，铁路营运过程基本上是以天做单位运作进行计算，公路快速货运的时间效率优势和部分经济运距优势将更为明显。民航货运价格相对高很多，只在部分货运领域与公路快货产生竞争关系。

(2)从交通圈到经济圈的形成过程。高速路网的建设和逐步完善，逐渐形成了以西安为中心的快速客运"圈域"范围。公路运输与其他交通运输方式协调发展，就构成了陕西以西安为中心的城市交通圈。交通圈可达性的改变，能极大地刺激人员出行，提高流动频率，拓展人们视野，改变闭塞思路，进而激活资源流动，形成依托"交通圈"的"经济圈"的发展。

(3)依托交通圈的圈域经济活动实证。加速资源流动的主体是人，是具有更新观念的人，快速交通圈促进了这一类人员的产生。在这一前提下，根据公路客运最佳营运距离、具有较强竞争力营运距离和具有一定竞争力营运距离范围的特征，将交通圈分别按300km半径、500km半径和800km半径构成的圈域进行经济活动分析，参见图5-6所示。

以西安为中心、300km距离为半径的交通圈范围内主要有：西安、宝鸡、潼关、商州、韩城、延安、安康等地市。这一范围是快速客运4h以内的最佳经济效益范围，通过一体化，发展以西安为中心的辐射全省部分城市的交通经济圈域，从而推动各地市的公路运输业、旅游业以及一系列的其他服务产业发展。高速公路通达的宝鸡、临潼、渭南华山、延安等地的旅游景点的开发与旅游事业发展，应加强统一规划，加速一体化发展步伐可以更好地展现这一效果。高速公路客运经营主体应当积极利用快速客运通道，努力开发基于快速客运的服务项目，在满足顾客

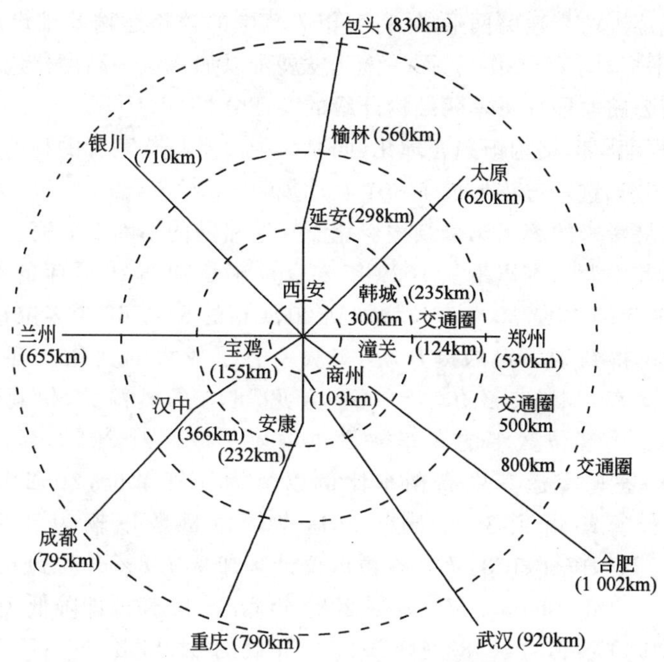

图 5-6 以西安为中心城市的交通经济圈

需求的前提下获得很好的收益。

以西安为中心、500km距离为半径的交通圈范围内主要有：西安、榆林、汉中以及陕南、陕北其他尚未辐射到的地区，这一区域是公路运输与铁路运输相比，具有较强竞争优势营运距离的范围。通过将高速路网与公路运输发展进行一体化考虑，不仅能够有力地推动客运事业发展，而且能够在货物运输、物流发展中给予极大支持，加速一体化发展的进程。高速路网的建设与通达能够给陕南农副产品的进出带来极大的便利，建设运输通道的同时，把科技兴农政策也带到农村，从而使公路运输事业发展加快了陕南地区农业发展和农民致富的步伐。关中地区高速路网通达陕北榆林等地区，促进了陕北与西安等地的产品相互流通，加上陕蒙半幅高速公路的打通，进一步加速了陕北地区的煤炭、石油等矿产品的输出，使其可以顺畅地送达陕西全省各地市，从而更好地满足西安、汉中、安康、宝鸡、渭南、潼关、商州、铜川、延安、榆林等地市能源的需求，并且推动各地经济协调发展。

以西安为中心、800km距离为半径的交通圈范围内主要有：陕西省与宁夏银川、山西太原、河北石家庄、河南郑州、甘肃兰州、内蒙古包头、湖北武汉、重庆、四川成都、安徽合肥等周边省市。这一距离是公路运输与铁路运输相比，具有一定竞争力的营运距离。在这一范围内，公路运输不仅在客运而且在货运方面支持区域之间商贸流通，导致高速路网与区域经济一体化发展。高速路网形成的这一交通经济圈是资源交流圈，对促进中西部地区经济、资源交流和经济发展有重要的作用。辐射陕西全省各地区以及周边省市的交通，推动交通经济"圈域"范围内公路运输业加速发展，把陕北地区矿产资源快速输往周边能源需求的省市，并且通过运输业把陕西需求的工业、农业产品以及科技信息技术等带进陕西，进而尽量使辐射到的地市能在"一日内到达"以满足各种需求，加快中西部各省市经济发展。

显然，三个圈域范围的高速路网形成，将对相关范围的公路运输基础设施、信息技术应用和客货运输服务水平提升有重要作用，而一体化发展可以加速这一高度化进程。

5.3.2.3 高速公路发展促进车辆结构升级的实证分析

高速公路发展推动车辆结构渐趋合理化，同时为了满足不断完善的高速路网发展需求，车辆结构也在不断地升级，这一过程形成了一个互动规律。

(1)高速路网发展带来的客运车辆结构变化。高速路网的不断发展完善，推动营运车辆也发生了较大的变化，其中营运客车量从1999年27 783辆增加到2004年的49 190辆，增加了77%，客位数从1999年的408 720个客位增加到2004年的542 762个客位，增加了33%。

客运车辆档次也得到了一定的提升，且实载率有了较大的变化。客车档次提高表现在增加了世界级名牌车，如凯斯鲍尔、沃尔沃、金龙、北方尼奥普兰、伊莉莎尔等，宇通、汉龙、依维柯、亚星等载客客位数多的客车数量也增多了。再对2002年与1999年的数据进行比较可以发现，班车客运车中高档车比例以辆为计算单位，2002年是1999年的2倍，而按客位单位计算却增到3倍；高级营运车辆总量数以辆为计算单位的比例从6.11%降低到3.53%即降了1/3，而以客位单位计算却从4.8%升高到6.9%；以车辆数计算班车客运比例从1999年底的60.17%降到2002年底的49.45%即降低10.72%，但是按客位数计算其比例从1999年底的85.83%降到2002年底的82.87%，却只降低了2.96%，其中中型客车比例(以辆为单位计算)从39.64%降到34.22%，以客位为单位计算却从53.39%升高到55.52%。旅游客车数量也得到了较大的变化，即从313辆增至978辆，增加了2.12倍，客位数增加了2.15倍。同样也不难得知旅游客车的档次也得到了较大的提升，每辆旅游客车的实际可载客位数也增多了，其车辆数比例增到1999年的2.35倍，客位数比例增到1999年的2.7倍。出租车的实际载客能力也提高了，即其车辆数比例从24.34%增到41.25%的同时，其客位数比例从2.63%增到14.03%，也就是说出租汽车车辆数增量只有0.7倍，不到原来的一倍，而其客位数增量却已经达到4.33倍。另外，卧铺客车车辆内置结构的更新，给顾客提供了较多放置行包的位置，使旅客的出行更舒适安心，表现在平均载客客位数从31.02客位降到25.67客位。

(2)高速路网发展带来的货运车辆结构变化。陕西省营运载货汽车车辆数从1999年的91 042辆增加到2004年的101 151辆，吨位数从1999年的327 886.31t增至2004年的348 291t。专用载货汽车和危险货物运输车的档次得到了一定的提升，车辆内部结构得到了一定的改善，单位车辆的载货吨位数增多，每辆车的实际载货能力提高，具体体现在：其专用汽车的车辆数比例从1999年的4.02%降到2004年的3.24%，而载货吨位数比例却从6.05%增到8.95%；危险货物运输车车辆数比例从1999年的4.5%增到2002年的5.5%，其载货吨位数比例却从6.05%猛增到11.93%，即增加了将近一倍。

普通载货汽车比例变化不大，车辆结构档次也没有很大的调整，这是从大型车、重型车、中型车、小型车车辆数比例变化差不多和其载重吨位数比例变化一致总结出的。不过其总的车辆数绝对量增加了，而且其每一类型车辆变化的比例幅度都比较均衡。

(3)分析推论：一体化发展将进一步促进车辆结构合理化。虽然在车辆结构上有了一定程度的提升，但由于高速路网和公路运输的发展对车辆结构变化有不同的需求，因而在市场自动调节的环境下导致的车辆结构变化不可避免会存在一些问题。

因此，要通过政府出面协调将高速路网与公路运输进行一体化发展考虑，并对运输市场进行比较规范的管理，同时制定严格的营运管理制度，有助于协调车辆结构变化比例的失衡，促进不同档次车辆按一体化发展需求方向变化，进而推动陕西省车辆结构变化趋向合理化发展，使其既能满足高速路网发展需求又能加速公路运输业高度化发展。

具体内容为：适量地提高旅游客车的比例以加速发展旅游业；进一步调整高档且实载率高的车辆比率，以充分发挥高速客运舒适安全的特点和发展高速货运的及时、直达、便利的优点；提高大或重型类货车和专用类型货车比例；整顿货运市场以稳定货运价格，提高货运营运者的积极性；从一体化发展考虑进一步增强与铁路货运的竞争实力。通过各种有力措施以避免因营运客(货)车辆结构比例失衡而实载率降低，从而影响运输效率的现象出现。

5.3.2.4 高速路网增强道路客运竞争实力的实证分析

随着高速路网在陕西的发展，全省道路客运量从 1999 年的 25 000 万人增到 2004 年的 31 763 万人，旅客周转量从 1999 年的 13 010 百万人公里增到 2004 年的 19 430 百万人公里。高速路网的发展也促进了公路运输客运班线班次发生了一定的变化，从 1999 年到 2002 年期间，客运线路总数就增加了 252 条，年平均日发班次增加了 7 113 班次，其中跨地(市)线路和地(市)内线路增长较快，分别增加了 77 条和 155 条，年平均日发班次增量分别为 107 班次和 7 163 班次。不断建设完善的陕西省高速路网推动着省内以及省际之间公路运输客运状况发生了较大的变化，具体表现在高速公路建成通车后高速公路运输与一般公路运输、铁路运输以及航空运输之间的竞争优势比较。

(1)高速路网发展增强省内公路客运与铁路、民航客运竞争实力的实证。西潼高速、西宝高速和西阎高速通车后，缩短了营运里程和营运时间，增强了高速客运竞争力，赢得了客运量较大的增长，促进了临潼兵马俑、宝鸡法门寺等景点的旅游业发展，还加速了阎良和其他周边地区的经济发展。其中，西宝高速比走一般公路缩短了半个小时的时间且其营运距离也缩短了 28km；西潼高速路段的营运时间比原来缩短了 1h，营运距离缩短了 56km；西阎高速的通车使西安到韩城的营运时间缩短了 1.5h，其营运距离缩短了 55km。从时间上看，西宝线、西潼线、西阎线已经和铁路运输相差无几，完全有实力将大部分的铁路客运服务竞争过来。

根据西安、榆林、延安、汉中 4 处机场及航班路线，以及与之相对应的站点之间的公路运输和铁路运输实况，结合 2002 年对西安到榆林、西安到延安、西安到汉中 3 条路线的公路运输、铁路运输以及民航运输情况的调研，依据其结果得出旅客所花费时间与费用之间的关系图 5-7。

随着高速路网的发展，陕西省内公路客运实力进一步增强，已能与航空客运竞争。由图 5-7 可知，无论是从客运票价还是从时间成本上看，高速公路客运均有较大的优势，加上公路客运的便利性特点，及其直达、快捷等优点，对于既要求经济实惠又讲究时间价值的顾客而言选择公路运输较多。具体实证体现在：

①对于西安到榆林方向，坐火车现在需 14h 左右，航空运输方式加上前往机场的路途花费时间和等待登机时间以及下机后转乘汽车公路运输的时间之和也将近 4h 左右，而且航空运输票价为 550 元，将近公路运输票价 128 元的 5 倍。

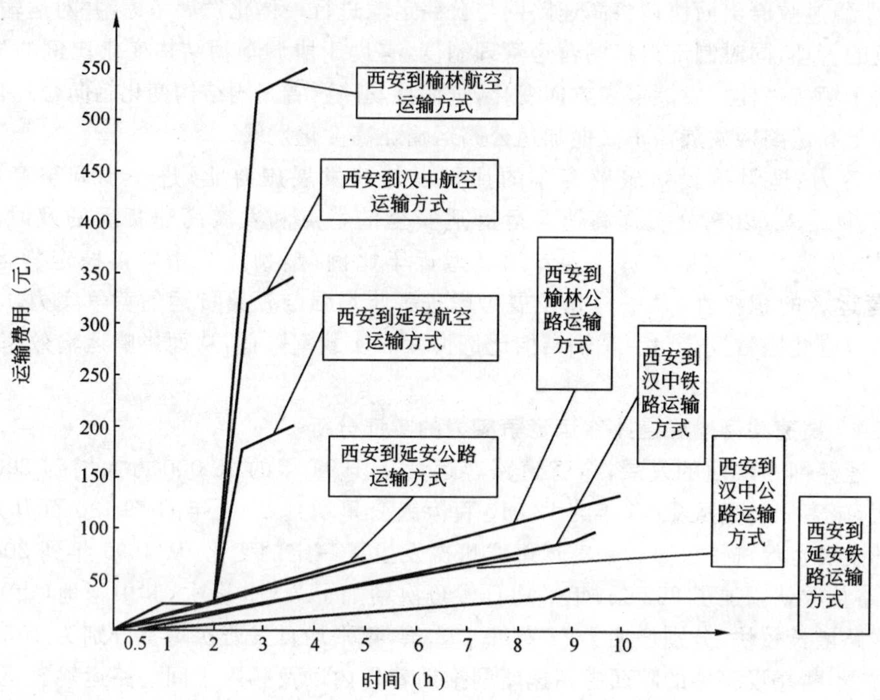

说明：运输费用包括票价和准备费用、延续费用；这里航空运输准备费用和延续费用均以 25 元计算，铁路运输延续费用以 10 元计算，航空准备时间和延续时间均以 1h 计算，等待时间也为 1h，铁路运输延续时间以半小时计算，等待时间也为半小时，假定公路运输不需要等待时间。横坐标每格表示 1h(营运时间)，纵坐标每格表示 50 元(运输费用)。

图 5-7　省内公路、铁路与民航运输营运时间、运输费用比较图

②对于西安到延安方向，走铁路由于班次少即每天只有 2 班次，行驶时间长达 8h，而且又加上铁路等待时间和延续时间，甚至还可能火车晚点等，总共所需花费的时间将长达 9h。虽然其运输费用为 36 元，而公路客运费用需 65 元，但公路客运的所需花费的时间只有 5h，且公路客运班次多至每天有 18 班次。航空客运时间大约需 3h35min，但其客运费用却高达 200 元，是公路客运的 3 倍之多。

③对于西安到汉中方向，虽然铁路运输营运时间和公路运输营运时间相差不大，但公路客运客车班次多至每天 16 班次，而铁路客运却每天只有 2 班次，且铁路客运还需要加上等待时间和延续时间，以致所需时间长达近 10h，公路客运却只需 8h。加之铁路客运所需费用稍高于公路客运，同样公路客运与航空客运相比较还是在票价上有一定的竞争优势，航空客运所需费用为 340 元，约为公路客运费用的 5 倍左右。

(2)高速路网发展增强省际长途客运与铁路、民航客运竞争实力的实证。随着高速路网的不断发展，公路运输效率得到了一定的提高，陕西省与宁夏、山西、河北、河南、甘肃、内蒙古、湖北、重庆、四川等周边省市之间高速公路客运实力大大增强。通过对以西安为起点到周边省部分城市之间公路、铁路以及民航运输情况进行调研，并分析其调研数据得出各线路的不同运输方式的营运里程和时间之间的比较图 5-8。

西宝高速、西潼高速全线通车后，陕西省与甘肃省(如兰州)以及河南省(如郑州、洛阳)之

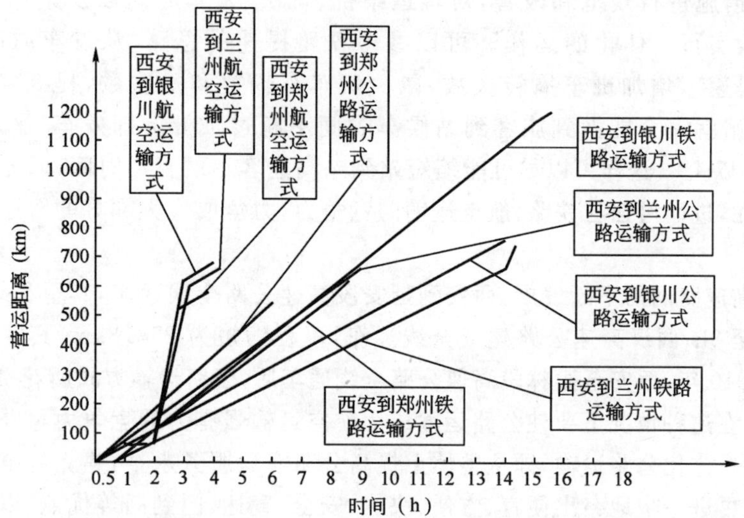

说明：运输费用包括票价、准备费用和延续费用；这里航空运输准备费用和延续费用均以 25 元计算，铁路运输延续费用以 10 元计算，航空准备时间和延续时间均以 1h，等待时间也为 1h，铁路运输延续时间以半小时计算，等待时间也为半小时，假定公路运输不需要等待时间。横坐标每格表示 1h（营运时间），纵坐标每格表示 100km（营运距离）。

图 5-8　省际之间公路、铁路与民航运输时间、营运距离比较图

间的公路客运得到了较大的改进，其营运里程缩短了，营运时间也减少了，差不多可以替代铁路运输，甚至在时间成本和票价上有实力和航空运输竞争。由图 5-7 知：

①选择高速公路出行方式，西安到达兰州的时间缩短为 9h，营运里程缩短为 655km，西安到达郑州的时间缩短为 6h，营运里程缩短为 530km，西安到达洛阳的时间仅需 4h，西安到银川的营运距离为 743km，营运时间比走铁路少 1.5h。

②要是选择铁路运输方式，虽然所需费用和营运里程均与公路客运相差不大，但其营运时间较长且还需要加上等待时间和延续时间 1h 左右，使西安到兰州所需花费的时间达 14h 以上，而西安到郑州则需要 8.5h 以上。铁路货运还涉及受理、暂存和编组等作业过程，实际完成一次货运运行的周期更长。

③如选择航空运输方式出行，虽然营运距离和营运时间都较短，但因需要加上提前登机的时间 1h，且从出发地到机场还有一段比较长的距离也需要 1h 以及延续时间近 1h 左右，使西安到兰州、西安到郑州所需花费的时间达 4h 左右。此外，西安到兰州航空客运票价为 560 元另外还需加准备费用和延续费用总费用达 610 元以上，一般是公路客运费用的 6 倍多。

(3)一体化发展将进一步增强道路客运竞争实力。虽然高速路网的发展从不同程度上增强了陕西省道路客运实力，但是由于高速路网与公路运输发展之间的规律，如果两者的发展步伐不一致，不可避免地将导致一些问题的出现，为了能使高速路网与公路运输发展协调一致，需要将两者进行一体化决策与规划，这样，高速路网与公路运输才能相互促进，并支持公路运输业向高级化发展。

将公路运输发展与高速路网发展进行一体化决策与规划，对公路运输市场采取一系

列的协调政策措施进行规范和改善，对客运票价、班次、发车时间以及车辆通行费等进行规范化的管理，实行一体化的运作。可以参考铁路提速的思路，从发车时间准点上对公路客运进行“提速”，增加班车周转次数，减少班车车辆数和班次数，提高实载率。比如，在上海的客运站就完全能做到旅客到站候车时间不超过 10min 即发车，平均营运速度可达到 100km/h 以上。这样可以尽可能缩短站到站高速客运的营运时间，以充分突出高速公路的优越性所在，进而增强与铁路、航空运输的竞争力，力争取代大部分的短途铁路运输营运业务。

随着陕西高速路网的不断发展，西安到延安段高速公路全线通车，其里程缩短至 311km，营运时间减少至 3h；西汉高速公路建成全线通车，里程缩短为 258.8km，其营运时间减少至 3.5h左右，到 2010 年，西安至榆林段高速公路全线通车后，公路运输方式所花费的时间将减少到 6.5h 左右。在这种情况下要使公路运输成为航空运输强有力的竞争力量并最终取代航空运输，需要发展一体化公路运输，即从整体上提高公路客运服务水平，建立规范的运输市场和营运管理制度，更进一步地突出便宜、方便、快速、安全、直达、门到门等优点，以增强实力进而将来在这三个路段方向能替代航空运输。

一体化发展的思路还体现在对公路客运班线次数、公路收费的方案改进、技术提升、设备更新等的一体化管理，即需要对各线路运输市场以及运力进行一定的规范管理，并与相关部门之间进行协调管理，使客运企业之间相互竞争合理，不致出现相互压价的问题。公路收费部门还需要考虑从收费技术上对公路运输进行“提速”，以充分发挥其快速、直达、方便、准时等优点，避免出现距离比较长的公路运输因为收费站过多、停车次数过多，以致降低运输效率、延长抵达时间甚至给顾客带来一定程度上的心理不舒适感等现象。如西安到兰州公路客运班次每天只有 6 班次，而铁路却每天有 20 班火车，航空班次每天达 13 班次；西安到郑州公路客运每天只有 12 班次，铁路每天有 53 班火车经由该段路线。针对这个情况应从服务水平、收费管理等方面进行一体化考虑，以增强省际间长途客运竞争实力，同时使运输市场自动调节变化的效益更大，进而促使公路客运车主自觉自愿地积极加入长途客运市场，从而可以增加较多的长途客运班次。

5.3.2.5 高速路网发展推动道路货运发展的实证分析

(1)高速路网发展给陕西道路货运带来的变化。随着高速路网的不断发展完善，陕西省道路货运也得到了较大的发展，货运量、货运周转量、货物运输营业户数、从业人员数、货运平均运距、货运站等方面都有较大的变化。例如，1999 年只有一个三级零担货运站，而到 2002 年有 3 个一级货运站、二级货运站和三级货运站各一个、四级货运站 2 个。具体变化情况如表 5-3 所示。

陕西省道路货运变化情况表

表 5-3

年份＼项目	全省货运量（万吨）	全省货运周转量（百万吨）	货运营业户数（户）	从业人员数（人）	货运站（个）	货运平均运距（km）
1999	24 800	12 880	84 948	171 419	1	51.6
2002	28 002	17 473.3	176 005	369 495	7	62.4

资料来源：调查报告和陕西省交通厅运输管理局 2002 年统计资料。

其中，西安全市共有货运交易市场 3 个：华清路货场、贝斯特货场、三桥亚欧货场，场地面积共为 82.021km^2。此外，西安市完成公路货运量、货运周转量从 1999 年底分别为 6 804 万吨、300 142 万吨公里分别增到 2004 年底的 10 714 万吨、607 368 万吨公里。宝鸡市 1999 年完成公路货运量、货运周转量分别是 1 181 万吨、59 041 万吨公里，到 2004 年底分别增至 2 713 万吨、157 937 万吨公里。至 2004 年底，全省共完成公路货运量 30 038 万吨，公路货运周转量 19 516 百万吨公里。

集装箱运输也得到了较大的发展，到 2002 年底，陕西省公路集装箱货运量标准集装箱合计为 13 550 个箱运量、216 800 吨货运量，其中 40ft 箱有 1 510 个箱运量、48 320 吨货运量，20ft箱有 10 530 个箱运量、168 480 吨货运量。

(2)路网与运输发展不协调面临的问题。尽管随着高速路网的发展完善，陕西道路货运业得到了一定的发展，但是由于高速路网与公路运输之间发展的不协调性，道路货运不可避免地会存在一些问题，主要体现在以下两个方面：

①公路运输竞争力不足。道路货运市场不够规范，管理比较混乱，存在不少个体运输业户竞相压低运价的现象；公路货运运价过低，普遍都以超载赢利，但实行限载政策后使公路货运相对于铁路货运的竞争实力降低。

②先进运输组织方式发展迟缓。公路的集装箱运输比较散，汽车集运少。普通货物运价一般在 0.30～0.40 元/吨公里，而大件货物和危险品货物的运价却从 1999 年 1.1 元/吨公里降到 2002 年的 0.7 元/吨公里，加上公路通行费用大概占到货物运输总费用(即运价)的一半左右。不少长途货运车辆运量不均匀，例如到天津方向是去的货源少，回程货源多，这使得很多的公路运输营运货运车主都不愿意进行长途货物运输，而一旦提高价格的话顾客将选择更加便利运输大件货物和运价较低的铁路运输方式。

(3)一体化发展将促进道路货运市场不断发展完善。一体化发展将从整体上进行解决上述问题，具体思路可体现为：

①充分利用高速公路不断发展完善的优势资源，将道路货运与铁路货运以及班轮货运市场进行一体化决策与规划，具体要考虑各种运输方式的价格政策、市场自动调节以及不同运输方式之间的衔接等问题。针对整个运输市场采取一定的市场规范管理，促使货运市场规范化、管理协调有序化、运价调节合理化。需要针对整个货运市场存在的问题进行改进、完善，以提升各种运输方式的货运市场整体运输效率。比如，需要整顿道路货运市场上的少数个体货运车主进行竞相压价的现象；尽量发展具有实载率高、赢利高的优势的大重型车辆货运，以提高货运企业或个体货运车主的积极性，即可以考虑适当增强专用货物运输实力，重点发展大件快速货运，加快发展危险货物运输。

②研究协调发展政策，规范市场行为，促进先进运输组织方式发展。由于公路集装箱运输与港口班轮运输的衔接性问题和与低成本铁路运输的竞争，陕西省集装箱运输实力还很薄弱。随着高速路网的不断发展完善，将高速路网与集装箱运输进行一体化决策与规划，即把整个集装箱运输环节的各种衔接性问题以及和一般货运所共有的具体价格政策、市场调节等问题，从以集装箱运输为中心进行规划管理，进而推动陕西省公路集装箱运输业的发展。比如，西安出港的集装箱大多数整箱运输是运往天津、上海，而散装的集装箱运输大多数则运往连云港，这主要是由于天津、上海的班轮比较多，火车、汽车一到站其所装运的集装箱可以及时装船离港，

这样可以节省等待时间和暂存成本，而西安到连云港虽然营运里程短，但因其班轮少管理又差，出现等待装运的概率较大，反而会增加运输成本。针对上述情况，可以考虑与关联地区班轮运输管理部门进行一体化发展规划，考虑制定相关政策措施，以促进公路运输业高度化发展，即可以考虑加强与班轮运输的衔接管理，减少等待装运的现象，增强公路集装箱货物快速货运的实力，提升与铁路集装箱运输的竞争能力。

5.3.3 苏州市交通经济一体化发展实证启示

苏州古有“园林”为世界所知，并为国人称为“天堂”之一，2003 年市政府采取一体化发展措施，使苏州市增加“运河夜游”旅游项目，这一过程对苏州市交通、旅游发展及环境因素治理有重要的作用，也对高速路网与公路运输一体化发展提供了重要的启示。

5.3.3.1 苏州市交通旅游特征

苏州作为中国河桥最多的城市之一，北有长江，西邻百里太湖，京杭大运河连接南北，街道多依河而建，建筑则临水而筑，大大小小的古典园林点缀城中，具有独有的江南水乡和古典园林的交通旅游资源。从 20 世纪 80 年代初开始，苏州市就成立了绿化委员会开始实行市、区绿化两级管理，随后又出台一些相关的绿化管理条例，依据苏州“古城居中、东园西区”和“五区组团”的城市格局，通过采取见缝插绿、拆违补绿、破墙透绿、拆房建绿、规划建绿等措施，使古城逐步形成了特有的绿化格局，充分发挥苏州青山绿水的旅游资源优势。

苏州具有十分优越的区位优势，地处长江三角洲中心腹地，位于中国沿海经济开放区与长江经济发展带的交汇处，地处沪宁高速、苏嘉杭高速、京杭大运河、京沪铁路、312 国道等重要交通要道的交叉点，并且距港口和机场的交通也十分便捷，其沟通外地的公路有：204 国道（烟台—青岛—苏州—上海）；312 国道（上海—苏州—新疆）；318 国道（上海—苏州—西藏）；沪宁高速公路（上海—南京）；机场快速公路（苏州—上海市、虹桥国际机场）；京苏沪高速公路（北京—苏州—上海）；苏嘉杭高速公路（苏州—嘉兴—杭州）。具体的交通地理区位图如图 5-9 所示。

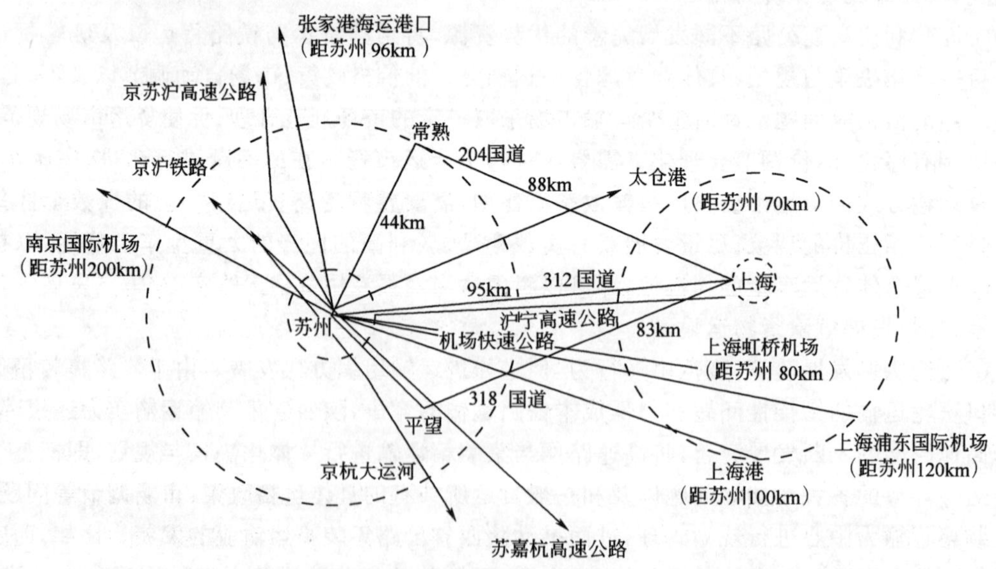

图 5-9 苏州的交通地理区位图

苏州市作为一座国家历史文化名城，一座重要的风景旅游城市，一座长江三角洲重要的中心城市，正努力建成一座生态健全、植物多样、分布均衡、特色鲜明的“自然山水园中城，人工山水城中园”的国家园林城市。随着社会经济发展，苏州市也在寻求和拓展交通旅游事业，将交通与旅游事业结合起来进行一体化发展是一条重要的思路。

5.3.3.2　苏州市“运河夜游”一体化发展项目案例

2003 年 3 月，苏州市政府连同苏州市交通局、园林、城建、公交等管理部门单位规划建设苏州运河夜游项目。在市政府统一规划下一起开发京杭大运河夜游项目，将市政府职能与苏州市交通、园林、城建、公交、城市雕塑等关联项目进行一体化开发，为苏州市交通基础设施建设、交通运输、城市旅游观光事业等的发展带来了新的契机。

发展思路是充分利用苏州交通区位便利的优势资源，协调发展市内公交与苏州到周边地区的公路运输以及从苏州换民航、铁路、水路等运输方式的衔接，为旅客提供更优质的服务水平；并充分利用京杭大运河苏州段的资源优势发展苏州旅游业以及内河运输业，在京杭大运河旅游点设立公交专线，以方便游客换乘其他路线的市内公交和抵达周边地区的长途客车，从而促使公交客运、长途客运、铁路运输、民航运输、内河运输一体化协调发展，使交通运输业与旅游业一体化发展，进而繁荣了苏州地区区域经济的发展。

一体化规划、建设、管理使到苏州旅游观光的人不仅仅能观赏到“天堂”独有的古典园林、青山绿水等风景，而且还让游客感受到苏州人提供的优质的旅游服务和方便舒适的交通出行，给苏州旅游业发展带来了极大的推动作用，使得苏州市旅游业不用把钱专门花在作旅游广告上就可以获得比广告更佳的效果。通过一体化发展思路使得游客到苏州感到好像真正置身“天堂”的山水仙境之中，加速了苏州创建国家园林城市的步伐。

此外，一体化规划、建设、管理对京杭大运河苏州段旅游业的开发利用起到了很大的推进作用，甚至包括苏州港口的水上运输业的发展也取得了较大发展，为苏州市的旅游交通经济发展添上了璀璨的一笔。通过一体化发展，使得苏州市内各个旅游景点包括太湖旅游点和京杭大运河苏州段旅游景点，以及外城河环城水上观光旅游的服务水平不断提升发展，为苏州创建国家园林城市提供了优质的交通旅游服务的基础。

5.3.3.3　苏州市“运河夜游”一体化发展项目实践的实证启示

(1)苏州案例的实证结论。在苏州市政府统一规划、领导下，交通(水运、公交)、旅游、城建、园林以及关联部门协同运作，以非常高的效率、质量、规模完成了京杭大运河苏州段“运河夜游”项目。这一案例实证分析说明以下观点。

①一体化发展战略不仅具有理论意义，而且具有实践意义。苏州“运河夜游”的一体化发展案例说明：一体化发展在实际运作中不仅是必要的，而且是可行的。

②一体化发展规划的方案设计面广，多方同时参与规划与实施，协同效应好，综合质量高。

③一体化发展实施时间短。一体化发展可以使不易干成的事业，能够在统一规划的前提下一气呵成。

④一体化在实际运作中不仅规划实施的效率高、质量高，而且成本低。

(2)苏州案例对高速路网与公路运输一体化发展的启示。京杭大运河苏州段一体化规划建设的实例，以实证的方式说明这样一个启示：高速路网与公路运输一体化发展不仅在理论上是科学的，在实践上也是完全可行的，通过公路管理部门、运输管理部门、公路经营企业、公路运输企业等主体形成系统、协调运作是完全可以做到的。这一案例可以为解决"三分散"、"两制约束"找到解决途径。

苏州市依托运河的交通、旅游、城建、园林等的一体化规划建设案例,是高速路网与公路运输一体化发展过程的借鉴模式,只要在体制方面加强各职能管理部门之间的协调运作,完全能够为高速路网与公路运输一体化发展提供规划、实施和管理的集成运作软环境。

陕西省也可以在高速路网不断发展完善的进程中,充分利用陕西的高速路网所构成的交通经济圈域的优势资源,发展一体化的公路运输业,推进公路运输业的高度化发展,进而加速陕西的陕北、陕南、关中经济带的资源流通,促进陕西省内以及陕西省与周边省市之间沟通和经济发展。把陕南的农业、陕北的矿产业、关中旅游业以及陕西地处连接中西部交通要道的优势资源进行整合,通过发展一体化的公路运输业来推动陕西农业、矿产业、旅游业和运输业等的一体化高度化发展。

5.3.4 实证分析小结

通过对一体化发展的实证分析得出以下结论:

——实证表明,利用一体化发展规律可以促进陕西省公路运输业与工业、农业、旅游业以及其他服务业的协调发展,使公路、铁路、民航运输更好的衔接,并有利于促进陕西省关中、陕南、陕北三地区经济的协调发展。

——实证表明,利用一体化发展规律可以加速陕西省"圈域"交通经济体系的形成与发展。陕西交通圈可以按 300km 半径、500km 半径和 800km 半径构成的圈域范围分别进行思考,以促进中西部经济的平衡、协调发展。

——实证表明,一体化发展规律可以促进陕西省高速路网与车辆结构、道路客运以及货运的发展,促使车辆结构升级,增强道路客运与铁路客运以及民航客运竞争的实力,推动道路货运快速发展,加速收费管理合理化。

——运用集成理论和约束理论考虑陕西省高速路网与收费管理合理化的发展,以促使收费站点合理分布,选择合适的收费制式和收费方法,以及先进高效率的收费技术以提高公路运输的路网效率和运网效率,通过收费管理部门、道路运政部门、交通管理部门,以及其他相关部门之间的协调管理促进运输市场不断的完善发展。

——运用可持续发展理论考虑陕西省高速路网与现代化的不停车收费管理的发展,以促使公路运输车辆在技术上提升档次,即满足高速、安全、舒适、美观等需求,参考航空服务水平的标准,尽量多采用绿色用具等方式来提高道路客运的服务水平。

5.4 本章小结

高速路网和公路运输的一体化发展是高速路网规划、建设、运营和管理与公路运输业发展相互促进的潜在规律,为一体化发展提供了重要的理论支持,通过本章分析,可以得出如下结论:

(1)一体化发展不仅仅是一种结果,更重要的是一种过程。在系统理论、木桶理论、约束理论、集成理论和可持续发展理论的指导下,高速路网和公路运输的一体化发展必将通过带动区域经济的发展,促进整个国民经济的发展。

(2)一体化发展的原因可总结为以下几点:内在原因即企业利益所驱;外在原因是社会经济发展需求、政府行为所趋以及现代技术对一体化发展的支持。政府部门应承担起一体化规划、协调与管理的重任。

(3)一体化发展要求体现协同发展思想、适度超前原则、现代技术力量、“以人为本”核心以及可持续发展的要求。收费公路的管理制度,以及计费标准、集中计重收费、联网收费等方式的选择,都融入了一体化发展过程中,是赢得一体化和谐发展的重要内容。

(4)从政府、企业、中介组织和运输服务需求者等角度分析,一体化发展是交通运输业发展的重要方向,不仅可以有效提高两者之间的合作与盈利水平,还可以促使整个社会公路运输业的大发展。

(5)一体化发展的动力机制主要有经营主体的自发的利益引力机制、区域自我发展的内在动因、客户利益的诱发机制,政府部门作为统一规划的核心,应协调各方利益,管理体制、市场机制和企业行为都应相互协调,只有统一的规划、共同的利益、协调的运作,才能促进一体化发展战略和目标的全面实现。

(6)实证研究还说明了这样一个启示:高速路网与公路运输一体化发展不仅在理论上是科学的,在实践上也是完全可行的。一体化发展需要产学研政和多方经营主体努力去实现。需要管理机构、运行机制在内的多方面、多因素协调努力去实现。只要在体制方面加强各职能管理部门之间的协调运作,现代信息技术完全能够为高速路网与公路运输一体化发展提供规划、实施和管理的适用技术和集成运作的软环境。

第6章 高速公路"点—轴"型区域发展系统

高速公路建设改变了周边土地利用方式,高速公路立体交叉及其周边区域对交通运输基础设施、关联产业企业选址和集聚的影响机制和作用,使高速公路周边逐步形成了"点—轴"型区域发展模式。本章主要探讨高速公路"点—轴"型系统、"点—轴"型系统效应和"点—轴"型区域经济发展问题。

6.1 国内外高速公路发展概况

6.1.1 国外高速公路的发展

意大利早在1921年便提出了修建高速公路计划,1924年建成了长约80km的世界第一条高速公路。20世纪60年代以来,平均每年以建路300km的速度增长。米兰、都灵、威尼斯等大城市亦修建了环城高速公路。德国是第一个提出修建高速公路网的国家。1933年希特勒执政后,德国首先提出了修建高速公路网的规划,并开始修建柏林—汉堡线。到1942年已有高速公路3 859km,形成了较完善的高速公路网。联邦德国已实现主要城市及经济区均有高速公路相通,与欧洲其他国家间有9条高速公路相连,总里程达8 350km。美国1937年修建了第一条高速公路,20世纪50年代起,拟定了修建68 000km的高速公路网计划,每年投入上百亿美元修建高速公路,计划把洲际、国际公路全部建成高速公路,5万人口以上的城市全部纳入公路网中,美国与陆邻国加拿大、墨西哥间,建设国际高速公路。现纽约—洛杉矶之间横贯美国东西海岸间的高速公路全长4 556km,是世界最长的高速公路,全美已有高速公路84 000km。日本高速公路的修建始于20世纪60年代,发展速度很快,计划修建10 000km高速公路,形成所谓的"一日行动圈",即在全国各地行车都可在2h内进入高速公路,并在当天到达各主要城镇,日本的环城公路发展也很迅速,东京市的高速公路网已基本成形,即在千代田区周围修筑了环线,另有9条发射线通往羽田国际机场、荏原、新宿、北池袋、上野动物园和小松川等地,高速公路已成为日本占主导地位的运输方式。

此外,法国、英国、加拿大、澳大利亚、俄罗斯、罗马尼亚、土耳其、叙利亚、印度、印度尼西亚、韩国等国也发展了一定规模的高速公路。现全世界已有五十多个国家和地区建设了高速公路,总里程已达12万公里。

6.1.2 高速公路在中国的迅速发展

中国台湾省用8年时间建成了基隆至凤山间的南北向高速公路,全长375km。中国大陆高速公路始于1988年,从起步到1998年的10年间,总里程已发展到8 733km,截止到2005年年底,全国高速公路总里程已达41 005km(不包括港澳台)(参见图6-1),名列世界第二位。全国有29个省(市、区)的高速公路里程均超过500km,19个省(区、市)的高速公路突破1 000km。

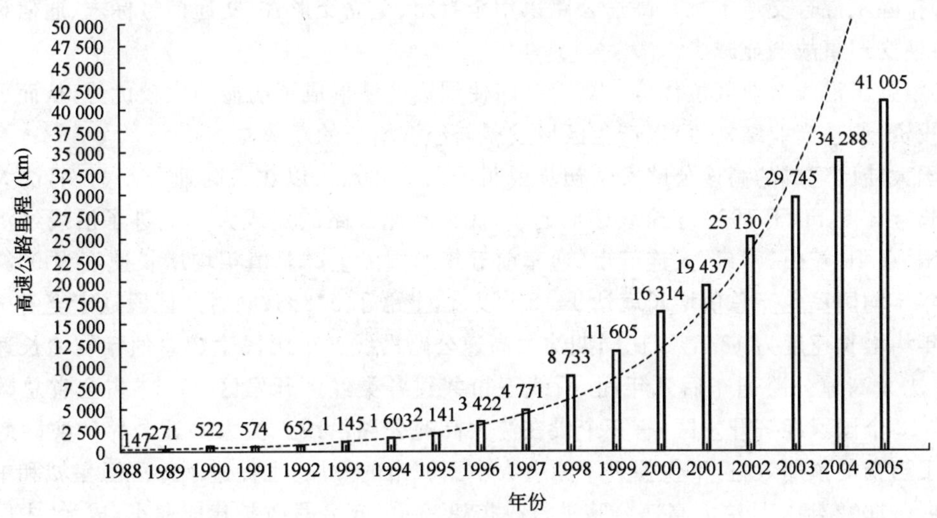

图 6-1 中国高速公路发展概况

以 x 表示时间(年份),以 y_{GSGL} 表示高速公路里程(km)的拟合曲线呈指数增长趋势,其方程为:

$$\begin{cases} y_{GSGL} = 151.31e^{0.3365x} \\ R^2 = 0.9838 \end{cases} \tag{6-1}$$

对式(6-1)求一次导数可得方程:

$$y'_{GSGL} = 50.915815e^{0.3365x} \tag{6-2}$$

由式(6-2)可见,中国高速公路已经并将继续呈高增长率的发展。自1996年以来,高速公路一直呈现高速度发展状态(参见表6-1)。在拉动内需的政策推动下,这一强增长趋势将按S曲线规律持续较长一段时期。

中国高速公路每年增长里程(单位:km) 表 6-1

年　份	1988	1989	1990	1991	1992	1993	1994	1995	1996
增长里程	147	124	251	52	78	493	458	538	1281
年　份	1997	1998	1999	2000	2001	2002	2003	2004	2005
增长里程	1 349	3 962	2 872	4 529	3 123	5 693	4 615	4 543	6 717

6.1.3 高速公路的优点

与一般公路相比,高速公路具有以下优点:

(1)行车速度大幅提高。高速公路比普通公路行车速度提高1~2倍,不仅满足了旅客运输快捷、舒适的需要,而且适应零担快件、鲜货易腐、贵重物品等时效性较强的货物运输。

(2)线路通过能力增大。一般高速公路设计能力为每昼夜2.5万辆以上,通过能力相当于普通公路的5~6倍。

(3)技术经济效益明显。在高速公路上行车可以减少车辆制动和换挡次数,降低机件磨损,减少技术保养开支,单车油耗也降低20%~30%,运输成本大大下降;高速公路还可以为汽车运输向大吨位、集装箱化、列车化方向发展创造条件。

(4)排除了混合交通干扰。高速公路采用全封闭、全立交形式,交通信号标志、通信设备等完善,可使交通事故明显减少。

(5)增强了沿线产业区位优势。高速公路使周边区域形成了明显的比较优势,从而可以引发新的投资,调整产业结构,可以产生区域发展与经济增长的新效益。

中国大陆已建成的高速公路实例初步说明了以上几点。以沈大高速公路为例,沈大高速公路全长近375km,于1990年全线建成通车,沈大高速公路的建成大大促进了沿线经济的发展。沈阳、辽阳、鞍山、营口、大连五市,通车前五年的国民生产总值年均增长速度为9%,而通车后四年年均国民生产总值增长就达14.8%以上,上涨了5.8%;同时间区段辽宁全省国民生产总值年均增长速度为13.6%,比同期沈大高速公路沿线五市国民生产总值年均增长速度低1.2%。沈大高速公路通车后几年间,沿线五市共建各类经济开发区85个,占全省总数的一半,全省12个国家经济开发区,有9个设在沈大高速公路沿线。沈大高速公路的实际效益远远超过了当初的预期效益,不仅促进了原有大中型城市的发展,也促进了郊区卫星城和中小城镇的发展。2002年3月沈大高速公路进行改扩建,2004年8月改扩建成通车,成为“中国最长的一条符合国际标准的8车道高速公路”,进一步促进了沿线新经济开发带的兴起。随着中国高速公路的迅速发展,类似的实例越来越多。京津塘高速公路于1993年全线通车后,通行能力提高了5倍,从北京到塘沽由原来的3h缩短为1.5h,高速公路两侧先后出现了10多个高新技术开发区,京津塘高速公路的建设对于加强京津冀地区社会经济联系,改善投资环境,推动整个华北、东北地区社会经济的发展起到了巨大的作用。沪宁高速公路的建设吸引了美、日、德及新加坡等20多个国家和地区的外商在沿线投资,总投资额突破3亿美元,沪宁高速公路尚未建成时,沿线地区10余项相关工程就已开始兴建。在济青高速公路等沿线也都出现了类似的经济区,形成了高速公路“点—轴”型发展系统。

6.2 高速公路“点—轴”型系统

6.2.1 高速公路“点—轴”型系统的含义与构成

高速公路是公路高速交通的线形基础设施。高速公路是专供汽车分向、分车道行驶并全部控制出入的干线公路。高速公路每隔一段距离(一般为10~20km)都建有互通式立体交叉以供车辆出入高速公路或与其他高速公路相通。高速公路的基本形态表明,能够充分利用高速公路的区域是具有良好接近性通道的区域,显然,高速公路互通式立体交叉周边区域是能够充分利用高速交通的最佳区域。

6.2.1.1 高速公路立体交叉

互通式立体交叉通常由跨线桥(或地道)、主线、出入口及变速车道(加速车道、减速车道)等部分组成。高速公路立交的范围一般是指,交叉口的交叉点到各个方向相交的道路出入口变速车道斜带的顶点间所包围的主线和匝道的全部区域,这也是划分路段与立交的界限。互通式立体交叉的设立应根据相交道路的等级、性质、任务、交通状况以及社会经济效益等条件确定。互通式立体交叉的间距在大城市、重要工业区周围为5~10km;一般地区为15~25km;最大间距不应超过30km,最小间距不小于4km。互通式立体交叉与其他设施的间距参见表6-2。

互通式立体交叉与其他设施的间距　表6-2

设施名称	最小间距(km)		设施名称	最小间距(km)	
	一般值	低限值		一般值	低限值
IC与服务区	5	3	IC与公共汽车停车站	4	1.5
IC与停车场			IC与隧道		

注:IC指互通式立体交叉。

分离式立交之间的距离一般为1～1.5km,以避免造成土地浪费,方便当地交通横穿高速公路。据有关研究,在产业区位决策方面,互通式立体交叉区位直接影响的范围,一般受到以“点”形成区域延伸范围的影响,并与相关区域的自然、经济、社会、政治等环境条件有密切的关系。据统计分析表明,一般“点”的直接影响半径可延伸至10～20km,而互通式立交之间的平均距离一般低于或远低于这个值,沪嘉高速公路平均间距仅5.5km,京津塘高速公路平均不足13km。研究资料表明,物流(设施)经营在高速公路立体交叉10km以内布局就达到了97%(日本),一般工业企业在16km(约10mile)以内,就达到了50%～70%(美国)。这是部分高速公路周边区域可以迅速形成点与点之间交互影响,逐步形成“点—轴”通道经济(带)区的原因之一。

6.2.2.2 点轴的基本含义

高速公路的形态和功能说明了高速公路是以“点(城市、互通式立体交叉等)—轴”(线形基础设施)型为基本特征的区域发展系统,可简称为高速公路“点—轴”型系统。高速公路在区域空间平面上的“点—轴”型系统可以看作两个基本部分的复合。

(1)点:高速公路“点—轴”型区域经济发展主体的集聚地,包括各类企业、城市、港口、工矿区、互通式立体交叉等。其中“点”的性质、规模及其作用是不同的,“点”与“点”之间存在着竞合关系,引力强的“点”将能吸引更多的资源,能够使周边的其他“点”的引力功能弱化,甚至无法显示出它的引力作用。这就是高速公路点的分级极化能力。点的作用体现在以下几方面:

①经济主体选址的区位要素。许多工业区位决策十分重视高速公路立体交叉周边区域,因为这些高速公路的“点”有可能成长为次一级中心地,或培育成区域发展极。

②吸引与扩散经济资源于入出口处。高速公路互通式立体交叉,是高速公路之间交叉或与一般公路连接的主要方式,在区域社会经济发展中起重要的作用。

③区域性增长极形成的依托。立体交叉只是一种经济主体选址的一个潜在点,是经济资源集聚的因素之一,因此,并不是所有的立体交叉都能够成为经济增长极。

(2)轴:高速公路线状基础设施,高速公路及其沿线设施、附属设施均可视为其中的组成部分,其中包括交通安全设施、交通管理设施、防护设施、服务区设施等。高速公路运营与管理方面的高科技应用水平,直接影响点沿其轴线直接的吸引与扩散范围及区域的可达性指标,而这一指标直接影响到城市之间的社会、经济引力的大小。从区域社会经济发展的角度分析,高速公路轴线不单纯是城市间或几个中心城镇之间的联络线,而是一个沟通社会经济文化联系的经济区。由于各个点(集聚与扩散)直接影响半径的范围相互交错,点与点之间可以“带”的形式沟通并逐步连接成经济区——表现为通道经济区的形态。其作用主要有以下几点:

①轴线相关区域是社会、经济设施的相对集中地带,容易受“点”的吸引力、扩散力作用对周围地区产生一个力场。轴线相关区域是极易受吸引力或扩散力作用的区域。

②轴线相关区域集中的社会、经济设施通过力场作用,与相关区域进行产品、信息、技术、

人员、资金等交流，并对临近区域进行扩散。

③当轴线运营管理水平提高后，可能沿轴线形成通信、电力、水源等在内的复合轴，那么轴线相关区域的影响力将会进一步增强。

6.2.2 高速公路发展轴的结构

复合型发展轴是国家和地区社会经济高度发展的产物。重点发展轴一般是指重要线状基础设施，如交通干线、能源输送线、水源及通信干线等经过附近有较强的社会经济实力和开发潜力的地带，这个地带的宽度因轴线的等级、长度和对区域的作用不同而相异。确定发展轴的宽度，还要考虑相对于线状的距离及其与轴线基础设施的关系。高速公路及其他干线公路，在区域空间平面上形成的发展轴可以分为三个部分：

(1)发展轴的主体。选址布局在高速公路出入口处、立体交叉入口周边区域的企业、城市、港口、工矿区等。

(2)线状基础设施。高速公路及其他干线公路是点与点沟通与交流的重要通道部分。

(3)轴线吸引范围。从合理运输的角度出发，发展轴的直接吸引范围是指同该发展轴的线状基础设施、城镇、工矿区及其他设施有频繁密切的社会经济联系的区域。通常按其大致形状称为经济带或经济圈，而且该区域与其他发展轴只有极少或几乎没有直接的社会经济联系。

在一定区域范围内，发展轴的完善程度包括是否有与区域范围相适应的高等级轴线，轴线的等级是否成体系，这些对区域社会经济发展的影响很大。在有些情况下，高等级发展轴线虽然经过某些地区，但该地区没有次一级轴线与其相连接，则该高等级轴线对该地区社会经济发展的促进作用就受到明显的局限，高等级轴线本身形成的产业带也会受到阻碍。因此，在规划地区线状基础设施时，要考虑到地区体系的形成，而且下一级地区体系要与上一级区域体系相衔接，高等级公路只有形成网络体系，才能充分发挥其对区域经济的促进作用。

6.2.3 高速公路“点—轴”型系统的形成

高速公路规划时的交通区位理论，使得高速公路“点—轴”型系统中连接的主要点是各级中心地，或是带动各级区域发展的中心城市、城镇。“点—轴”系统中的轴线在一定方向上连接若干不同级别的中心城镇，从而形成相对密集的人口集聚区和产业带。显然，选好高速公路连接的各个主要“点”十分重要。轴线形成的依据主要有两点：一是轴线是区域经济设施、社会设施的集中地带，对周围地区存在一个力场，当凝聚力大于扩散力时，表现为对区域具有吸引作用。二是轴线上集中的社会经济设施，通过产品、信息、技术、人员、财政等方面的优势对附近区域有扩散作用。当凝聚力小于扩散力时，表现为对周边区域的扩散作用。区域社会经济“点—轴”空间结构系统的形成过程可分为四个阶段：

(1)“点—轴”形成前的均衡发展阶段。宏观上可以将相关区域看成是均质区域，没有明显的产业集聚现象。

(2)点、轴同时开始形成阶段。局部区域特别是高速公路的“点”开始有组织状态，区域资源开发和经济活动进入动态增长期，“点”开始产业集聚，并优先于轴发展，点轴区域间出现不均衡发展趋势。

(3)主要的“点—轴”框架形成阶段。点、轴区域间相关社会经济活动频繁，产业结构演变迅速，整个空间社会经济结构变动幅度巨大，相关区域不均衡发展趋势明显。

(4)“点—轴”空间结构系统形成阶段。区域进入全面有组织状态，它的形成是社会经济要素长期自组织的结果，开始从不均衡走向局部均衡，呈现为科学的区域发展政策、计划、规划及其组织实施的结果(参见图 6-2)。

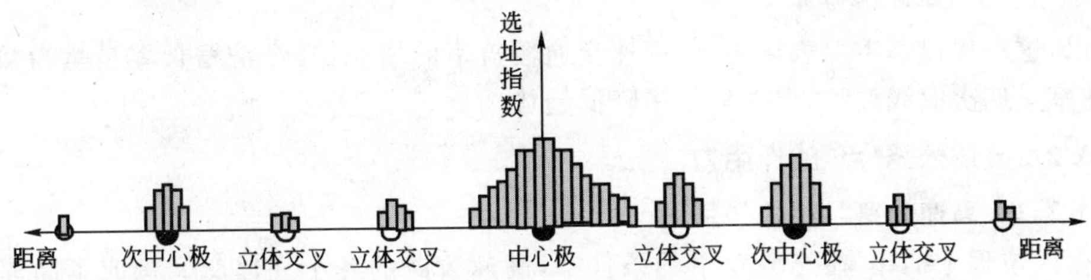

图 6-2 高速公路立体交叉周边地区选址分布示意图

许多研究资料表明，一些高速公路的效益更多地体现为区域社会经济发展的外部效益，特别是对区域经济发展的推动，由此，可以形象地将高速公路促进区域社会经济发展的基本模式概括为“点—轴”型区域发展系统。

6.3 高速公路“点—轴”型系统效应分析

高速公路影响的范围重点是经济区，“点”是以经济圈形式表示的经济区力场的核心，“轴”是以经济带形式表示的经济区力场的核心。

6.3.1 高速公路覆盖范围与经济成长的关系

随着高速公路形成的快速交通服务体系所覆盖的人口区域范围的增大，经济增长率有明显的提高趋势，失业率也有降低的趋势，这与高速公路建设本身对沿线区域经济的发展具有拉动作用有关。高速公路建成通车后，对高速交通覆盖范围经济成长的拉动有利于提高就业率(参见图 6-3)。

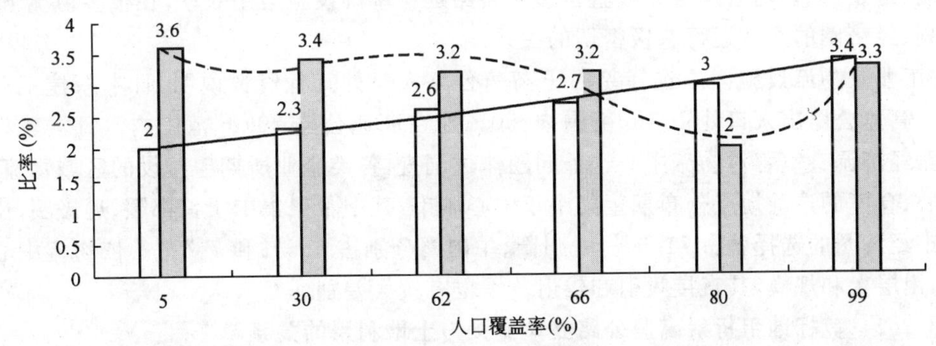

图 6-3 随高速交通覆盖率变化的经济增长率和失业率变化

经济增长率； 失业率； 多项式(失业率)； 指数(经济增长率)

由图 6-3 中数据分析可知，以人口覆盖率(%)为自变量 x 的经济增长率 $y_{经济增长率}$ 的拟合曲线是指数曲线，其方程式为：

$$\begin{cases} y_{经济增长率} = 1.8541 e^{0.0997x} \\ R^2 = 0.9817 \end{cases} \tag{6-3}$$

失业率随高速交通覆盖率的变化是非线性的，呈四次多项式变化，但总趋势是下降的。显然，其中还有其他因素的作用，参见下式。

$$\begin{cases} y_{失业率} = 0.0729x^4 - 0.944x^3 + 4.1201x^2 - 7.2058x + 7.5833 \\ R^2 = 0.8892 \end{cases} \tag{6-4}$$

所以，这一规律基本上表现为：随高速交通覆盖率的增长，其经济增长率是呈指数递增趋势，失业率呈四次曲线波动，但总体上呈降低趋势。

6.3.2 高速公路“点”的作用力

6.3.2.1 高速公路“点”的作用力分析

根据区位理论推导，在充分竞争的条件下，高速公路的各个立体交叉构成了高速公路的“点”，它受市场范围、交通条件、行政区划等多种力量综合作用，在“点”上形成经济增长区域，按区域经济学的理论，即是以城镇、立体交叉出入口向外辐射的正六边形区域的经济区。

(1)“点”的集聚形成城镇，城镇是高速公路沿线区域经济发展的经济中心。城镇与区域经济的发展离不开集聚与扩散力，这些力导致工业和其他经济活动的集中和分散或扩散。这类力可以分为以下三种类型。

①区位经济吸引力：一个区位的一个门类工业的全部企业都能获得经济增长的有关力量。一般是主导企业选址吸引关联企业选址，逐步形成基于产业链关系的产业集聚圈。

②规模经济驱动力：随一个给定设施经营规模的扩大，其内部生产就可能变得更为经济的力量。同一产业企业规模的扩大带来充分的规模经济。

③城市化经济扩散力：由于把各类经济活动配置在一起，从而使一个区位的总体规模(就人口、工业产量、收入和财富而言)扩大而产生经济效果的力量。城间高速交通缩短了城间时间距离，使得城市间功能在一个更大范围积聚起来，高速公路对区域经济的推动效果正体现于沿线各点的集聚与扩散力。

(2)高速公路经过的城市及其区域物流中心对周边区域有直接经济辐射力。区域物流中心的规划、筹建、运营与管理等方面直接影响公路运输基础设施运用效率，在很多情况下，还与城市规划、经济圈的经济运行有极密切的关系。

(3)工业及物流设施区位选择趋向于高速公路入口处。有资料说明，日本新建工厂中有40%建在高速公路出入口处10km范围内，50%建在高速公路20km范围内。日本建设省道路局道路经济调查室曾对物流中心选址问题作过调查，各类企业所期望建设的区域物流中心、配送中心、仓库的选址地点分布期望集中于中心城市，其中希望集中于首都圈、近畿圈、中部圈三大都市经济圈的选择就占71.3%，九州圈、中国圈分别占9.5%和7.4%。依物流中心所处级别、作用层次和规模，其直接吸引和辐射范围也有较大差别。

6.3.2.2 竞标地租折射高速公路立体交叉与土地利用的关系

竞标地租是德国经济学家屠能(Von Thunen)提出的概念。竞标地租(Bid Rent)是指投标者对各种不同区域的土地所愿意支付的最高租金，它由土地使用者在对土地使用权的竞争中产生。在一定利润水平下，对于高速公路相关区域的区位选择中，每块土地的租用者所能支付的最大地租(即投标租金)可分为不同情况分析。

(1)立体交叉建设前的竞标地租分析。高速公路立体交叉建设前，土地利用没有特别限制，选址所涉及的地租主要考虑企业到市中心(CBD)的距离作为竞标地租的自变量。那么，在一定的利润水平下，企业租用每块土地所能支付的最大地租即竞标地租 f 的函数为：

$$f(x,\pi)=\max_{q}\{R(x,q)-C[R(x,q),x,q]-\pi\}/q \tag{6-5}$$

式中：x——到市中心的距离；

q——占地面积；

R——收入函数；

C——费用函数；

π——利润。

若将占地面积、利润看作常数，根据经验可知，存在选址企业最佳的选址位置点，可以通过对以到市中心的距离为自变量的竞标地租求导得到。

对于住宅区家庭而言，满足一定的效用对应的企业竞标地租 g 的函数为：

$$g(x,u)=\max_{q}\{Y-Z(q,u)\}/q \tag{6-6}$$

式中：Y——家庭收入；

Z——家庭组合财产的消费函数；

q——土地面积；

u——效用。

假设企业、家庭的边际收入、边际效用呈递减规律变化，可以用竞标地租指导企业在立体交叉周边区域进行选址。

(2)立体交叉建设后的竞标地租分析。高速公路及干线公路的立体交叉建设对相关区域的影响和作用主要表现在以下几方面：

①在交通方面：区域间位移的在途时间缩短；物流准时性服务能得到保证；高速交通的可达性提高；次一级公路网建设进程加快；容易享用铁路、航空等联运服务等等。

②在交流方面：交流人口增加并产生多样性的交流；与其他区域合作的可能性增加；通勤通学范围扩大等等。

③在经济方面：物流设施选址与物流效率提高；工业企业选址增加；商业圈范围扩大；观光线路的开发；娱乐、闲暇设施的建设；区域繁华程度提高等等。

④在形象方面：对区域整体社会、经济、文化等方面形象会有重大的改善。

⑤在其他方面：医疗机构的医疗网络、医疗圈范围扩大；救灾、救急的合作增援体系加强等等。

高速公路枢纽建成后，对相关区域形象、交通、交流、经济、防灾、救急等方面都有特别的影响和作用，也使得周边土地利用有了特别的限制。该区域首先成为交通中心，并逐步形成产业要素的集聚地，有可能发展成为新的中心地(发展极)。按照运输指向理论，选址企业要考虑距市场、原料地的距离，那么，在一定利润水平下，企业可支付的最大地租即竞标地租为：

$$f(x_1,x_2,\pi)=\max_{q}\{R(x_1,q)-C[R(x_1,q),x_2]-\pi\}/q \tag{6-7}$$

式中：x_1——到市场的距离；

x_2——到原料地的距离；

q——占地面积；

π——利润；

R——收入函数；

C——费用函数。

国内外的经验证明，当立体交叉成为产业选址的重点区域后，0.5～1h 的时间距离范围内将成为人口集聚的重点区域，人口密度将会很快增加，在一定时期中人口的集聚剧增，将导致该区域的住宅业得到较快发展。对于住宅区家庭而言，满足一定效用对应的企业竞标地租 g 的函数为：

$$g[x,u,\xi(u)] = \max_{q}\{Y - Z[q,u,\xi(u)]\}/q \tag{6-8}$$

式中：$\xi(u)$——立体交叉枢纽的外部经济效益函数；

x——到市中心的距离；

u——效用；

Y——家庭收入；

Z——家庭组合财产的消费函数；

q——占地面积。

立体交叉枢纽建成后，通勤、通学、购物等生活工作活动圈扩大，能够利用高速公路的场所距离 x 变小，而通常不利用高速公路的场所距离 x 不变化。那么，不利用高速公路的场所，其竞标地租较少受或基本不受 $\xi(u)$ 影响。在实际分析竞标地租的过程中，有许多参数是难以用数学方程及参数精确表达的。以上理论导出的函数均为非线性函数，用图 6-4 示意高速公路立体交叉枢纽建设前的情况，立体交叉建设后所引起的土地利用变化可参见图 6-5。

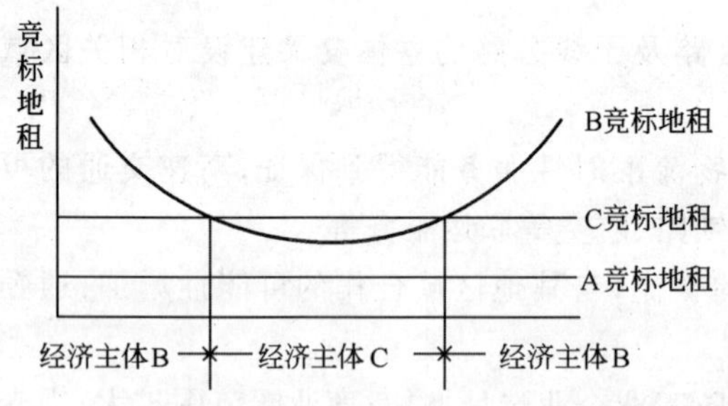

图 6-4 高速公路立体交叉枢纽建设前的状况

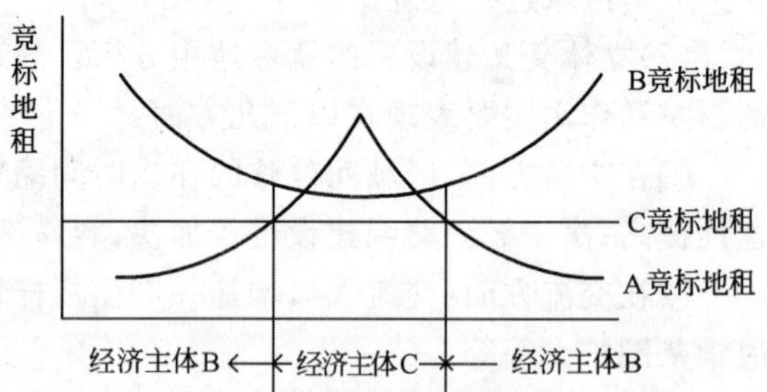

图 6-5 高速公路立体交叉建设前后的竞标地租变化

高速公路立体交叉枢纽建成之后，使原有的土地空间使用方式在社会经济活动中的地位和作用发生了变化，高速公路立体交叉周边区域的地租也发生明显变化。

无论是对农业用地还是对城市建设用地而言，竞标地租同样是距离的函数。价格或生产成本的变化会引起竞标地租曲线的平行移动，而运输成本的变化，则会引起竞标地租曲线的斜率变化。在完全竞争的条件下，市场机制主宰着城市土地、立体交叉周边区域在不同用途的使用者之间进行分配，一般情况下，总是遵循“最高租金原则”，即愿意支付最高租金者得之。这一理论对高速公路交叉口周围地租分布同样起作用。

在高速公路立体交叉建成后，立体交叉在不同级别的区域，土地开发的效益不同，不同开发计划的土地竞标地租也不同，将非线性函数简化为线性函数比较容易进行相应分析，参见图 6-6。

从图 6-6 可以看出，用简化的竞标地租曲线分析，不同经济主体的计划开发方案，所能取得的经济效益是不同的。公路沿线区域土地增值潜力，可以引导适当的区域开发、适当的地租上升。在这种情况下，竞标地租的上升表明了高速公路沿线空间土地利用效率的提高。

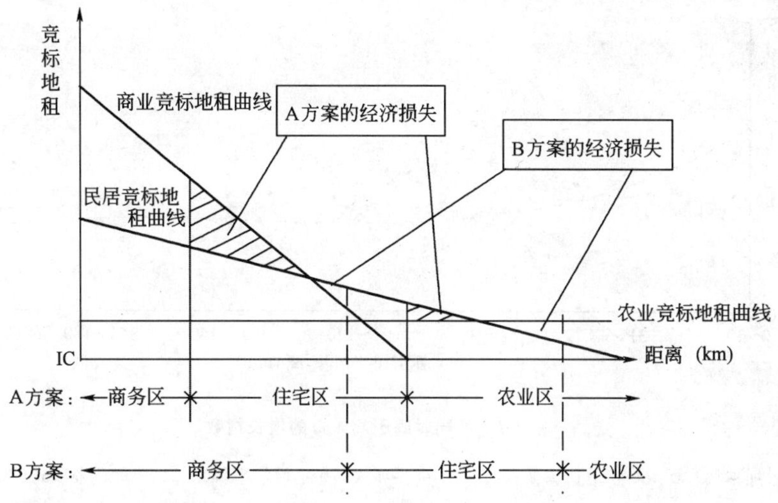

图 6-6 不同开发主体的竞标地租分析

6.3.3 高速公路“点”上的集聚效应分析

日本从 20 世纪 50 年代中期就开始建设高速公路，在研究高速公路点上的人口集聚方面有几十年积累的资料。由于中国人口流动受到户籍管理制度制约，城镇化、人群居住及流动的实际情况并不能完全从有关统计资料得出，而日本学者的实证研究能较为客观地说明这一问题，并可以总结出以下几点规律：

(1)城镇村的人口向互通式立体交叉周边区域集聚，远离立体交叉的区域人口增长率有下降趋势。将城镇乡村按距高速公路立体交叉的时间距离分为 7 个区段：①0～30min；②31～60min；③61～90min；④91～120min；⑤121～150min；⑥151～180min；⑦181min 以上。以 1975 年为起点，经历 15 年后的人口增长，经过聚类分析，大约可分为 3 组(参见表 6-3)。

距立体交叉不同时间距离的人口指数聚类分析

表 6-3

组　别	所处时间距离范围(min)	15 年的人口增长指数	组内时间区段评语	备　注
1	0～30,31～60	1.140～1.150	按时间距离由近及远排序	将 1975 年增长指数定为 1.000
2	61～90,91～120	1.050～1.070	按时间距离由近及远排序	
3	121～150,151～180,181 以上	0.990～1.030	有波动序列不明显	

0～30min、31～60min 为一个组，增长指数约在 1.140～1.150 范围，人口增长指数提高明显；61～90min、91～120min 为一个组，增长指数约在 1.050～1.070 范围，人口增长指数略有提高；121～150min、151～180min、181min 以上归为一个组，增长指数约在 0.990～1.030 范围，随时间距离有起伏变化，总的增长趋势不显著。其中，时间距离在 30min 以内的城镇乡村人口增长指数最为明显，呈现出与立体交叉接近性越好，人口增长指数越高、越突出的趋势。

可见，不同时间距离区域的人口增长与趋近于高速公路立体交叉有明显的关系。在高速公路通车后，城镇村的人口有向互通式高速公路立体交叉周边区域集聚的趋势，其中，30min 以内区域范围人口增长率最高。根据日本学者的调查，日本高速公路立体交叉周边全部城镇乡村人口增长率的分布情况参见图 6-7，呈现出距立体交叉近且出行方便的区域人口增长率较高的现象，特别是在距立体交叉 30min 和 60min 以内的时间距离区域非常明显。

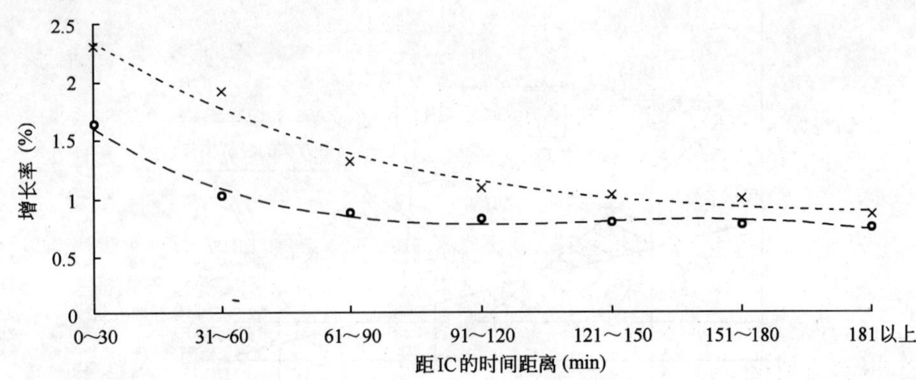

图 6-7 不同时间距离人口的增长指数

× 70 年增加率%；o 80 年增长率%；------- 多项式(70 年增加率%)；— — — — 多项式(80 年增长率%)

在距离立体交叉不同时间距离范围内，将 1970 年和 1980 年城镇村全部的人口增长率的分布分别表示出来，用 x 表示距立体交叉的时间距离(min)，并用三次多项式曲线拟合，可得到式(6-9)和式(6-10)，可见两者反映了同一规律。

$$\begin{cases} y_{70} = -0.0062x^3 + 0.1265x^2 - 0.9067x + 3.1483 \\ R^2 = 0.9806 \end{cases} \tag{6-9}$$

$$\begin{cases} y_{80} = -0.016x^3 + 0.2355x^2 - 1.1228x + 2.5227 \\ R^2 = 0.9858 \end{cases} \tag{6-10}$$

根据城市经济学理论，大城市本身存在人口集聚功能。但是，有关研究表明，尽管大城市人口集聚程度高，但并不影响高速公路立体交叉周边区域人口增长率的分布规律，只是人口增长率相对低一些，范围相对小一些，一般更趋近于 30min 的时间距离覆盖的范围。这一点可以用除去大都市圈以外的城镇乡村的人口增长率分布得到验证，参见图 6-8。

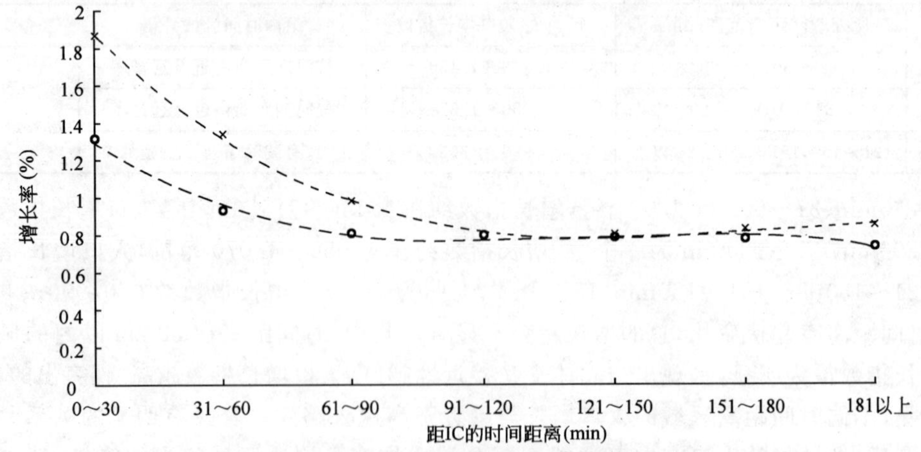

图 6-8 大都市圈以外的城镇村的人口增加百分比分布

× 70 年；o 80 年；------- 多项式(70 年)；— — — — 多项式(80 年)

1970 年随时间距离人口增长率变化分布的拟合曲线方程为：

$$\begin{cases} y_{70} = -0.0091x^3 + 0.1698x^2 - 1.0095x + 2.7304 \\ R^2 = 0.9984 \end{cases} \tag{6-11}$$

1980 年随时间距离人口增长率变化分布的拟合曲线方程式为：

$$\begin{cases} y_{80} = -0.0112x^3 + 0.1615x^2 - 0.7513x + 1.9087 \\ R^2 = 0.9877 \end{cases} \tag{6-12}$$

从式(6-9)～式(6-12)分析可得结论：高速公路立体交叉周边区域 31～60min 时间距离范围具有集聚人口的功能，除去大城市的集聚力量以外，这一人口向高速公路立体交叉集聚的规律仍然成立，只不过随着时间推移和高速公路数量的增加及网络体系的完善，这种人口集聚的程度(增长率)会有所降低。

根据有关统计调查的结果分析还发现，远离立体交叉的区域(时间距离在 1.5h 以上)人口有负增长的可能。人口集聚受多因素影响的综合结果，而这一趋势则暗示着在互通式立体交叉周边区域中，事实上存在受高速公路的“点”集聚负效应影响的区域。

由日本学者提供的资料说明，以 1960 年的人口指数数值为 1.000，到 1980 年 2 万人口以下规模城镇村人口在距立体交叉 0～30min 时间距离以内的增长指数上升到 1.58；而在 31～60min 时间距离范围的人口指数却下降到不足 0.98；而后按不同的时间距离段人口指数有进一步减小的趋势。2 万～5 万人口和 5 万～10 万人口城镇村的人口增长指数在距立体交叉 0～30min 时间距离以内的上升到 1.720 和 1.84；在 31～60min 时间距离范围的人口增长指数为 1.22～1.44 的范围；在 61～90min 及更远的时间距离段范围人口增长指数不大或有减少的趋势。而 10 万～20 万人口的城镇村至 180min 以上时间距离的人口增长指数都有不同的增长变化，说明 10 万人口以下的城镇村更趋向于距立体交叉在 30min 或 60min 以内的范围集聚。由于高速公路的建设使时间距离缩短，仍然表现出距立体交叉近的区域，如距立体交叉 30min 以内的时间距离，人口变化也有相当明显的差异，图 6-9 说明了 1960 年在 181min 以外时间距离的区域城镇乡村，到 1990 年变成 30min 以内时间距离的城镇乡村的人口变化与 1960～1990 年都是在 181min 以外时间距离的城镇乡村的人口变化情况。

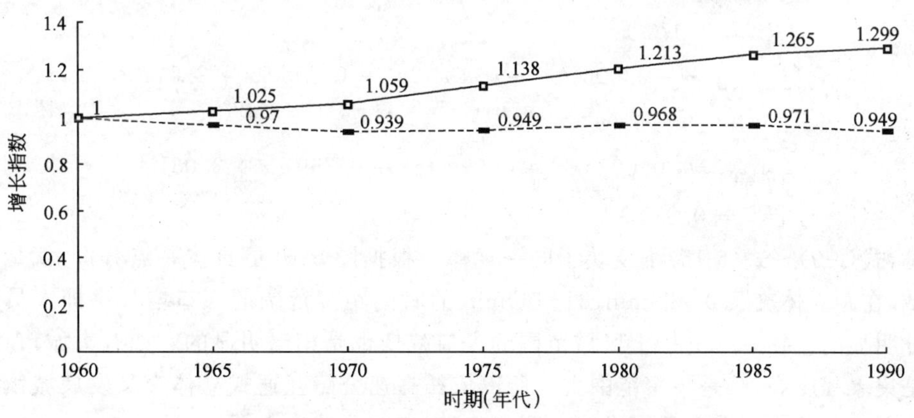

图 6-9 不同年代由于时间距离引起的人口集聚变化趋势

—□— 时间距离缩短；---■--- 时间距离不变

注：图 6-9 中将 1960 年的人口指数定为 1.000。

由图 6-9 可以看到经过 30 年人口集聚过程呈现两条分开的曲线，一条表明由 181min 以外时间距离区域转变为 30min 以内时间距离区域人口增长指数在逐年提高；另一条表明仍处于 181min 以外时间距离区域的人口增长指数在相对降低中徘徊。

(2)复合交通轴与大城市的综合效应明显。由于在许多区域存在着复合交通运输轴如铁路、水运及航空等，不同的交通轴线同样对人口集聚、区域发展有波及影响。虽然，高速公路对人口吸引的集聚作用仍然显著，但是，有大城市的存在对人口的集聚作用更为突出，复合集聚因素的综合效应更为明显。可以通过区域内有无铁路和大城市来进行比较分析，看出其中的演变趋势(参见图 6-10)。

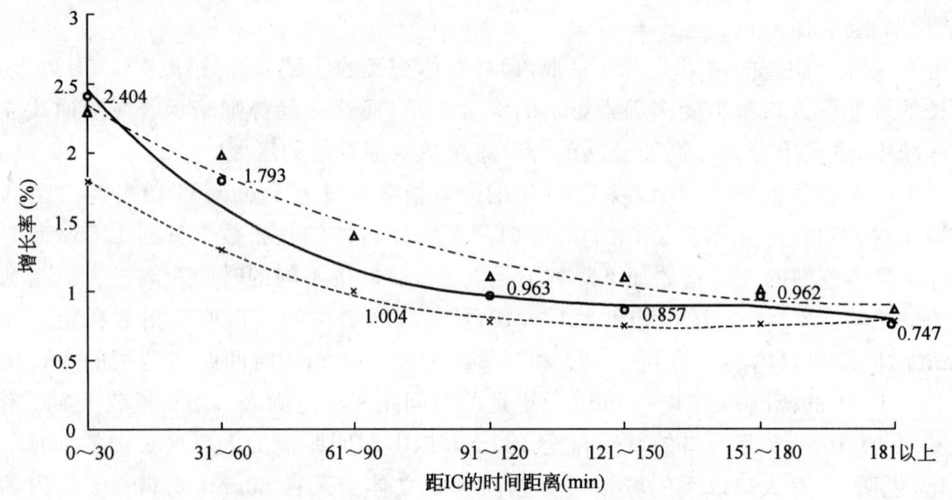

图 6-10　有无铁路和大都市条件下的不同距离的人口分布

○ 无铁路；△ 全体；× 无大都市；------ 多项式(无大都市)；——— 多项式(无铁路)；-·-·- 多项式(全体)

图 6-10 所示三种情况均可以用三次多项式拟合，其函数式分别为：

$$\begin{cases} y_{无铁路} = -0.0189x^3 + 0.3016x^2 - 1.6174x + 3.7976 \\ R^2 = 0.9709 \end{cases} \tag{6-13}$$

$$\begin{cases} y_{无大城市} = -0.0067x^3 + 0.1342x^2 - 0.8655x + 2.5429 \\ R^2 = 0.9969 \end{cases} \tag{6-14}$$

$$\begin{cases} y_{全体} = -0.0036x^3 + 0.0901x^2 - 0.7591x + 3.0314 \\ R^2 = 0.9719 \end{cases} \tag{6-15}$$

可见，式(6-9)～式(6-15)都反映了同一规律。根据图 6-10 更具体一点分析，就是在无铁路的区域，在距立体交叉 0～30min、31～60min 的时间距离范围的人口增长率即人员集聚状态是十分明显的。在 60min 以上区域范围的人口减低也是相当明显的。如有大城市存在，其影响一是集聚程度高，二是集聚范围大。所以依托高速公路互通式立体交叉发展城镇是城市化的有效方式。重庆市璧山县青岗镇由原先(成渝高速公路通车前)距城区 150min 时间距离缩短到 30min 时间距离以后，产业集聚、人口集聚十分迅速，已初步演进成为一个工业重镇。这同时说明利用高速公路也需要复合干线轴，特别要依托干线轴发展"点"才能取得协同效应。

(3)周边城镇乡村所得额、市场零售额与距高速公路立体交叉的距离也相关，其中在 0～

30min、31～60min时间距离范围内增长指数最高。按上述方法所得统计资料表明，1990年所得额增加经聚类分析分为3个组，参见表6-4。

区域市场零售额与距立体交叉的时间距离聚类分析　　表6-4

组　别	分别所处时间距离范围(min)	15年的增长指数	组内时间区段评语	备　注
1	0～30,31～60	3.30～3.40	按时间距离由近及远排序	将1975年增长指数定为1.000
2	61～90,91～120	2.90～3.20	按时间距离由近及远排序	
3	121～150、151～180、181以上	2.30左右	相互交织在一起	

1组增长指数约分布在3.30～3.40范围内;2组增长指数约在2.90～3.20的范围,2组区段都是按时间距离由近及远排序;3组区段基本上集中在一起,增长指数大致在2.30左右。用同样的研究方法,可以得出市场销售额也呈现出与立体交叉接近性好的区域销售额好的规律。

(4)高速公路立体交叉周边区域第三产业从业者人数变化与距立体交叉的时间距离密切相关。用有关数据经聚类分析,可以清晰地划分出3个组的分布概况(参见表6-5)。

高速公路立体交叉周边区域第三产业从业者人数变化分析　　表6-5

组　别	分别所处时间距离范围(min)	15年的增长指数	组内时间区段评语	备　注
1	0～30,31～60	1.380	基本相当	将1975年增长指数定为1.000
2	61～90	1.31	相对独立	
3	91～120、121～150、151～180、181以上	1.190～1.25	按时间距离由近及远排序	

由表6-5可见,在1h时间距离以内,增长指数约在1.380左右,具有较明显优势;处于距立体交叉1～1.5h的时间距离内,增长指数约在1.31左右,比下一时间区间具有明显优势,可单独地划分为一个组;在1.5h以上,按时间距离由近及远排序,大致可归为一个组,增长指数分散在1.190～1.25的范围内。

根据以上的统计数据可以作出推论,距高速公路立体交叉时间短的城镇乡村人口增加率高,即使除去大都市圈的波及影响这一趋势仍然成立;人口集聚的增长指数与时间距离密切相关,也与集聚过程经历的时间长短密切相关;人口规模较小的城镇,如不足10万人的城镇向高速公路立体交叉周边区域集聚的趋势更加明显。高速公路立体交叉周边区域,不仅使人们收入所得增加、市场销售额增加,也使得第三产业有较大的发展。而生产、生活服务水准的改善,能够进一步促进新的集聚产生。

6.3.4 高速公路的“轴”效应分析

沿高速公路轴线是以经济带形式表示力场作用范围的经济区,高速公路对区域经济的影响是通过高速公路出入口处吸引和扩散的。沿高速公路轴线的吸引与扩散作用力,对沿线经济区(经济通道)发展有重要影响。

(1)高速公路对区域发展、产业集聚的贡献是多方面的。根据国外经验,一条高速公路建成后3～5年,其两端的大城市沿高速公路走向延伸发展,在各个出入口区域形成一系列卫星城镇或经济开发区,并以高速公路为轴线形成通道经济带,即沿高速公路建立新企业或原企业沿高速公路轴线方向扩散。20世纪50年代以来,西方国家人口大量转向城市郊区居住,引起了人类的社会生产方式的改变,这在很大程度上是借助于高速公路带来的快捷、便利的交通条件。高速公路建设与其他基础设施一样,建设周期长、投资大。高速公路的直接效益主要体现在运输业,它可以成倍地提高公路通过能力和车辆运行速度,明显地降低运输成本,减少交通事故。高速公路的间接效益和社会效益是巨大的、难以估量的,它可以有力地促进工业、农业、商业等各类产业的发展,构筑一系列新的经济增长点,引起沿线土地增值,加快中小城市拓展和城乡一体化进程。

(2)高速公路经济区是经济区与行政区矛盾的产物。公路机能与效益的体现主要是经济区,特别是区域合作通道,沿高速公路构成的经济带又称通道经济带,是经济区的一种特别形式,在区域经济发展中有着独特的作用。改革开放以来,特别是社会主义市场经济体制的确立,要求企业成为市场主体,只有市场体系趋于完善,政府做到政企职能截然分开,才能使企业充分发挥市场主体作用,促进经济区的成长,实现经济运行市场化,在统一开放、竞争有序的市场环境中优化资源配置,推动区域经济发展。

(3)高速公路成为区位选择重点考虑的主要因素。据有关资料调查,高速公路成为物流设施选址考虑的重要因素。物流中心的地位不仅主要体现在社会、区域经济圈的形成与运行中,而且体现在物流枢纽即物流集散、物流信息和物流控制等职能上。从调查结果可以看出,大多数企业重视物流设施接近高速公路出入口处这一因素,特别重视的占5.6%、重视的占51.4%,重视程度在被调查企业中平均占到56.0%以上。从区域经济圈形成与运行的角度分析,完整意义上的物流中心已是沟通不同轴线联系(如多式联运)的结合部,在很多情况下还可以体现复合轴的综合作用。

6.4 关于高速公路"点—轴"型区域发展的思考

6.4.1 注重对高速公路及公路网"点"的培育

"点—轴"型系统吸引与扩散范围是高速公路对所涉及的中心城市、城镇、包括立体交叉出入口周边地区形成的次一级中心地。只有高速公路主干线,缺少接近高速交通的配套公路形成公路网,即未成网的区域也是不会产生"点—轴"效应的。

以高速公路为主干线轴的公路网的"点",在形式上是两条或多条主干线公路构成的结点,其具有重要的交通枢纽作用并能方便利用高速交通的关联区域,若临近中心城市,还受到既有城市经济的影响,是构成区域发展极的较理想区位,如高速公路互通式立体交叉周边区域。

高速公路建设的外部效益尤其是社会效益,在很大程度上还取决于区域发展所产生的综合效应。"点"周边区域上选址的企业单位是区域社会经济系统发展的动力源泉,选址企业的类型奠定了区域产业结构的类型。从区域产业发展角度分析,只有创新企业才能为区域发展带来生动的、具有特色的区域产业结构,而具有特色的产业结构是区域发展的基础。因此,高速公路立体交叉周边区域有无创新企业,有无发展潜力的项目,对于高速公路上的"点"的功能发挥有举足轻重的影响。高速公路所涉及的"点"应是区域发展极的主体所在地,轴是区域发展所依托的基础设施体系。只有后者而无前者的区域是不会产生高速公路"点—轴"效应的。辖区或更高级的政府部门应当重视依托高速公路的区域成长中心地的培育。

因此,点的发育过程是选择点(优选合适的点)→培育点(创造点集聚条件)→集聚点(产业向点集聚)→聚集点(将不同的点的内在经济联系集聚成一个更大的圈)→成长极(进一步集聚与扩散)。

6.4.2 注重高速交通与区域发展极一体化规划

高速公路、高速铁路、航空等分别构成了高速交通体系。级别高的区域发展极总是由多种高速交通方式沟通的政治、社会和经济发展的区域中心，是多种高速交通覆盖的范围，级别低的发展极可能只有一种高速交通方式或普通交通方式与外界联系。很显然，高速公路、高速铁路、航空等几种典型高速交通方式之间具有替代性，在一定地域范围、出行条件下，被认为是可相互替代的交通运输方式，但在实现门到门的交通运输过程中，公路是唯一不可缺少的交通方式。在区域发展中应当重视高速交通的覆盖范围及高速交通对区域发展的作用方式。1987年日本高速交通的覆盖面就已经很大，参见表6-6。

日本高速交通的国土覆盖情况（单位：%） 表6-6

覆盖面指标	高速公路	新干线	空港
1h内人口覆盖率(%)	80.6	62.2	61.4
1h内面积覆盖率(%)	43.5	21.1	28.6

高速交通覆盖范围的各类经济主体容易被激活，资源更具开发价值，从而使得区域社会经济活动更为活跃，社会经济发展速度加快。成渝高速公路经过的重庆市璧山县青岗镇原是一个小村落，成渝高速公路通车后，与重庆市城区距离由100km缩短到30km左右，行车时间（时间距离）由2.5h缩短到20min以内，大大改善了青岗镇区位性质和条件，即由原先的远郊农村变成了直辖市的近郊区，成为高速交通直接覆盖范围，其区位要素条件发生了很大变化，引来几十家厂选址经营，很快使该镇成为工业重镇。

类似于沪宁线那样具有多种高速交通重叠覆盖的区域，是经济实力与交通建设相互促进的结果。多种高速交通重叠覆盖的区域，人们出行、物流路径的选择性更强，导致了各种运输方式之间的竞争更加剧烈。中国高速公路的发展，使铁路展开了一轮又一轮的提速实验，不仅提高了铁路的竞争能力，也促使不同交通运输方式纷纷提高运营技术和服务水平，使整个交流圈、经济圈范围扩大，社会经济联系更加紧密。因此，在条件具备的地区，应注重实施高速交通与区域发展极的一体化规划。

6.4.3 重视高速公路阻塞问题

在中国一些大城市交通阻塞、大气污染很严重，许多城市出入口不畅，高速公路快在中间、“窝”在两头的症结比较突出，不注意克服这种现象，就会严重影响到高速公路效率和效益的发挥。有关资料表明，美国的50个大城市由于交通阻塞带来的大气质量恶化、旅途时间增大的损失总额预计达430亿美元，为解决这一问题，从1998～2002年共投入3 600亿美元的资金。某些区域的决策者重视高速公路建设，而不重视高速公路使用效率、运营管理水平的提高，长此以往，高速公路运行效率不能充分发挥所带来的损失是很大的。而解决高速公路运行效率往往涉及城市建设与公路建设的相互衔接，需要高速公路建设与管理、城市建设、公安等多部门协同工作，需要以统一的观点指导工作实践。

6.4.3.1 高速公路阻塞的含义

对高速公路阻塞的认识和理解涉及人的性格、车种、交通目的、高速交通的利用程度、阻塞经历的次数、所持续的时间、自由行驶的平均速度以及与具体的线路性质等。人们对城市高速公路及城间高速公路阻塞的内涵依不同的线路等因素，有不同的理解和认识。

日本规划的高速公路(含已开通的)为 14 000km,其中由道路公团管理的为 11 520km,占 82.3%;其余由首都高速道路公团、阪神高速道路公团、本州四国联络桥公团和指定都市高速道路公社等部门负责管理。以日本为例,依不同的线路对高速公路阻塞的定义的数值有所不同。

(1)日本道路公团的高速公路阻塞的定义是指时速在 40km 以下低速行驶,或反复停车、起步,有 1km 以上的车队持续 15min。

(2)首都高速公路阻塞的定义是指在时速 20km 以下,延长 1.5km 车队的状态持续 15min。

(3)阪神高速公路阻塞的定义是指时速在 30km 以下的车队长 1km 以上,停滞状态持续 30min 以上。

显然,人们对都市间高速公路和都市高速公路的阻塞意识和阻塞范围的认识是有差距的。根据松井宽等学者进行的相关研究,都市间高速公路和都市高速公路阻塞范围的公式定义分别为:

$$T_{c都市} = 135/(T_n - V_c) \tag{6-16}$$

$$T_{c都市间} = 240/(T_n - T_c) \tag{6-17}$$

式中:$T_{c都市间}$——都市间高速公路阻塞持续时间;

$T_{c都市}$——都市高速公路阻塞持续时间;

T_n——高速公路最低速度(都市间高速公路为 60km/h,都市高速公路为 50km/h);

V_c——阻塞时行走速度。

根据高速公路阻塞的公式定义所作出的函数图形如图 6-11 所示。

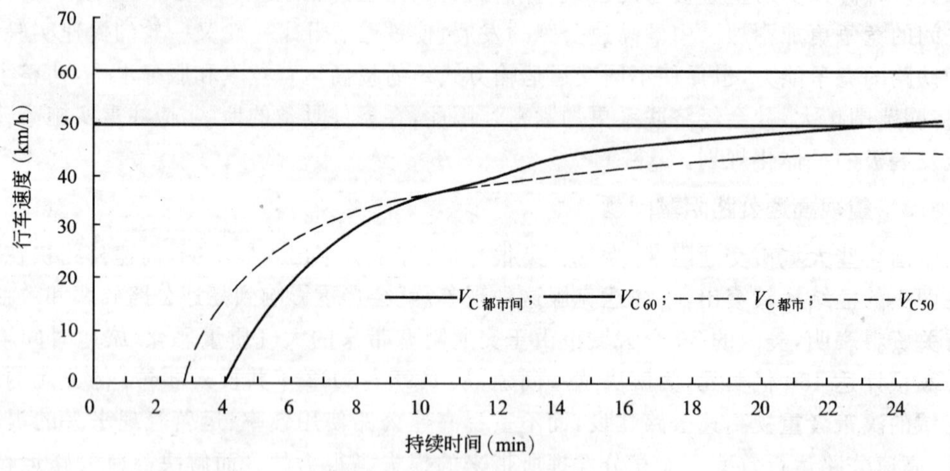

图 6-11 高速公路阻塞的定义

图 6-11 中的两组(粗实线、细虚线)曲线分别表明了都市间高速公路和城市高速公路的三个区域范围:在直线(高速公路最低行驶速度)的上方为车辆自由行驶区域,上凸曲线(高速公路阻塞时行驶速度)的下方为阻塞区域,直线与上凸曲线之间为混合区域。由图 6-11 可以看出,都市间高速公路阻塞的(数值)定义比都市高速公路阻塞的(数值)定义更松一些,高速公路阻塞现象多发生在一些高峰时间以及城市区域、城市出入口处、车流大的路段,影响了整个行

驶过程的效率，造成了巨大的时间和经济损失。

6.4.3.2 高速公路阻塞造成的损失

通畅的高速公路能节约巨大的资源，相反高速公路阻塞能造成巨大的损失。在进行有关分析时，对单位时间费用的设定是按表6-7确定的。

时间单位的设定 表6-7

道路名称	每小时薪金和津贴 (日元/h)(A)	平均乘车人员 (人/辆)(B)	时间单价 (日元/台时)(A×B)
高级干线	2 288	1.70	3 889
首都高速	2 818	1.63	4 593
阪神高速	2 475	1.53	3 787

注：资料来源于冈本博“高速道路利用による节约時間と渉滞のロス時間”，表6-8、表6-9类同。

高速公路全部的损失和节约时间分析可参见表6-8。

高速公路的全部损失和节约时间 表6-8

评价指标	单位	计算公式	高级干线	首都高速	阪神高速	合计
对象里程	km	L	6 324	249	212	6 785
行驶车公里	千车 km/d	M	179 305	20 091	14 078	213 474
一般道路设想时间	千车 h/d	H	5 354	864	601	6 819
规定速度所需时间	千车 h/d	U	2 042	329	227	2 597
阻塞损失时间	千车 h/d	T	142	130	73	345
利用收费道路节约时间	千车 h/d	$S=H-U-T$	3 170	405	301	3 876
一般道路每行10km的时间	min	$h=H/M$	1 792	25.80	25.60	19.16
规定速度每行10km的时间	min	$u=U/M$	6.83	9.82	9.66	7.30
每行10km的阻塞损失时间	min	$t=T/M$	0.74	3.89	3.12	0.97
收费道路每行10km的节约时间	min	$s=S/M$	10.62	12.10	12.83	10.89
阻塞损失时间的金额换算	亿日元/年	A	2 013	2 182	1 010	5 206
每km·年阻塞损失金额	亿日元/(km·年)	A/L	0.32	8.78	4.77	0.77
节约时间的金额换算	亿日元/年	B	45 001	6 793	4 159	55 953
每km·年节约金额	亿日元/(km·年)	B/L	7.12	27.33	19.65	8.25
年收费收入(1996年)	亿日元	C	18 522	2 747	1 657	22 926
收费/节约金额比	%	$R=C/B$	41.2	40.4	39.8	41.0
建设费(至1996年末道路价额)	亿日元	D	237 000	38 000	32 000	307 000
建设费：年节约金额	—	$E=D/B$	5.3：1	5.6：1	7.7：1	5.5：1
每公里建设费	亿日元/km	$F=D/L$	37.5	152.9	151.2	45.2

根据有关资料进行分析，其结果体现在表6-9中。

高速公路节约与损失金额概况　　表 6-9

公路名称	节约时间(*a*)	节约金额(*b*)	损失时间(*c*)	损失金额(*d*)	节约时间/损失时间(*a*∶*c*)	节约金额/损失金额(*b*∶*d*)	备注
	min/(10km·辆)	亿日元/年	min/(10km·辆)	亿日元/年			
高级干线	10.62	4 500	0.47	2.013	22.6∶1	2 235∶1	指日本高规格公路
首都高速	12.10	6 793	3.89	2.182	3.1∶1	3 112∶1	
阪神高速	12.83	4 159	3.12	1.010	4.1∶1	4 118∶1	

可见，利用高速公路带来时间节约、费用节约的潜力是十分巨大的。在生产率高的区域建设高速公路，提高公路质量和管理水平具有更重要的战略意义。

6.4.3.3　重视高速公路阻塞问题

美国一些高速公路是分工作日(如周一～周四、周五、周六和周日)、分方向(上行或下行)、分时段(小时)进行收费。例如，SR91 号高速公路，最低收费费率是 60 美分(上行：往西方向，周一～周四的 6:00p. m. ～4:00a. m. 等。下行：往东方向，周一～周四的 9:00p. m. ～7:00a. m. 等)；最高费率是 2.95 美元(上行：往西方向，周一～周四的 7:00a. m. ～8:00a. m. 。下行：往东方向，周二～周四的 4:00p. m. ～5:00p. m. ，周五的 2:00p. m. ～6:00p. m.)。采用这种方式收费，除了完成公路收费的基本功能以外，还具有调节高速公路交通流量的作用。就城市交通而言，解决公路交通阻塞的宏观对策主要有：扩建道路系统，增加路网通过能力；对使用道路的车辆征收过路费；实行弹性工作制，错开上下班时间。为了提高企业对高速公路利用效率，防止或减少由于阻塞造成浪费，需要加强“点—轴”型系统中“点”和沿线的辅助设施区位决策、企业选址和营运管理的指导，科学地进行交通设施、制造业、客货运输站场、交通枢纽等的布局与建设，同时优化高峰时间交通管理手段，提高交通管理的信息化、电子化水平。高速公路阻塞问题主要出在城市出入口范围，因此，还得重视高速公路与城市交通的连接方式。根据一些城市的实践初步验证，高速公路经过的城市一般不宜直接与城市内部交通混合起来，否则高速交通会直接影响到城市交通，会使本来管理难度就很大的城市交通雪上加霜。

6.4.4　重视高速公路与城市交通的衔接问题

将高速公路上的快速交通转变为中低速度的、受红绿灯控制的城市交通，其间必有一个过渡阶段。根据城市交通的性质可以将其划分为：市内交通、出入境交通和过境交通。据统计资料分析，城镇人口规模与过境交通量的关系有一定的规律：一般是城镇人口规模越小，过境交通量所占比重越大(参见表 6-10)。

城镇规模与过境量比重的统计资料　　表 6-10

城 镇 规 模	万人口	>100	50～100	10～50	2～10	<2
过境交通比重	%	1～9	8～14	12～28	14～47	60～100

可见，城市人口规模越大，以出入境为目的的交通量所占比重也越大，过境交通所占比重越小，而市内交通量却随着城市人口规模的增大而增加。城间的高速交通与大城市、特大城市密切相关，因而，对特大城市、大中城市而言，提高出入境交通效率是一项重要课题。

城市交通与高速交通连接通畅，可以使人们出行能够方便地通过城市交通迅速接近高速交通，顺畅地到达目的地城市。对于中小城市而言，主要是避免高速交通穿越城市，干扰城镇居民的生产、工作与生活。

通常情况下，大城市或特大城市同时有多条高级干线，公路连接线的数量决定了城市与高速公路的接口数。对大城市、特大城市来说，每一条经过城市的高速公路都应至少有1～2个接口，数条高速公路与城市干道交接均应采用互通式立体交叉。中小城市一般应有1～2条连接线及相应的接口。连接线与接口设置合理与否直接影响到市内交通与高速公路的利用效率。中国部分城市出入口干道的数量及长度参见表6-11。

中国部分城市出入口干道及长度 表6-11

城市	北京	天津	上海	南京	西安	济南	杭州	扬州	镇江
干道条数	9	12	9	16	8	8	6	7	6
长度(km)	17～20	10～17	15～20	10～15	10～20	10～15	8～10	10～13	5～6

注：资料来源于沈德熙等《高速公路与城市布局的关系——以江苏省为例》。

大城市过境交通转换到城市交通的理想过渡方式是采用快速干道系统。许多城市都采用多层次环城快速干路的形式与高速交通衔接，所以，城市的快速干道系统不仅担负城市各大分区、各大组团之间的快速联系功能，还要承担集并和疏散出入境交通的任务。大城市、特大城市要有完善的快速交通系统，才能充分发挥城间高级干线公路的作用，同时也使城市公路交通进入良性循环。相对于中小城市而言，高速公路直接上城市交通干道比较可行，但是要避免与城市居民生活性干道直接连接，也要避免将出入境交通直接引入城市商业中心区。

高速公路与城市连接的方式对交通流的分解能起到直接作用，直接影响到城市交通及城市利用高速交通的效率。高速公路与城市连接的一般方式主要取决于高速公路走向、高速公路距城市的距离、城市建成区与高速公路的连接线等。目前在中国所建高速公路与城市连接形式主要有：

(1)环形环绕式，高速公路通过特大城市、主枢纽城市时一般采用这种方式与城市道路相连接。当有多条高级道路干线进入城市时，可采用城区环形干线道路分流以缓解过境交通的形式，也有利于缓解或减轻市内交通的压力。高速公路环绕或城区环形干线与高速公路连接是一些主要的连接方式，沈阳、长春、北京、武汉、上海、南京等城市都采用或部分采用了这种方式。例如，南京市有16条出入口干道，通过环形环绕式将适宜的城市道路与高速公路连接。

(2)侧向环绕式，高速公路从城区一侧绕过，在有2～3条高级干线公路进入城市时，通常采用这种连接方式，这样可减少过境交通对城市交通及城市生活的干扰。像石家庄、合肥、长沙、无锡等城市采用的就是这种方式。

(3)分离连接式，高级干线公路从城市的一侧通过，并用一段不长的线路与之连接。天津、昆山、镇江等城市采用或部分采用了这种连接方式。

(4)直接穿越式，高速公路采用全封闭方式直接从城市组团之间穿过，过境交通与城市交通不发生干扰。常州等城市采用了这种连接方式。

沪宁(270km)、宁连、宁通(275km)高速公路与沿线部分城区衔接基本情况参见表6-12。

部分高速公路与沿线街区的连接情况　　表 6-12

城市名称	南京	无锡、苏州、常州、徐州等	南通、连云港、镇江、淮阴、扬州等	秦州、江都、淮安等	灌云、灌南、涟水、六合、洪泽等
规划人口规模（万人）	>200	>100～200	>50～100	>20～50	<20
拥有高速公路数（条）	8	1～3	1～3	1～3	1～2
高速公路与城区连接形式	A	B、D	B、C、D	B、C、D	C
城区与高速公路的连接线（条）	7	3～5	3～6	1～3	1～2
城区与高速公路的接口平均数（个）	7	3～5	3～6	1～3	1～2
城区与高速公路的距离（km）	3	4.5	2～14	1.5～12	3～7

注：资料来源于沈德熙等《高速公路与城市布局的关系——以江苏省为例》。

从表 6-12 可以看出，特大城市，特别是带有区域经济中心的特大城市拥有的高速公路条数要比大、中、小城市多得多，这些城市往往是多条高速公路、多种交通方式覆盖的范围，这是交通基础设施建设与经济发展相互促进的必然，它们与其他特大城市、区域经济中心城市构成"点—轴"经济带（区）。中国初步形成的沪宁高速公路经济带（区）、京津塘高速公路经济带（区）、沈大高速公路经济带（区）等以及其他中西部的一些高速公路周边区域都是按"点—轴"型系统发展模式成长的。

总的来说，高速公路与城市快速交通干线的有效连接可以避免或减少出入境交通的堵塞。城市的出口处通常是影响高速交通利用效率的关键地点，采用环形道路布局的特大城市、大城市一般用外环快速干道与高速公路连接，使高速公路的快速交通与城市交通有一段缓冲通道的运行过程。因此，城市建设布局要与城市交通布局结合起来，科学合理地进行。近年来，中国沿海地区许多新城市迅速发展起来，但是，一体化规划的理论与实践滞后，影响了城市长期持续发展，也影响了整个区域对高速交通的有效利用。城市建设是由诸多小区建设形成的，与高速公路相关的开发区建设也类同，由于缺少多部门的一体化规划，有些城市出现了前面刚建好的高速公路，后面又因铺设地下管道锯开路面进行管线施工的情况。许多工程项目在建设中相互间无意破坏的事件屡屡发生，有的还留下了许多后患。如某小区成片建筑已经完成，待到设计道路时才发现有些建筑已超越红线，并占去人行道一大半，若要拆除必然造成巨大浪费，若不拆除，本来规划笔直的城镇大道就变成宽窄不一的了。有的小区楼房建筑先完成，当设计室外排水时，才发现城市道路路面竖向高程与楼房外散水高程几乎处于同一水平，甚至把大片开发区建筑的室外散水高程也定为同一高程，从而使道路的设计纵坡为零（规范要求坡度≥3.0‰），造成既不利于小区排水又不利于道路排水的情况，对于年降雨量丰沛的南方城市而言，容易造成水患。某些城市的一些道路，逢到大雨来临就成汪洋一片，对城市及开发区在雨季接近高速公路也造成一定困难。因此，要提高高速公路以及城市交通的效率及效益，就应将城市市内交通、出入境交通与过境交通统一规划，城市道路与城间高速公路连接要科学合理，规划建设要统一协调，特别是城市交通体系与城市成长管理系统要统一规划管理，中心城市发展要与区域发展统一规划管理，青岛市是一个比较典型的实例。

此外，在高速公路选线阶段就要给城市成长留足发展空间。高速公路连接的城镇、沿线的立体交叉周边区域有可能成为区域的中心地、发展极。在城市化过程中，特大城市、大城市存在郊区化问题，中小城市存在着成长问题，小城镇存在城乡一体化发展等问题。因此，高速公路距城区的实际最近距离，应与城市、城镇成长规划相一致。高速公路选线应为既有城镇的发展留下足够的发展空间，使之能够包容下“点—轴”型系统的“点”空间发展，即城市的城区未来延伸与发展。由于中国的城市交通基本上是以混合交通为主，城市交通管理的现代化水平不高，因此，不能使未来的城区发展与延伸将高速公路包围起来，或使过境公路街道化，否则就改变或削弱了高速公路及其他过境公路的基本功能，影响到城市居民的生活质量与生产、工作环境。

6.4.5 “点”、“轴”一体化规划的作用与问题

区域发展规划中的城市成长应在规划的指导下有效发展，避免恶性竞争，降低不必要的竞争成本，避免重复建设项目，减少投资与人力的浪费，使资金流向和分配合理，促进产业结构高度化，产生规模效益和城市间互补及协同效益。在组织参与国际竞争中，一体化规划的作用更为突出。目前存在的问题是规划内容不到位，规划质量不到位，规划功能不到位，尤其是对区域性因素考虑得相对较少，城市间规划管理协调行为少。规划的系统性、动态性和可操作性把握得不好，会导致规划实施过程中规划的制约力或法律效力不强，与预期的差异较大。以上分析可以看出，高速公路使用效率与其所连接城市的规划建设水平，与高速交通的利用效率密切相关。城市建设与公路建设分属不同的部门主管，相互间的结合部往往是容易产生多种问题的环节，所以在城市建筑、道路网建设、电信电缆、供排水管线、工商业区建设、停车场建设、高速公路及开发区建设等方面应当进行一体化规划决策，以避免不科学的决策造成重大损失。

但是，由于实行一体化规划涉及许多部门协作，管理体制、运行机制不顺也会产生多部门牵制现象。出于部门利益原因，有的事项可能各家都插手形成多头审批，有的事项可能各家都推诿，结果无人过问，使本来简单的事情变得复杂起来了。高速公路“窝”在两头的现象，有交通管理的问题，也有许多是城市（开发区）规划中本来存在的问题。因此，需要根据综合集成的思想，利用电子信息技术和现代管理理论，建立起公路建设与区域发展的一体化规划决策的方法论体系。

6.5 本章小结

本章提出了高速公路“点—轴”型区域发展系统的概念，重点研究了高速公路“点—轴”型区域发展模式和机制，其主要内容可以归纳总结为以下几个方面：

(1)20 年来，高速公路在中国呈指数函数的增长趋势迅速发展，特别是在东部和中部地区发展更为迅速，这是对区域经济发展形成促进作用的一个十分重要的时期。区域经济发展要利用这一时机，将城市规划与高速路网规划和区域经济规划结合起来。

(2)高速公路“点—轴”型区域发展系统是高速公路带动相关区域发展的基本模式。“点”是高速公路“点—轴”型区域经济发展的主体，如各类企业、城市、港口、工矿区，还包括互通式立体交叉等。“轴”即高速公路线状基础设施，高速公路及其沿线设施、附属设施均可视为其中的组成部分。从区域社会经济发展的角度分析，高速公路轴线不单纯是城市间或几个中心城镇之间的联络线，而是一个沟通社会经济文化联系的经济区。由于各个点（集聚与扩散）直接影响半径的范围相互交错，点与点之间可以“带”的形式沟通并逐步连接成经济区——表现为通道经济区的形态。

(3)高速公路沿轴线区域往往具有区位优势,高速公路连接的点与点之间更便于直接交流,其结果逐步形成了通道经济区,宏观上呈带状,故已趋成熟的通道经济区也有"经济带"、"产业带"之称,但都是按照"点—轴"型系统发展模式进行的。随着高速交通覆盖范围增加,相关区域的经济成长率呈指数递增趋势,而失业率受多种因素影响呈四次多项式曲线波动,但总体上是呈降低趋势。

(4)利用高速公路互通式立体交叉周边区域,可以在城市化过程中和大城市的扩散作用下形成次一级中心地,利用次一级中心地可以形成卫星城镇,对中心城市的扩散效应具有再集聚、再扩散的接力作用,不仅能分担城区交通压力,而且能增加并扩大中心城市作为社会经济发展中心地的波及力量及波及范围。

(5)产业集聚是人口集聚的前提,人口集聚是市场繁荣的前提,产业、人口、市场三者互为推动是区域社会经济发展的基本机制。高速公路立体交叉周边区域创造了引来域外、海外资本,激活当地人力、资源、产业结构演化的可能条件,并能推动产业、人口、市场逐步集聚于立体交叉周边区域,形成新的发展极。

高速公路立体交叉周边区域 31～60min 时间距离范围具有集聚人口的功能,特别是在 30min 以内的半径范围最为明显;若无大城市的集聚效应影响,这一趋势仍然成立,但集聚势头相对偏弱;随着时间推移和高速公路数量的增加,这种人口集聚的程度(增长率)会降低。有大城市影响作用存在,使得区域集聚程度高、集聚范围大。这种集聚规律依托高速公路互通式立体交叉周边区域集聚人口、发展城镇,是城市化的一种有效方式,也是一种客观规律。

(6)由于中国的城市交通基本上是以混合交通为主,城市交通管理的现代化水平不高。一些城市的实践初步验证,高速公路经过的城市一般不宜直接与城市内部交通混合起来,否则高速交通会直接影响到城市交通,会使本来管理难度就很大的特大城市、大城市的市内交通雪上加霜。因此,实施"点"培育与发展轴一体化规划决策的要点之一是,不能使未来的城区发展与延伸将高速公路包围起来,或使过境干线公路街道化,否则就改变或削弱了高速公路作为过境干线公路的基本功能,同时也影响到城镇居民的生活质量与生产、工作环境。

由于随着城市规模发展,特大城市、大城市存在郊区化问题,中小城市存在着成长问题。因此,高速公路距城区的实际最近距离,应与城市成长规划相一致,应能包容下"点—轴"发展系统的"点"即城市的城区未来延伸与发展。所以,应当将城市规划与高速公路建设紧密结合起来,这是发展极与公路建设实现一体化规划决策的重要依据之一。

第 7 章 公路与城市化及区域交流圈的构筑

高速公路及其立体交叉枢纽，对城市化不同阶段的演化进程都产生着重要的影响，公路沿线土地开发也是区域城镇化(也称为城市化)过程。根据世界各国城市化的进程分析，人均 GDP 接近 2 000 美元是城市化进程最剧烈的阶段，中国大部分区域正处在这样一个阶段。本章探讨公路与城市化、交流圈和经济圈的关系和作用，并用国内外有关资料进行实证分析。

7.1 城市化及城市化进程

7.1.1 城市化的内涵

城市化(Urbanization)也译为"城镇化"。除农村居民点以外，镇及镇以上的各级居民点都属于城镇地区(Urban Place)。不同的学科对城市化有不同的理解：人口学认为城市化是农村人口转变为城市人口的过程；地理学认为城市化是农村地区变为城市地区的过程；社会学认为城市化是从农村生活方式转化为城市生活方式的过程；经济学认为城市化是由农村自然经济转化为城市社会化大生产的过程。综合上述看法，从区域发展的角度研究公路建设对城市化的促进作用来看，可以将城市化看作是由社会生产力变革所引起的人类在生产方式、生活方式和居住方式等方面的变化。尽管世界各国的经济基础、政治制度、自然地理、历史文化等迥然相异，但还是具有同样的城市化发展机制。与发达国家相比，中国城市化水平很低(参见表 7-1)。

部分国家的城市人口所占比重及增长率 表 7-1

国家	城市人口(百万人)	城市人口占人口的比重(%)			城市人口年平均增长率(%)	
	1995	1980	1990	1995	1980～1990	1990～1995
中国	363.7	19	26.2	30	4.8	3.8
美国	200.5	74	75.2	76	1.2	1.3
日本	97.2	76	77.2	78	0.7	0.4
英国	52.4	89	89.1	90	0.3	0.5
韩国	36.5	57	73.8	81	3.8	2.9
加拿大	22.7	76	76.6	77	1.4	1.4
澳大利亚	15.3	86	85.1	85	1.4	1.0
荷兰	13.8	88	88.7	89	0.6	0.8
挪威	3.2	71	72.3	73	0.6	0.8

据有关学者研究，与同等收入国家相比，中国城市化进程也一直处于滞后状态(参见表 7-2)。

中国城市化滞后状态(单位:%) 表 7-2

年　份	1990	1991	1992	1993	1994	1995	1996
中国城市化水平	26.41	26.37	27.63	28.14	28.62	29.04	29.37
国际城市化水平①	30.8	31.6	33.0	34.0	36.9	38.1	39.48
滞后程度	16.5	20.0	19.3	20.7	22.2	23.3	25.6

注:资料来源于 1996 年经济绿皮书,中国社会科学出版社。

①指相同收入下的国际城市化水平。

自 1998 年以来,国家实施积极的财政政策,促进了城市基础设施的快速发展,中国城市化步伐不断加快,城市化水平大幅提高。近几年中国城市化水平每年都以 1.5～2.2 个百分点增长,截至 2003 年底,全国城市化率已达 40.53%。中国城市数量也从改革开放初期的 193 个增加到 660 个(参见表 7-3),其中将近 50%的大城市、特大城市、超大城市分布在东部,这直接决定了人口分布,由此可见,中西部城市化的任务仍很艰巨,需要根据区域社会、经济、地理等特征选择相应的城市化途径。

2003 年中国城市分布概况(按城市市辖区总人口分组) 表 7-3

地　区	城市个数	400 万以上	200 万～400 万	100 万～200 万	50 万～100 万	20 万～50 万	20 万以下
东部合计	263	7	16	71	124	44	1
中部合计	227	1	5	42	104	65	10
西部合计	170	3	1	28	46	63	29
全国	660	11	22	141	274	172	40
东部(%)	39.85	63.64	72.73	50.35	45.25	25.58	2.50
中部(%)	34.39	9.09	22.73	29.79	37.96	37.79	25.00
西部(%)	25.76	27.27	4.54	19.86	16.79	36.63	72.50
合计(%)	100	100	100	100	100	100	100

注:表中数据根据《中国统计年鉴 2004》数据计算整理。

7.1.2 城市化的一般过程

在区域发展的研究中,有必要分析国内外城市化的一般发展过程。城市化过程包括了前城市化(Preurbanization)、城市化(Urbanization)、郊区化(Suburbanization)、逆城市化(Counter Urbanization)和再城市化(Reurbanization)等内容。所谓前城市化是指城市化以前人类所处的农业社会阶段,城镇只起农村中心地的作用,其形成和成长都依靠于农村初级产业的发展。城市化是以人口和非农产业向城市地域集中的过程,并以追求集聚经济和规模效应为特征的发展阶段,各类集聚效应使城市数量增加、规模扩大,相应的城市基础建设单位成本降低。郊区化(Suburbanization)是城市经历了中心区绝对集中、相对集中以后的一种离心分离阶段,它表现为人口、工业、商业先后从城市中心区向郊区外迁。逆城市化是指大城市功能分散后,出现了以若干郊区为次中心而形成的多中心城市,这一现象也被称为城市村庄系统,它的出现是城市功能离心、分散后的结果。多个城市体系又可形成城市连绵带(Megalopolis)。

在工业化、城市化、郊区化、逆城市化和再城市化的各个阶段中,公路建设都起着重要的作用。目前,工业化、城市化在中国是主流,在少数大城市出现了郊区化现象,这些都是中国公路建设在不同区域直接服务的重要过程，并直接影响到各个区域的发展。

7.1.3 城市化的基本方式

按照城乡关系空间格局的变化和农业人口与非农业人口经济活动的不同，可将城市化的基本形式归纳为以下三种：

(1)集中型城市化。是指农村人口和非农经济活动不断向城镇集聚的过程，表现为工业项目和人口主要向原有的大中城市集聚，省会城市发展很快，分散的小城镇发展很慢，在城市化初期集中型城市化占主导地位。这种形式在资源、经济水平与开发能力极为有限的条件下，不失为一种合理的区域城市化发展模式。

(2)分散型城市化。是指城市的经济活动和基本功能向外扩散，并将其周围的非城市化地域转化为城市化地域的过程。一方面，由于在市区中心的高密度产业、商业、人口的集聚已经带来一系列社会、经济和生态问题，当城市的人口和资本在城市中心集聚的利益已不足于弥补必须支付的高额成本时，一些经营单位为寻求生存和发展就会向城市外迁移，这是分散型城市化的内在动力；另一方面，各国普遍重视了城市规划和城市体系规划，城市内部与城市外部交通条件大为改善，减少了生产、居住、市场空间的时间距离，形成了分散型城市化。在城市化的中级阶段乃至高级阶段，分散型城市化占主导地位。实行高速公路、干线公路建设与区域经济发展一体化规划决策，在促进分散型城市化中发挥了重要作用。

(3)就地型城市化。是指由于某些原因而使农民原有生产方式发生改变，进一步促使农民的生活方式、居住方式也发生改变。农民脱离了土地从事非农业生产，农村地域进化为城市地域的过程，表现为某种资源的发现和开发、对外交通地位的建立、生产结构的变化等所形成的就地城市化。公路网建设在就地型城市化中起着重要的作用，公路建成通车使当地资源、产品、劳动力市场化，同时也促进区域产业结构和生活方式发生改变。这种城市化方式的集聚程度相对较低，土地等资源的节约程度不如前两种，但根据中国国情与农村现状，为了尽快改变农村社会、经济、文化等方面的落后状态，这种方式可视为中国农村走向城市化的一个主要方向和途径。

7.1.4 城市化经济与问题

多个行业向一个地区集中形成的规模经济，也可称为城市化经济。主要是由于行业之间有时存在外部经济，一个行业的发展通过其前向或后向联系，可能对多个行业降低成本作出贡献。大城市常常也是一些金融、保险、会计、咨询、医疗、法律、环境保护等商业服务的中心，这些属于非区位性的服务业可以同时为多个行业服务，并使得企业内部的规模经济现象比较突出。显然，只有当城市规模达到一定程度，人口密度、企业集聚数量达到一定水平后，对这些服务要求的数量规模才会上升，由此，相关企业所提供的这类服务质量才可能更高或者价格更低。当一项基础性的技术可以为多个行业的企业所利用时，这些行业向一个城市集中同样有利于该技术的扩散，有利于扩大该技术的受益面。所以，不同类型的城市化方式实际体现了不同的城市化经济效果。显然，集中型城市化的规模经济效益比较突出。

多个城市之间的协作可以形成协同发展的规模经济，但是若城市过度集中也会产生一些副作用。许多特大城市因为追求产业齐全等种种原因，导致人口膨胀、用地紧张、交通拥挤、环境恶化，反而给企业带来外部不经济。例如，像日本东京等城市，许多学者开始研究城市再生问题，因为这时的城市已被认为是超出了“最优城市规模”。

在城市化过程中必须注意提高人民生活质量，其中最主要的方面就是居住、用水、用电、用煤气、城市绿化程度、空气质量等。在中国，城市土地不能与资源丰富的发达国家相比，城市用地必须以保持生态环境、提高城市生活质量为前提。2004 年中国城市的基本情况参见表 7-4。

中国城市基本情况 表 7-4

指　标	建成区面积	城市人口密度	城市道路密度	每万人拥有道路长度	人均住宅建筑面积	人均拥有道路面积
单位	km^2	人/ km^2	km/ km^2	km	m^2	m^2
数值	30 406	865	7.33	6.5	25.0	10.3

注：资料来源于《中国统计年鉴 2005》。

可见，中国城市用地比较紧张，因此，在加快城市化步伐的同时，必须注重节约土地资源。目前，中国城市化发展进程中的粗放性管理往往使得一些城市过早出现了种种城市病，特别是开发区热、房地产热更导致了城市平面地、粗放地向外蔓延，大量良田、耕地被占。尽管开发区建设了大量的高层建筑，但是实际容积率普遍偏低，造成了很大浪费。所以，城市化应尽快转移到集约式的工业化、城市化方向上来，提高城市化综合效益。中国公路建设的持续发展，特别是高速公路的发展以指数曲线急剧增长，为加快城市化提供了更好的条件，但是城市化发展应该遵循有序的、集约的城市化、郊区化过程，并加强相应的规划与管理。

7.2 公路建设与城市化

公路也指公共道路，包括城间道路和城市道路。城市化与城市规划有着密切关系。

7.2.1 公路建设激活城市化进程

由前面的分析可知，“点”的集聚形成城镇，城镇逐渐发展成为公路沿线区域经济发展的中心。在高速公路“点—轴”型系统发展过程中，往往要形成人口、经济和基础设施的复合集聚，当人口密集和经济实力达到一定程度时，就要形成集聚区。在这里，集聚区是扩大了的点或点的集合，是最高程度的空间集聚形式。集聚区往往是几条高等级的发展轴相交后形成的，或者说集聚区的形成与有关轴线的开发是相伴而行的。集聚区可以划分为若干等级，不同等级的集聚区对相关区域社会经济发展有不同的促进作用。因此，公路建设可以激活城市化进程。

在对高新技术企业、工业企业、物流基础设施及其他企业的选址分析研究中，可以看到产业发展的内在要求，具体体现为生产方式（生产基础、原料市场的可达性、关联工业的集聚、信息沟通及与学术机构联系的方便性等）、生活方式和居住方式（相应素质的劳动者、生活环境、城市功能等）、交通基础设施等方面的要求。从探讨城市化的机制可知，工业化是城市化的根本动力，第三产业是城市化的后续动力，工业化可带动多项产业发展，而公路正是工业化的主要支持。与城市化相关的因素众多，其中最主要的是区域的经济类型、经济增长和产业结构。在区域发展中，交通运输基础设施在很大程度上影响着这三个方面。显然，公路建设对城市化、区域发展有着举足轻重的影响。

中国城市化水平落后于工业化进程的原因很多。由于种种因素导致一些工业向乡村扩散，使农业人口就地非农化，虽然其中带有积极的意义，但是难以较好地体现城市化综合效益。虽然，经济发展的不平衡性表明不能一般性地用城市化水平评价真实的区域经济发展水平，但是工业化的确需要公路建设创造集聚效益、规模效益、外部效益，而这些效益是与城市化紧密联系在一起的。由于公路建设产生运输业的发展对集聚因素、集聚效果形成制衡作用，扩大了对外联系，降低了总成本。因此，运用公路建设来创造区域发展所需要的这类效益以及区位、资源等优势是十分有用的。

7.2.2 公路建设加速中小城市的城市化进程

小城镇是中国城市化过程中大量出现的城市化人口的着落点，大中城市一般侧重于对发展不均衡的产业结构进行优化以及对内部用地的改造与调整，而小城镇刚刚起步，活力大，所受制约少，其发展应侧重于对其整个成长阶段的过程控制、规模发展控制。小城镇发展与大中城市发展模式应当有较大差别，不可套用同一模式。

大中城市与其相关区域发展的关系表明，其发展并不完全由区域自身决定，在很大程度上受国家发展规划和经济发展的影响。所以大中城市发展的决定因素很多时候在于国家级、省级项目的立项，从而使大量建设资金分布于大中城市，因而进一步影响到区域发展的三次产业结构，产业结构的高度化，产业的协作关系以及城市体系等。大中城市的发展影响区域范围大，影响内容多，具有复杂性、层次性、不紧密性和不平衡性等特点。

小城镇发展过程中，国家资金、外资投入很少，其发展的资金基本上来自区域积累。小城镇发展为区域发展提供服务，区域发展为小城镇成长提供积累条件。小城镇发展影响区域范围小，影响内容少，与区域经济发展之间具有密不可分等关系，一些小城镇地区保护主义色彩较重。乡镇企业在区域发展中的地位更重要，与区域经济发展有更密切的关系。小城镇的发展与各类公路也密切相关，要改变小城镇闭塞、保守的现象，需要强化与外部的交流与合作，提高等级公路在县乡公路网中的比重，进一步提高县乡公路通达深度，完善区域间综合运输通道是一个重要的步骤。

根据中国目前小城镇发展经验，小城镇发展一般可采用三集中发展模式：农村人口向城镇集中、农村工业企业向乡镇工业园区集中、农业耕地向农场或农业大户集中。小城镇设置工业园区，乡镇企业进入园区生产经营，可以节约土地，减少基础建设投资，给区域发展提供较好的协作条件。导致长江三角洲和珠江三角洲乡镇企业较其他地区发达的主要原因有：农民具有较强的市场经济观念、多种经营谋生的习惯和较强的商品意识；依靠农村自筹资金得以发展；与域外经济发达区域有历史文化联系，能够引进外资发展乡镇企业；具有上海、香港等特大城市技术人才信息、品牌和大城市的经济扩散效应。京津塘和辽中南地区的乡镇企业发展水平不及长江三角洲、珠江三角洲地区，但在大城市周围易受中心城市辐射，在沿海地区可以利用出海通道，而高速公路及公路网也对此提供了最快捷通道的支持。

7.2.3 公路网对郊区化的支持

郊区化是城市集聚到一定阶段的一种离心扩散现象，其核心是人和经济要素的离心扩散导致城市郊区的发展。郊区城镇化(Suburban Urbanization)是由来自向心的、离心的以及本乡本土的各种力量导致乡村地域向城镇地域的转化过程，是与郊区化不同的另一个概念。许多学者从 CBD、中心区、近郊区、远郊区、城乡交接带分别研究其在郊区化过程中的变化；从常住人口、暂住人口、流动人口等人口类型研究其在郊区化过程中的变化；从居住、工业、商业、服务业、交通运输业、农业等方面研究其在郊区化过程中的变化；从自发、自愿、被动、强迫等不同迁移态度研究其在郊区化过程中的人群行为等。所以，郊区化是区域发展中的一个地理、经济和社会学综合问题。

郊区化的前兆是城市中心区的人口增长速度趋缓，在城市总人口中的相对比重下降，即出现了相对分散。郊区化的典型标志是城市中心区人口出现绝对数量下降，即绝对分散，在城市密集地区最易出现城市郊区化。中国的一些特大城市，诸如上海、北京、广州 2004 年底人均 GDP 分别为 55 307 元、37 058 元和 55 769 元，已经超过发达国家出现郊区化时的人均 2 000 美元水平。近年来，在中国有关城市的实证研究表明，北京、上海、广州、沈阳、大连等城市已进入了典型的郊区化过程。中国的郊区化的推动机制主要是城市土地有偿使用制度的建立，住房制度改革，城市中心区危旧房改造和郊区新建住宅的推动，道路、通信基础建设的推动，导致中心区人口外迁，中心区工业外迁，大量内外资投入郊区，促进了城市中心土地功能置换。

20 世纪 80 年代以来，为了改善投资环境，中国大城市、特大城市的基础设施，特别是城市公路交通基础设施建设的投资大幅增加，城市干道网得以完善。城市道路建设一方面使城市土地升值，促进了沿线土地开发和功能置换；另一方面，中心区道路的拓宽和改造增加了拆迁，而郊区道路建设为居民和企业外迁提供了方便。以北京为例，近些年来，北京大力贯通环城高速干道，在环路所有干道口都修建了大型立交，二环路内侧是北京中心区人口减少最快的地区，而新组建或人口增加最快的街道办事处都沿四环、五环路分布。城市道路建设为郊区化作出了巨大贡献。

中国的郊区化与西方的郊区化在宏观背景、微观动力和现象结果等方面均有很大不同。例如，西方主要是自发性的外迁，而中国尽管市场经济机制已经在其中起着相当重要的作用，但基本上是被动的、有组织的外迁。西方发达国家在轿车普及率为 80 辆/千人时，城市集中发展呈现趋缓现象，轿车普及率达到 160 辆/千人时，出现了郊区化。

郊区化可以使城市发展得到一些利益。主要表现在：疏散了城市中心过密的人口，改善了居住环境；迁移了不适宜在城市中心发展的产业；提高了城市土地利用效率；带动了郊区乡村的发展。但是，郊区化也会带来一些新的问题，主要表现为：交通手段落后，人们不愿迁移得过远，结果造成了城市的蔓延，这一点与西方轿车普及能提供外迁工具有较大不同；被动性的低收入人群外迁，将造成通勤交通流加大，给城市交通管理带来更大的压力，这与西方富裕阶层首先从中心区迁出也有很大不同；旧城区改造造成原有中心区功能置换，对城市的文化、历史、传统等风貌的保护也形成严峻的新挑战。

7.2.4 公路网对城市连绵带的支持

城市连绵带(Megalopolis)也称为都市连绵地带，是指由多个核心城市紧密组成的高度城市化与城乡一体化的地带。这种人口、产业、经济活动高度集聚的多核心区域沿主要交通走廊分布，逐步形成了城市密集的社会经济发展主轴带的空间形态。

密集的城市连绵带或大城市区带具有强大的交通枢纽、产业推进器和孵化器等功能。经济、科技、文化、教育、信息、人才的高度集聚可以产生高频率的交互作用，为技术创新和知识创新孕育巨大的潜能。城市连绵带是经济发展和技术进步的产物，而且在很大程度上还需依托于特定的区域自然、地理、历史、文化等背景条件。

城市连绵带是沿交通走廊展开的空间形态，反映了经济组织和生产力布局是沿阻力最小方向发展的基本原理，体现了组成城市连绵带的每个城市空间扩张的主轴线与其对外联系方向一致的基本规律。虽然有关研究对中国城市连绵带的成型所提出的五项主要判别指标分析要求是很苛刻的，但是其中所揭示的规律却具有普遍性，并能用于指导内陆区域多极城市圈的发展。

7.3 公路网与区域交流圈、经济圈的构筑

7.3.1 构筑圈域的距离概念分析

构筑区域经济圈、城市圈取决于以下几个因素：区域的位置、区域的地形、区域的人口、区域的社会经济实力以及大范围区域的交通条件等内容。高速公路、干线公路、地方公路等只是区域交通条件的要素，是构筑全国交流圈、区域经济圈必不可少的内容。其他因素还包括人类活动、土地情况、文化积淀、人的理念、交流倾向、繁华程度等。

在利用交通区位作用构筑区域经济圈、城市圈时，还应当分析人们对于距离的不同认识，以便更好地进行科学规划。其中比较重要的距离概念有：

(1)线路距离又称空间物理距离，即指交通线实际长度，通常用通道实际里程表示。公路改良削弯取直，可以缩短公路实际线路里程。

(2)时间距离，主要指可达性，通常用时间单位衡量。提高公路质量技术等级、设置汽车专用道、提高汽车性能、改善运输组织水平均可提高可达性。某一区域时间距离的改变甚至可以改变区域的区位性质。在构筑大范围交流圈时通常用时间距离表示，例如，日本的目标是构筑全国1日圈、区域半日圈。

(3)经济距离，主要指交通运输成本表达的距离，通常用货币额表示。经济距离对经营者在不同运输方式中选择货物运输方式有至关重要的影响，对人们出行方式的选择也有重要影响。高速公路的出现使公路交通的经济距离大大延长。

(4)心理距离，由人们心理、感觉体现的通道长度，通常用人的理念上的概括来表达。改革车辆班次安排，如加大班次密度、采用“夕发朝至”、减少中转次数、实行高标准服务，使旅途时间与休息时间尽可能重合等措施，均有利于缩小起讫地点间人们的心理距离。

以成都市和重庆市市中心之间的交通通道为例，物理距离分别为高速公路实际里程340km、铁路540km、民航280km；时间距离分别为汽车3.5～4.5h、火车10～13h、飞机3～4h；经济距离分别为汽车50～97元、火车80元、飞机350～390元。由于高速公路客运汽车班次密度高达16～20班次/h，许多公司采用航空客运服务水准，人们感觉高速公路成渝两地之间的心理距离较短，而飞机经济成本较高，中转次数多，心理距离偏高，因此，在高速公路开通后，航班逐步取消。

7.3.2 圈域对区域发展的影响

圈域内的空间可达性相对更高、人员信息交流相对更加频繁、社会经济活动更加活跃，所以构筑圈域对区域发展有重要的意义。日本一些学者将交流圈划分为全国圈、区域圈、城市圈等若干层次，其中特大都市圈直接覆盖半径范围约50km，一般有重要的港口，具有航空、公

路、铁路、水运等多种运输方式;大中城市圈直接覆盖范围约20～30km,包括一些市、镇、村,有重要的运输枢纽,一般主要以公路、铁路为主导运输方式;中小城市圈直接覆盖范围约10km左右,一般以公路运输为主导运输方式。区域圈可由若干个城市圈组成,圈内具有高速的可达性,更密切的人与人、经营主体、经济活动等的交流与合作联系,多种运输方式各自发挥相应的优势,形成复合交通运输轴的协同作用。

中国国土面积广阔,除了需要建立国际大都市以外,还需要将省会城市、中心城市的经济集聚与交通枢纽功能充分发挥出来,构筑全国性、区域性和城市(镇)交流圈,以实现各种交流与合作的社会经济发展需要。根据中国的国情,交流圈的形成可以划分为三个层次:

(1)全国圈,是以首都为政治经济核心的交通辐射圈域,以覆盖全国各省会城市、区域中心城市、枢纽城市等的可达性为衡量水平,以连通各个经济带、若干中心城市为特征的全国性交流网络,体现为统一的交通运输体系协同作用。

(2)省会城市圈,以省会城市为一级地域中心直接覆盖的区域。在省域圈中往往有多个大中城市形成次一级中心地构成相应的城市圈。省会城市圈以行政区域为特征,有民航、铁路、公路等多种运输方式,多数以民航或高速公路、干线公路作为高速交通手段,而高速公路更容易体现地域经济活动中以物流为基础的交流与合作通道,也能充分体现出行政区与经济区结合的优势。

(3)枢纽城市交流圈,是以枢纽城市构成区域间的交流与合作通道,充分联系省会城市、枢纽城市以及相关大、中、小城市、乡镇、村构成的交流体系。多数以高速公路、干线公路、地方公路作为交流与合作的通道。

省会城市圈与枢纽城市圈在地理范围大部分是重合的,可以认为是同一层次的两种功能类型。

(4)多极城市圈,以若干大中城市或若干中小城市等多中心地作为发展极,构成的多城市、以城乡一体化为特征的交流与合作圈。多极城市圈以干线公路作为主要联系通道,能体现城市间的交流与合作。

在城市交流圈的构筑中,一定要注重圈内人口密度的合理性、城区道路建设以及车线规划等问题。人口过密的大都市圈往往会产生很多负效应,将许多城市集聚效应的成果抵消,造成规模不经济。部分国家大都市圈概况参见表7-5。

部分国家大都市圈概况 表7-5

都　市	面积(km^2)	人口(万人)	人口密度(人/km^2)	都市圈半径(km)	备　注
东京	13 548	3 221	2 378	50	1992年
伦敦	11 227	1 190	1 060	50	1991年
巴黎	12 012	1 084	902	50	1992年
米兰	23 600	883	374	50	1991年

据有关资料分析,日本东京都市圈人口过密,城市集聚功能的一些优势未能显现出来,反而造成交通三大公害、企业外部不经济等问题,研究此类大都市再生问题已成为重要的课题。一些国家由于产业革命、工业部门发展提高了国民经济,一边迅速进行工业化,一边也加速了城市化,随着城市圈人口急剧增加,使居住困难、交通不便、环境恶化问题日益突出,社会福利

设施、城市基础设施和社会间接资本不足，在城市中形成了越来越多的失业和贫民阶层或群体，开发地区的不动产价格暴涨，贫富不均问题日益严峻。其结果，原本是工业化、城市化问题却上升为应最先解决的重大社会问题。因此，中国在充分发挥公路建设在构筑区域交流圈作用的同时，应学习和借鉴国际经验教训，走经济、合理、科学、可持续发展的道路。各级政府必须将有关工作做到公路建设之外，缩短线路距离可以通过合理规划公路等来实现；缩短时间距离可以通过提高公路等级，如建设高速公路、开发高速交通等方式来实现；缩短经济距离涉及交通工具、交流对象、交流目的的价值，交流对象或交流目的价值高可以承受较高的经济成本，价值低就难以承受较高的成本，这与区域产业结构、人们经济实力、出行目的有很大关系；缩小心理距离，可以通过开发专用娱乐设备、播放吸引旅客的音像节目、增加服务项目，提高服务水平来实现。此外，还需要建立区域形象工程，即区域识别系统，一些区域注意沿途景观设计，能给旅客留下良好的区域形象记忆，也有很好的效果，这是一个庞大的系统工程。

7.3.3 构筑圈域的基础设施

构筑圈域需要不同类型的基础设施作为支撑。基础设施可以分为公共工程和交通运输基础设施，按其发挥作用的影响范围可以划分为多个层次：

(1)全国性或区域性交通及物流基础设施。它是在全国或区域性范围发挥作用的，沟通城市与城市之间、城市与乡镇村之间社会经济和空间联系，对国民经济、社会发展和国家建设有重大影响的基础设施，例如，铁路、高速公路、机场、港口、交通运输枢纽、邮电通信等。

(2)城市性基础设施，主要是为城市自身服务的公共工程等基础设施，它们有的是交通运输中间层次的结点与终端，如火车站、汽车客货运站、物流中心、配送中心、仓库等，有的是服务于整个城市的给水系统、排水系统、通信系统、垃圾处理系统等基础设施。

(3)小区性或单位性基础设施，服务范围局限于小区(包括生活小区、工业小区等)的设施或某些大单位自设的公用设施，如自来水源、集中供热、仓库等，是城市基础设施的延伸和继续。

城市基础设施是城市建设的物质载体，是城市存在和发展的基础保证，也是城市现代化程度的重要体现。交通系统设施如机场、码头、车站等与城市道路系统、停车场等应具有配套性。物流基础设施也可以划分为不同的层次，如全国范围的运输主枢纽、区域物流中心、城市物流中心、城区配送中心以及仓库等若干层次，物流设施与区域、城市工业、商业、建筑业等关系极为密切。考虑到社会经济可持续发展的要求，物流基础设施布局与公路建设，特别是与高速公路建设应结合起来，统筹规划。但是，这在中国许多地区是很薄弱的环节，城镇建设、道路建设、交通运输枢纽建设、给排水系统建设等很不配套，甚至在新建城镇也是这样，各部门自创一套开发计划，地方政府缺乏一体化规划和统一协调，加上许多开发商急功近利的倾向严重，其结果往往是欲速而不达。

7.3.4 区域交流圈的基础要素构成

交流是社会经济活动必不可少的部分。增进人际关系、企业相互间兼并、企业一体化战略、集团化、域外投资、海外投资、商品博览等都是现代经济活动的显著特征，而在这些过程中，都少不了人与人“面对面”的交流。区域交流圈是经济圈形成的基础，形成区域交流圈的基础要素构成参见图7-1。

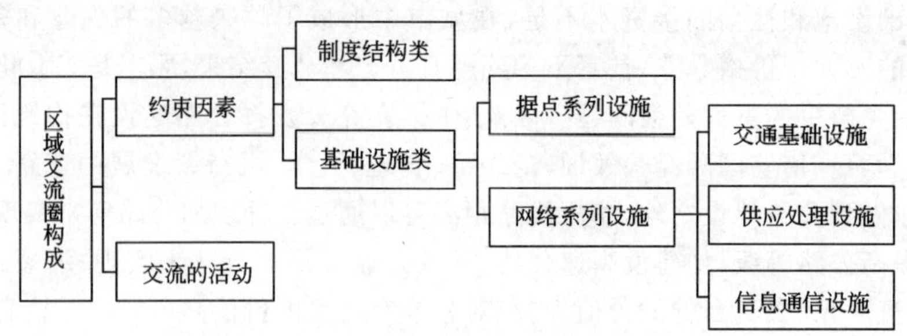

图 7-1　区域交流圈构成要素

区域交流圈的构成要素可分为两大部分:区域交流的基础建设和区域内外交流活动运作。

7.3.4.1　区域交流的基础建设

区域间交流包括原料、材料、零部件、加工服务、技术、信息和人才及资本等的交流,各种交流必须有所依托,即交流的基础。根据国内外有关资料及研究分析,可以将交流基础进一步分为两大类。

第一类以基础设施硬件建设为主,包括相应软件建设,主要是在基础设施中所涉及的据点系列和网络系列建设。

“点”系列,即据点系列基础设施,主要指交流基础设施,包括大会堂、展览馆、体育馆、医院、图书馆、福利设施、观光设施、大学、研究机构、企业等。其中,软件建设方面可以实现设施设备共用和管理,如展览馆使用协定、体育馆使用协定、医院远程治疗、产学研共同协作、区域消防协定等的实施。在车站、仓库等交通、物流据点系列基础设施建设中,也包括硬件建设和软件建设两个方面。

“网”系列,即网络系列基础设施,主要包括交通基础设施、信息通信基础设施和供给处理系统三个方面。

(1)交通基础设施主要是支持人和物位移的设施,如公路、铁路、机场、港口等。此方面的软件建设是建立交通信息系统、多式联运系统、单线或公路网不停车收费系统等。

(2)信息通信基础设施是解决信息接受、存储和发送的基础设施,包括 B-ISDN、增值网、公用信息网等,建立各种数据库、有线通信和无线通信体系、费用核算票据贴现系统等等,这些都能给电子商务提供技术、组织和管理手段等方面的支持。

(3)供应处理系统是城市或区域上下水道、送电线网等,相应的软件建设是建立合理的能源系统、下水道处理系统。

这些基础设施硬件建设与维护需要系统规划,至少要做到互不干扰,杜绝那些前面刚建完高速公路,后面又挖开进行电缆、给排水管等其他管线施工,以及各类施工相互无意识破坏的现象,应采用并行工程思想方法,进行综合集成规划工作。

第二类以软件建设为主,包括相应硬件建设。主要是交流与合作所涉及的制度、组织、实现方式等方面的软件建设,侧重于安排、筹划支持人、物、信息交流的制度与结构,主要是经济体制、区域行政制度、部门行政制度、中心城市制度、签订姐妹城市技术经济合作协议、完善不同产业之间交流方式等,如构筑区域物流系统就是一种典型实例。

7.3.4.2　区域内外交流活动运作

区域内外交流活动包括区域资源共享、基础设施共用化、社会经济活动的协作等。其具体内容包括销售、消费活动的区域合作;医疗机关的区域合作;大学教育机关的区域合作;城乡之间的交流;企业、大学和研究机构实现产品共同开发,研究机构之间的区域合作,共同进行攻关项目研究;产品、技术和文化的交流;大范围环境保护的合作等。城镇区域在昼夜之间的人口密度变化,从某种程度反映了人们出行工作交流等情况。近年来的一些趋势是中心街区的人口密度明显降低,城区昼夜人口密度变化很大,这可以从日本九州地区10万~30万人口的城市人口密度变化看出(参见图7-2),该图表示该地区从1980年到1990年在城镇区域不同距离的人口密度变化情况。此外,5万~10万人口的城镇人口昼夜间密度变化也呈现同样的趋势,只不过密度数值降低,在2~3km距离圈别之间的变化趋势更明显一些。

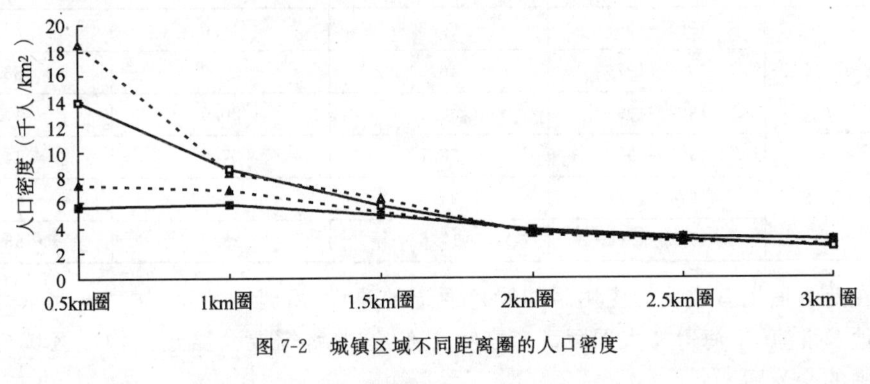

图7-2 城镇区域不同距离圈的人口密度

1980年(昼); 1980年(夜); 1990年(昼); 1990年(夜)

7.3.5 公路促进区域间交流与合作

交流与合作是相互联系的两个方面,区域间交流涉及多方面,其中社会、文化、技术、信息交流是经济联系的前提,区域资源、基础设施共有化,功能上形成互补关系都是基于区域合作通道的成效。交流与合作活动内容包括供应、生产、销售、消费活动的区域合作,大范围的医疗机构协作,大学教育机构与企业的协作,都市与农村的资源、劳力、技术、产品等的交流,研究机构的区域研发合作,传统文化的交流,区域合作的环境保护活动等。

在中国阻碍区域间交流与合作的主要因素有行政区域、管理体制、思维观念、区域利益等,例如,经济区意识薄弱、缺乏区域间交流合作意识。此外,还受地理气候因素、历史文化差异、交通基础设施建设与协同运作较差以及规制和其他因素的影响。所以,加强区域间交流与合作需要多方面共同完善才能形成,其中最重要的是人们观念的转变,增强经济区意识以及交流与合作意识,同时加强基础设施的建设。

公路建设的外部效益不仅体现在域外资本的引入、新建企业的选址、相关区域产业的技术改造,而且在很多方面体现为区域间交流与合作。在创造新的区域发展机会的过程中,公路建设首先是有利于搞活一方经济,通过干线公路建设的效益和作用往往可以使区域土地价值增值,振兴一方经济。过去济南到青岛至少需要8h,现在通过济南—青岛高速公路只需要3h,从而使得济南的建材市场、寿光的蔬菜批发市场等处商品扩大了流通范围,不仅特色鲜明,而且规模扩大,在全国产生很大影响。公路建设所创建的区域合作通道也带来了产业转移现象,沿海开放城市青岛也由多支柱产业重点向海洋科技、旅游观光事业方向转移。公路建设效益体现在支持区域间的交流与合作活动,从而为新的交流圈乃至经济圈形成、为工业选址创造条件,创造出新的区域发展机会。交流可以创造出新的活力、新的价值(人、物 、信息等),合作可以扩大规模经济,甚至是促成新的经济增长点,产生新的区域发展机会。日本在不同时期的蔬菜运输很能说明高速公路的发展对蔬菜的区域间合作范围的影响(参见表 7-6)。

日本不同时期蔬菜货源地距离分布概况(单位:%)　　表 7-6

市场名称	年份	<100km	100～300km	>300km
东京都批发市场	1965～1967	42.1	33.8	24.1
	1974～1976	34.2	37.4	28.4
	1992～1994	24.6	34.7	40.7
名古屋批发市场	1965～1967	61.6	14.0	24.4
	1974～1976	46.5	20.2	33.3
	1992～1994	32.2	20.0	47.8
大阪市批发市场	1965～1967	28.7	27.0	44.3
	1974～1976	24.2	25.0	50.8
	1992～1994	17.6	28.9	53.5

中国在此方面也有成功的应用。如绿色通道的建设,寿光—北京、海南—北京、海南—上海蔬菜基地及北京、上海等特大国际都市之间合作,这些都需要公路建设构成区域合作通道,形成大范围的交流圈。

7.3.6　公路网在圈域发展中所形成的机制

中国城市化水平明显落后于工业化进程,由于种种因素导致一些工业向乡村扩散,农业人口就地非农化。但是,工业化需要区位优势,需要集聚效益、规模效益、外部效益机制等经济规律推动。运用公路建设来创造并运用这类效益机制是十分有用的。

(1)区位效益机制。在工业区位选择考虑的因素中,公路网是区位选择的重要因素,这也是构成区域社会资本的主要内容。在新的投资项目决策中,公路等基础设施将成为工业区位选择的沉没成本,成为诱导新资本投入的重要因素。

(2)集聚效益机制。除交通条件外,集聚也是区位决策的重要内容。集聚经济效益是指由于劳动和资本等生产要素的集中所产生的经济效益,它有两种表现形态:一是同类企业的集聚效益,二是多类企业的集聚效益。依托于公路特别是高速公路建设所建立的经济开发区最直接受到的还是集聚效益机制的推动。

(3)规模效益机制。规模效益又称规模经济,是指适度规模所产生的最佳经济效益。一般表现为在投入增加的过程中,产出增加的比例超出投入增加的比例,单位产品的平均成本随产量增加而降低。规模经济问题可以从企业、行业、城市、区域甚至是国家等几个不同层次来认识。高速公路沿线区域产业集聚对圈域形成支持,在很大程度上受规模效益机制推动。

(4)外部效益机制。多个行业向一个地区集中形成规模经济,这主要是由于行业之间有时存在外部经济,一个行业的发展通过其前向或后向联系,可能对多个行业降低成本作出贡献,这种运行原理和方式是区域产业发展的外部效益机制。一个行业的地区集中化,进而带动其他行业以不平衡发展的方式实现发展,也可以通过多个相互关联的行业平衡发展的方式实现发展。若城市过度化集中也会产生一些负作用。许多特大城市因为追求产业齐全等原因,导致人口膨胀、用地紧张、交通拥挤、环境恶化，给企业带来外部不经济。

(5)先发效益机制。领先发展起来的区域往往更容易优先获得外部资源，形成进一步快速发展的能力。在资源短缺的条件下，高速路网越完善在沿线区域引入资源越容易，错过抢先诱导资本投入的时机，则可能错过较快发展的机会，而要取得先发效益并保持先发效益，还需要导入带动区域发展的主导产业、具有创新能力的企业群，否则，区域间产业结构雷同，显示不出区域产业特色、优势，那么也可能会失去先发效益优势。

(6)集成效益机制。可以将多种交通干线、载运工具、专用装备、附属设备、自然资源、社会经济要素、经济管理等区域优势综合集成起来应用，可以取得单一注重某一项优势所不能取得的效果。在电子信息技术和知识经济大背景下，强调集成效益机制是具有实际意义的。

一般结合公路建设考虑影响区域社会经济发展的规律，首先是区位优势的诱导，集聚效益机制、外部效益机制的推动，随着企业经济、区域经济的活跃，规模经济机制则显现主要作用，带动区域迅速发展，形成具有规模和协同效应的经济圈域。

7.3.7 区域、国际交流圈的形成

区域交流圈构成的模式基本上适宜于分析区域国际交流圈的形成。但是，国际大都市的形象及建设工程也是十分重要的。

7.3.7.1 国际交流的基础设施建设

区域发展中的国际交流的基础也可分为基础设施类和制度结构类两大类。

第一类，在国际交流的基础设施中所涉及的据点系列和网络系列。

“点”系列即用于国际交流的据点系列基础设施，主要指国际交流中人与人相互接触交流以及人与物接触交流的基础设施，包括国际会议厅、国际展览馆、研究机构、领事馆、国际体育馆、国际著名观光设施、国际知名大学、海外企业、国际货运枢纽、车站、保税仓库、海关等等。国际交流据点系列基础设施建设同样包括硬件建设和软件建设两方面，软件建设方面包括国际共同研究机构、建立保税制度等内容。

“网”系列即国际交流圈网络系列基础设施构成，主要包括国际交通基础和信息通信基础两方面。

(1)交通基础设施主要是支持国际人员、技术和物资交流的国际运输设施，如国际空港、国际港湾、高速公路、铁路等高速可达的通道。建立和适用 EDI 系统、开设航空线路是重要的相关项目。欧洲的奥地利等 10 个国家，为了便于国际贸易，特别是鲜活食品的贸易以及开发旅游事业，规划建设一条贯穿欧洲南北的高速公路通道，这条高速公路对沿线所有国家和地区的社会经济都会产生重大影响。

(2)通信及信息基础设施是解决国际信息接收、存储和发送的基础设施。包括 B-ISDN、Internet 、国际通信卫星等，建立各种国际数据库、支持国际电子商务的其他有关系统等。

这些基础设施硬件建设需要系统规划，至少要做到应用中互不干扰。

第二类，在国际交流中所涉及制度、组织、方式等方面的软件建设。

(1)国家和地方政府鼓励或限制外国企业直接投资的产业政策。

(2)经济体制、国际贸易协定、留学生奖学金制度、国际观光城市制度、国际间友好城市条约、国际技术经济合作协议等等。

(3)侧重于安排、筹划支持人员、物资、信息交流的制度、组织和实现方式。

7.3.7.2 国际交流活动及其运作

区域的国际交流活动包括大范围资源、社会、经济、人员交流活动的协作。其具体内容包括国际贸易合作;海外医疗机关的国际合作;大学教育、科研的国际合作,互换留学生;吸引海外企业投资、建厂;海外企业、大学和研究机构实现产品共同开发、研究机构之间的区域合作、国际艺术、文化交流;增加历史、文化的积淀等等。中国许多城市开展各种类别的国际文化活动是促进国际交流的有效方法和措施。

形成区域国际交流圈、经济圈除了必须有相应的国际人员、物资交流基础设施、海关等以外,还必须精心设计相应的国际交流活动,硬件和软件两方面缺一不可。

7.3.8 区域、国际交流通道建设

高速公路建设可以使国际港辐射圈扩大,可以使机场共用、港口共用、信息通道共用,使企业区位分散化。

7.3.8.1 国际空港、海港与高速公路

从高级干线道路的立体交叉 10min 以内到达的可能设施数目与对象设施数目的比值(参见表 7-7),可以看出国际交流圈对高速公路提供的可达性的要求。

部分国家国际港与高速公路的接近概况表　　表 7-7

国际港	美国		欧洲部分国家		日本	
	所占比率(%)	所占比值	所占比率(%)	所占比值	所占比率(%)	所占比值
国际空港	98	94/96	72	79/110	46	12/26
国际海港	93	52/56	93	26/28	33	12/36

7.3.8.2 国际物流通道的软、硬件建设

国际化对应着物流效率化,需要国际物流通道的软、硬件建设。国际物流中海洋运输占主要部分。从港口开始分析,根据每一个国际物流通道所选定的线路逐步向内陆延伸,其一般经过的主要设施有口岸集装箱码头、港口附近的集装箱货运站(CFS)、沿通道内陆运输系统、内陆 CFS/CY。国际物流通道上集装箱物流服务也是由多方面经营主体分别提供的,这些参与方包括货主、船代、理货公司、海关、卫检、动植物检验、商检、承运人以及集装箱站场经营人。

在国际物流的多种运输方式中,公路在陆上集装箱运输中起着主导作用,但中国的集装箱中转站主要集中在沿海口岸城市,内陆地区不仅集装箱站场少,集装箱货车也少,其服务水平也比口岸城市差得多。因此,由于内陆向口岸预定集装箱货车需要较长等待时间,因而物流成本也较高。

为适应中国对外贸易的需要,开辟和发展新亚欧大陆桥运输是十分重要的。新亚欧大陆桥是指以中国东部的连云港为起点,经陇海铁路运输大动脉或连云港—霍尔果斯公路主干线出中国新疆伊宁的霍尔果斯,进入哈萨克斯坦与新西伯利亚、阿拉图木铁路接轨抵达西欧,以荷兰的鹿特丹港为终点的一条大陆桥。开辟的新亚欧大陆桥通过国家、地区较多,路径较短,对发展中国对外贸易、促进内陆经济发展、缩小东西部差距是一项简便合理的方案,具有较高的社会效益和经济效益,同时对改变亚欧国际物流格局,发展国际间的经济合作也都有重大的战略意义。

目前中国集装箱运输系统的一个特点是 CFS/CY 和集装箱货车主要集中在口岸城市,除

少数几家集装箱中转站有铁路专用线以外，所有的 CFS 都与公路相连，这与铁路承运集装箱少，大多数城市的铁路货运站设备装备差，不能办理 FEU 等有密切关系。在每一个通道上口岸城市的 CFS/CY 和集装箱货车都占 90%以上，而内陆缺乏 CFS/CY 和集装箱货车，这又与内陆集装箱化率低有密切的关系。进出集装箱码头的公路一般比较紧张，特别是像位于上海这类大城市中心地区的码头，因此，中国的集装箱运输系统亟须完善。

7.3.8.3 口岸、电子口岸

口岸包括港口口岸和陆运口岸两类。港口口岸集装箱码头是由当地港务局领导，而港务局则接受交通部和地方政府领导。交通部负责价格、投资、长短期规划等，地方政府负责人事及与地方有关的事物。通常集装箱码头是由港务局的一个企业或合资企业经营的。与此不同的是，位于大陆和香港特别行政区的边界口岸属于国家一类口岸，具体由深圳市政府管理。港口集装箱码头提供的基本服务，包括协助船舶靠泊、船舶装卸、操作装卸机械、集装箱短期堆存和管理以及集装箱在港内堆场和大门之间的移动等作业。港口及口岸服务项目和服务质量水平还主要取决于经营者的经营理念、管理水平和操作者的技术水平。其中，计算机技术已应用在船舶计划、站场管理、集装箱管理、拖头识别、设备跟踪管理、集装箱检测等方面。集装箱在港口的停留时间随港口的条件也有所不同。目前一般是 7～9d，若条件不好的则时间更长。

中国电子口岸是经国务院批准，由海关总署牵头，会同其他 11 个部委共同开发建设的公众数据中心和数据交换平台。它依托国家电信公网，实现工商、税务、海关、外汇、外贸、质检、公安、铁路、银行等部门以及进出口企业、加工贸易企业、外贸中介服务企业、外贸货主单位的联网，将进出口管理流信息、资金流信息、货物流信息存放在一个集中式的数据库中，随时提供国家各行政管理部门进行跨部门、跨行业、跨地区的数据交换和联网核查，并向企业提供利用互联网办理报关、结付汇核销、出口退税、进口增值税联网核查、网上支付等实时在线业务。

7.3.8.4 公路过(国)境运输

中国与 15 个国家接壤，拥有长达 22 000 多公里的陆上边界。公路过(国)境运输是中国与周边国家开展经济、贸易合作的重要纽带，对于中国有关边境省份的区域经济、边境贸易的发展以及完善相应国际物流系统，具有十分重要的意义。国际汽车运输必须有过境公路相接，新疆、广西、广东、云南、黑龙江、辽宁、吉林、内蒙古等省(自治区)都有借助过境通道从事出入境汽车运输的条件，特别是新欧亚大陆桥的建设为过境汽车运输奠定了基础设施条件。自 1991 年开始，中国已先后与俄罗斯、蒙古、哈萨克斯坦、吉尔吉斯斯坦、塔吉克斯坦、乌兹别克斯坦、越南、老挝、巴基斯坦、尼泊尔共 10 个国家签署了政府间双边汽车运输协定，与蒙古签署了关于蒙古利用中国天津港出入海洋和运输的协定，与哈萨克斯坦签署了关于哈萨克斯坦利用中国连云港出入海洋和过境运输的协定，与巴基斯坦、哈萨克斯坦、吉尔吉斯斯坦签署了中、巴、吉、哈四国多边汽车运输协定。对外开放一类公路口岸 56 个，二类公路口岸 31 个。国家和地方各级交通主管部门对通往边境公路口岸的道路、桥涵、站场及仓储等配套设施进行了一定规模的投资和建设，开放口岸地区的出入境国际汽车运输已蓬勃发展起来，出入境客货运量从改革开放初期的十几万人次和十几万吨增加到现在的数百万人次和上千万吨。1997 年出入境汽车运输量参见表 7-8、表 7-9。到 2004 年底，中国有 60 多个口岸开通了国际公路运输，与周边国家开通了 140 余条国际客货运输线路，2004 年出入境运输车辆达到 140 万辆次，完成出入境客运量 799 万人次、货运量 1 053 万吨。

出入境货物汽车运输

表 7-8

出入境辆次	合计		出境		入境		C种行车许可证使用量
	t	t·km	t	t·km	t	t·km	
2 192 851	7 985 888.7	108 025 349.09	4 477 444.7	660 559 441.03	3 508 444	419 690 908.06	108 509

出入境旅客汽车运输

表 7-9

出入境辆次	合计		出境		入境		行车许可证使用量	
	人次	人公里	人次	人公里	人次	人公里	A种	B种
464 267	479 966	254 114 256	2 353 084	148 191 092	2 126 882	105 923 164	1 331	78 916

为了给过境国际物流和出入境旅客运输创造更好的条件，应当在依托过境公路通道，构筑和完善国际运输系统的硬件建设基础上，进一步完善软件建设。其中，完善国际旅客运输与物流系统的主要措施有制订过境汽车运输规划；运用既有国防公路；发挥汽车运输优势；运用高性能车辆；理顺口岸管理体制；大力发展集装箱运输。

7.3.8.5 区域通关

区域通关是指采用实施跨关区“属地申报、口岸验放”的通关新模式。其核心内容就是打破目前行政区划和海关关区设置所造成的障碍，利用信息化手段，构建虚拟大关区，提高通关效率、降低企业通关成本，加速物流效率。这是适应区域经济一体化发展趋势，顺应现代物流发展而作出的重大改革。“属地申报、口岸验放”是指符合海关规定条件的守法水平较高的企业，在其货物进出口时，可以自主选择向其属地海关申报纳税，在货物实际进出境地海关办理货物验放手续的一种新型通关方式，它成功地融合了无纸通关、网上支付、便捷通关、电子账册等便利通关措施，可以将港口功能延伸到中西部内陆省区，打破地区间现有的关区限制，最大限度地整合港口资源，使物流畅通。

区域通关改革推动跨关区“属地申报、口岸验放”通关方式，使具有良好守法记录的A类进出口企业可在属地海关报关，海关放行后直接在口岸提货或装货，并可以自主选择运输工具、运输路线和运输时间。试点实践表明，“属地申报，口岸验放”通关方式基本实现了“当天申报、当天验放”的通关目标，一些海关对无需查验的货物实行“属地申报，口岸验放”方式的通关时间甚至仅为30min，而此前通关时间一般需要1～1.5个工作日。实践证明，推行区域通关改革试点，激活了口岸海关与内陆海关两种资源的比较优势，推动实现了两个市场、两种资源的无缝监管链接和无障碍通关，加快了口岸分流进出口货物的速度，顺应了区域产业链、运输转型升级的客观要求。

作为区域通关改革的重要内容，跨境快速通关方式是以跨关区快速通关为基础，以载货清单数据提前电子申报、公路口岸海关实行卡口自动核放系统、跨境运输车辆安装GPS和电子关锁为前提条件，对粤港澳之间进出口货物实现跨境快速通关、内地直属海关之间快速转关和隶属海关之间快速分流的一种通关模式，是积极探索区域性的虚拟集中审单作业模式。

7.4 实证分析

7.4.1 济南—青岛高速公路在构筑区域合作通道中的作用

济青高速公路的建成通车，使位居全国五大港口之一的青岛港，3年内吞吐量增长了一倍,吞吐量年增长在20%以上,集装箱吞吐量年增长40%。济青高速公路打通了沿海与内陆省份的通道,使众多的内陆省区域有了一个比较畅通的出海口。济青高速公路是晋煤东运的主要通道,也是青岛至郑州国际集装箱多式联运线在山东最经济、最便捷的东西大通道。

济青高速公路的建成,使青岛公路出口由原来的一个增加到四个,潍坊、淄博分别拓宽了与济青高速公路连接的外环与出口,沟通了沿线与大、中城市、交通枢纽、工业中心的联系,从而使山东外企呈现四多的特点:外商投资项目多;利用外资金额多;投资国家地区多;出口创汇多。因而使山东省区域社会经济发展有了更多的集聚点、扩散源,在环渤海经济区中的地位和作用更为突出。

7.4.2 南宁—防城港高速公路与西南出海通道

防城港市有大陆海岸线584km,拥有防城港、企沙渔港、茅岭港、竹山港、江平港、白龙珍珠港、东兴港、京岛港等大小港口组成的港口群(其中东兴港为边贸港)。防城港市作为广西北部湾沿海金三角之一、华南第三大港,1989年被交通部列为全国19个枢纽港之一。防城港作为大西南出海的主通道,使得广西及临近省份经防城港出海比经其他港口出海里程短很多(参见表7-10),大西南丰富的资源得以源源不断地顺利出海,参与国际竞争,同时也促进了防城港市自身的发展。因此,防城港在防城市区域经济发展中具有相当重要的地位。防城港市区域发展的目标结构初步定位是基础工业基地和中转贸易港;区域产业结构中的三次产业结构为"二三一"结构;港口定位为货运港、边贸港。在桂南经济区发展结构中初步确定为三级增长极(南宁市为一级增长极、北海市为二级增长极,钦州市为三级增长极)。

经防城港出海比经由其他港口所近的里程(单位:km) 表7-10

经防城港出海		中转地(港口)			
		湛江港	广州港	上海港	连云港
到发地	重庆	22	395	887	462
	成都	22	395	339	−87
	攀枝花	279	659	1 659	1 290
	贵阳	22	395	1 008	1 388
	水城	226	599	1 212	1 842
	昆明	279	659	1 659	1 992

防城港于1968年3月兴建,1978年8月批准扩建为外贸港口,1983年10月经国务院批准为对外开放港口,1987年全面投产。经多年建设,防城港现有泊位29个,其中生产性泊位25个,万吨级以上深水泊位14个,已具备装卸各种杂货、散装货、集装箱、石化产品等功能,码头库场面积达180万平方米,年实际吞吐能力超过2 500万吨,其中集装箱通过能力25万TEU。港口建有年中转60万吨散装水泥和50万吨粮食中转库,是全国四大水泥出口基地和十大接粮口岸之一,为广西沿海第一大港。防城港交通便利,陆路有高速公路和铁路与全国干线联网,海路与70多个国家和地区的220多个港口通航,目前,已开通了至泰国、新加坡以及经香港中转世界各国的集装箱航线和直通越南海防的客运航线,成为大西南最便捷的出海门户。

发挥港口的作用首先必须解决通道建设问题,防城港出海通道的瓶颈主要是铁路和公路。继1983年南防铁路开通后,1997年底南昆铁路开通运营,钦防高速公路也于1997年10月正式通车,随着南昆铁路和南防高速公路的建成通车,特别是黎钦线的开通使中国中西部地区从广西进出海大大缩短了里程，而且形成了复合性的交通线路网，扩大了港口使用圈域，防城港在广西沿海各港的地位更为突出，并已成为大西南出海通道的主门户。为适应今后国际经济圈发展的需要，在大西南出海大通道的外部硬件初步具备的基础上，还必须全力以赴加大港口建设投入，以适应国际物流大通道的需要。

7.4.3 湖南省长沙—株洲—湘潭城市圈

湖南省长沙市、株洲市、湘潭市呈品字状分布，三城市两两相距 30～50km，具有铁路、公路、水路和航空多种运输方式。1994～1996 年先后有三段高速公路：长(沙)—(湘)潭(1996年)、长(沙)—浏(阳)(1994 年)和莲(花冲)—易(家弯)(1994 年)建成通车。长潭、长浏、莲易高速公路的开通使这一区域交通条件有了质的改变，改变了三城市原来的各自发展状态，诸如企业小而分散、市场相互分割、重复建设、产业同构、诸侯经济等现象。高速公路网建设很快引来海外著名企业，逐步形成了以高速公路为主轴线，以长沙、株洲、湘潭三城市为发展极的多极城市圈，使“内陆型”经济迅速转变为“近海型”经济。干线公路网的建设使该城市圈有三个较方便的出海通道，与沿海经济区、长江经济区都有良好的交流与合作通道。以长沙为例，该地区南下广州由原来的 20h 左右缩短到不足 7h，公路里程缩短 100 多公里；北上武汉由原来的 10h 左右缩短到 4h 左右，公路里程缩短了 50km。这样由“点—轴—圈”有机结合起来的多极城市圈，目前所能直接辐射圈域直径范围可达 200～360km 左右，是对城乡一体化的有利促进。这种多极城市圈的形成离开以高速公路为主轴的公路网是无法实现的。

实证分析表明，公路网的效益一般有四个方面：①公路建设自身效益；②通勤、旅行的时间节省，安全性提高，在一些区域改变了出行方式；③区域产业规模扩大、生产能力提高、经济效益提高；④区域与外界的联系频率与方式发生质的变化。对运输部门的影响主要表现在采用新的运输形态、运输方式的可达性增加、实现节约、提高效率。以高速公路为主轴的公路网还存在着巨大的规模效应，其规模效应的主要功能表现在以下几方面：

(1)强化了区域间交流与合作通道，有助于建立避免区域产业结构雷同化的机制。

(2)提高多极城市协同发展作用，所形成的多极、多层次城镇群体系可以具有 1＋1＞2 的多极城市圈综合协同效应，提高区域发展的竞争实力。

(3)扩大原有经济圈域，意味着可以在更大的圈域互通有无，有利于加速统一市场建设；可以在更大的范围享受较好的生活、教育、医疗条件，并有利于提高相应设施的规模效益。

(4)多极城市圈改变原区域经济整体类型，如内陆型区域可以转变为近海型区域，外向型企业增加，可以得到更多的区域发展机会。

(5)有利于重塑区域社会经济形象，对吸引外资具有举足轻重的影响。

7.5 本章小结

本章在分析归纳城市化及城市化推动区域发展进程的理论基础上，重点研究了公路建设对城市化进程的推动作用以及区域交流圈的形成和发展等问题，提出了测量区域交流圈、经济圈的不同距离概念，以及圈域形成理论、实现途径，概括了公路建设在圈域发展中创造的六种效益机制。

(1)城市化是构筑区域发展极的重要措施。为了形成以此为“点”的“点—轴”型区域发展系统，需为创新企业、域外资本、海外资本进入该区域创造良好的外部条件，包括区域间交流与合作、国际间交流与合作的基础设施、制度、组织与活动实现方式。

(2)城市化是高速公路"点—轴"型区域发展系统中"点"培育、"点"发展的必然过程，它能为高速公路立体交叉周边区域集聚产业资本、能为集聚区域社会经济发展动力源提供强有力的支持，也是培育区域经济发展极的良好途径。干线公路立体交叉点基础设施建设是引起产业资本集聚、扩散的必要条件。这是一个相辅相成的过程，引资条件的完善反过来能够促进城市化，但大量资本投入于基础设施建设的同时，还必须注意节约土地。

(3)公路建设能在城市郊区化、城市连绵地区形成过程中创造支撑条件。大中城市与其区域发展、小城镇与其区域发展有不同的制约关系和发展机制。大中城市的发展一般受国家级、省级建设项目影响大，其发展并不完全由区域决定。而小城镇发展过程中国家资金、外资投入很少，其发展的资金基本上来自区域自身积累，例如乡镇企业对区域发展的贡献比较大。小城镇发展为区域发展提供服务，区域发展又为小城镇发展提供积累条件，而提高等级公路在县乡公路网中的比重，进一步提高县乡公路通达深度，是加强小城镇与外界联系、争取外界资本支持的重要途径。

(4)以高速公路为主轴的公路网是区域从"点—轴"型系统走向"点—轴—圈"型发展系统的基础，有助于形成多极城市圈，提高多个城市区域间协同作用。所形成的多极、多层次城镇群体系可以具有1+1＞2的多极城市圈综合协同效应，提高区域竞争实力。

利用以高速公路为主轴的公路网可以改变区域发展的类型。多极城市圈改变原区域经济整体类型，如农业型区域转化为工业型区域，内陆型区域转变为近海型区域，促进外向型企业增加，可以得到更多的区域发展机会，也有利于重塑区域社会经济发展的整体形象。

(5)公路建设在圈域发展中创造的六种效益机制是区位效益机制、集聚效益机制、规模效益机制、外部效益机制、先发效益机制和集成效益机制。

(6)公路建设激活城市化过程中，应根据不同区域经济发展水平，体现其对城镇化的支持。经济发达区域应抑制超大规模城市产生，防止大城市病发生；在经济落后的城镇规划区域，与干线公路配套的路网公路技术等级可适当提高，以有利于发展城镇工业，也为能使得一部分工业和人口截留在乡镇一级创造基础条件。

(7)总结国内外经验，不同规模的区域在城镇化中所遇到的核心问题不同，各级政府所关注的经济圈域范围直径、重点内容也不同。地方政府重点关心行政区域经济问题，充分发挥公路建设特别是高速公路、干线公路在支持区域交流圈以及城市交流圈中的地位和作用，它们是形成区域经济圈的基础内容。

(8)要创造区域经济圈形成条件，在交流圈中仅有高速公路立体交叉是远远不够的，缺乏相应经济集聚基础是难以真正构成不同级别的区域经济发展中心地——发展极。但是，引入国外资本首先涉及区域与投资国地理、历史及文化等方面的联系，这需要文化交流过程的积淀；其次才是区位等其他有关因素，公路质量是其中重要因素之一，此类因素在具体厂址选择决策中的地位较为重要。

第8章 公路网影响区域发展的效应和规律

高速公路作为高级干线轴，与其他公路及相关设施一起形成公路网，在区域发展中产生多种效应，使区域发展遵照一定规律演进。本章探讨公路网影响区域发展的方式、产业集聚与迁移方式，总结高速公路对区域发展的综合贡献、影响区域发展的阶段性效应和一些典型的基本规律。

8.1 公路网影响区域发展的方式

8.1.1 公路网的交通区位及影响

在中国，高速公路是指专供汽车分向、分车道行驶并全部控制出入的干线道路。为满足平均昼夜不同交通量需求，又将其分为四车道、六车道和八车道高速公路。其他公路是除高速公路以外的干线公路(主要指一、二级公路)、集散公路(三级或四级公路，一般主要指三级公路)、地方公路(三级或四级公路，一般主要指四级公路)。从交通区位的角度认识不同等级公路的主要功能，有利于进行与区域发展一体化的科学规划。

一级公路是连接高速公路或是某些大城市的城乡结合部、开发区经济带及人烟稀少地区的干线公路。一级公路强调必须分向、分车道行驶。它实际上有两种任务和功能：其一是干线功能，部分控制出入，其二是可以采用平交的距离不长的连接线。二级公路一般为连接中等城市以上的干线公路或是通往大矿区、港口的公路。三级公路是为沟通县、城镇之间的集散公路。四级公路是沟通乡村等地的地方公路。

同一问题的另一方面，就是区域发展要求对公路技术等级准确定位。在一定时期内，公路技术等级要能满足区域交通运输的基本要求。因此，确切认识公路的分布以及与连接区域的关系，科学分析公路体系的作用，有利于提高公路的利用水平。若与公路及区域产业投资主体相联系，从地方社会经济发展考虑得更多的是交通区位理论。区域发展模式定位决策实际上也就决定了区域内、区域间公路及公路网的质量水平。

(1)省、市(区域)内干线公路，包括省、市域内的高速公路、一、二级公路，特别是城市干道，与金融、保险、运输、批发零售业、公益事业等第三产业的集聚有密切的关系，这是与大城市人口分布等规律相关联的。与高速公路等高级干线轴相接的次一级路网，对制造业的具体选址决策也有举足轻重的影响。

(2)省、市(区域)际干线公路(即省、市际高速公路、一、二级公路)与相关区域经济圈、文化圈的形成有密切关系。市际干线公路直接沟通了多个城市之间的联系，在省际公路沟通下有利于形成多极城市圈，特别对大城市圈的形成有正向促进作用。

(3)与干线公路相连的集散道路、地方公路(主要指三、四级公路)对沟通城镇、乡村之间的交流，对乡村就地城镇化有直接刺激作用，对加速城乡一体化进程有积极作用。集散公路特别是地方公路连接的乡村,往往反映了公路网的通达深度。在各级政府扶贫政策的指导下,扶贫路建设对地方经济建设、特别是贫困地区经济发展有直接的拉动作用。公路从无到有对拉动当地经济发展的效用最大。

此外,还要注意干线公路一定要防止街道化,公路街道化在短时间内虽然繁荣了街区经济,富了一个小小的“点”,却改变了公路的交通区位功能,造成了巨大的时间、经济损失,对区域间交流与区域发展,特别是对更大圈域范围的社会经济发展是很不利的。事实上,高速公路、城市快速干道必须与其他公路构成相关区域的路网,才能真正有效地推进区域经济发展与区域间合作,以及城乡一体化的发展进程。

8.1.2 区域属性与公路建设投资关系

日本的樋口 彻在研究道路网对物流的影响关系中,曾对美国 50 个州的区域属性与公路建设的投资关系进行了分析,在研究中,他分别设计了区域属性指标与公路投资指标,并进行了相关分析,其主要分析结果列在表 8-1 中。

区域属性指标与公路投资指标的相关分析结果 表 8-1

类别指标	州际公路扩建率	州内公路扩建里程	地方公路扩建里程	城市道路扩建里程	总公路扩建里程	州内公路密度	集散公路密度	全部公路密度
城市人口	−0.05	0.36	0.05	0.47*	0.26	0.31	−0.04	0.04
州城市人口率	−0.27	−0.12	−0.06	−0.28	−0.04	−0.18	−0.37*	−0.37*
制造业从业者	−0.10	0.30	0.07	0.44*	0.22	0.27	−0.11	−0.10
服务业从业者	−0.11	0.45*	0.12	0.53*	0.27	0.43*	−0.06	−0.06
运输公益事业从业者	−0.06	0.45*	0.09	0.58*	0.30	0.33	−0.07	−0.07
运输公益事业从业者比重	0.58*	0.08	−0.03	0.13	−0.02	0.07	0.46*	0.47*
批发业从业者	−0.10	0.40*	0.08	0.51*	0.29	0.34	−0.08	−0.08
金融保险从业者	−0.05	0.32	0.05	0.45*	0.23	0.32	−0.03	−0.03
金融保险从业者比重	0.64*	−0.04	0.03	0.04	0.00	0.10	0.70*	0.70*
全部服务业从业者	−0.07	0.38*	0.07	0.39*	0.27	0.34	−0.05	−0.05
全部服务业从业者比重	0.86*	−0.06	−0.02	−0.06	−0.07	0.01	0.88*	0.88*
总陆地面积	−0.18	0.60*	−0.24	0.41*	0.10	−0.01	−0.28	−0.28
开发地面积	−0.20	0.65*	0.15	0.58*	0.36	0.34	−0.20	−0.20
开发地比率	0.89*	−0.06	0.07	−0.07	−0.04	0.03	0.97*	0.97*
劳动人口	−0.09	0.40*	0.07	0.51*	0.28	0.33	−0.08	−0.08
每辆货车公路里程	−0.11	−0.12	−0.40*	−0.19	−0.38*	−0.14	−0.16	−0.16
毗邻州最小城市化率的差	−0.01	−0.19	0.17	−0.20	0.14	−0.39*	−0.03	−0.02

注:资料来源于樋口 彻《道路ネットワーク整備のロジスティクスの影响に関する研究》。

* 指在 $\alpha=0.01$ 的显著性水平下的结果。

根据以上分析,在 $\alpha=0.01$ 的显著性水平下,可以得到如下结论:

(1)区域属性指标中的运输公益事业从业者比率、金融保险从业者比率、全部服务业从业者比率指标与公路投资项目呈强相关关系。即金融、保险、交通、公益事业等从业者较高的州,其相应州际公路及集散公路建设的积极性较高。

(2)开发区域面积比率与州际公路扩建率、集散公路密度之间呈强相关关系。开发区域面积比率高的州,对州际公路及集散公路建设的积极性较高。

(3)毗邻州最小城市化率的差与州内干线公路密度呈负相关关系。即本州是城市化率相对高的州,其州内干线公路建设的积极性较高,有关指标显示公路网密度也比较高。

(4)有关研究还说明毗邻州最大制造业从业者比率的差异、毗邻州最小制造业从业者比率差异、毗邻州制造业从业者比率的差异、毗邻州最大服务业从业者比率的差异、毗邻州最小服务业从业者比率的差异、毗邻州服务业从业者比率的差异相关性很弱。

考查有关研究结论并结合中国的国情分析,可作出以下推论:

(1)在区域发展进程中公路投资状况、城市的集聚性等因素与公路建设投融资密切相关;进而说明了公路投资与区域物流系统及经济圈的形成密切相关。但是,公路网建设在产业选址中的地位和作用具有一般性,并影响到公路建设投融资机制。

(2)当产业选址范围扩大,就意味着公路建设投融资目的和意义在发生变化,使公路建设投资的地位下降。而物流活动的复杂化、多样化、快捷化,要求公路及相应基础设施投资作用增强,产业活动与公路基础设施效果与公路网建设相互促进,其结果促进相应基础设施投资建设的正向变化。

(3)开发区数量多的区域更重视区域间(省际)公路建设,即省际公路建设的积极性高;开发区面积比重大的区域更重视区域内(省内)公路建设,说明开发区必须有相应的公路网配合。城市化程度高的区域,公路建设的积极性也高,致使公路密度较高。

虽然中国公路建设投融资体制与美国不同,但在中国走向市场经济体制的过程中,这些推论对指导中国公路建设投融资活动、城市化进程和促进区域经济圈形成都会有一定的借鉴和参考作用。

8.1.3 公路网影响区域发展的方式

从国内外有关资料分析可以看到,高速公路对一定时期或不同时间段的区域范围产生大量正向效应的同时,也会有一定的负向效应,如缺乏资源或资本的区域,劳动力资源外流加剧,造成当地发展区域经济人力(智力)资源不足。而超出一定区域范围或影响时间区段分析,这种负向效应在区域范围则会发生改变,打破了区域原有的平衡,形成新的非均衡系统,即封闭的区域成为开放的区域,成为与外界有高级干线轴交流的开放区域,从而为区域进一步发展奠定了良好基础。

(1)高速公路为快客、快货运输组织方式提供了必要条件,引发了公路运输服务质的变化,也推动了中高档客车、危险品运输车辆、大件货物运输车辆等高性能、专项设备的开发与运用。这是呼吁了多年所未解决的公路运输经营与组织发展战略问题,依托于高速公路建设则迅速实现了,从而使公路运输在技术水平、服务水平方面发生了质的改善,原先一些在航空客运才有的服务项目也出现在公路旅客运输服务项目中。

(2)高速公路实现了公路交通的快捷性,而公路交通的快捷性、方便性、灵活性使各种运输方式构成的网络结点作用范围扩大。机场、港口、车站是空陆运、海陆运之间的衔接点,是集散旅客货物、转换运输方式的场所,这就决定了它必须依靠公路运输方式才能实现其作用。缺乏高速公路等快速通道连接的机场,其航空运输也难成为真正的高速交通。济青高速公路缩短了济南、青岛之间的时间距离,使济南、青岛机场成为淄博、潍坊、济南、青岛等形成的更大交流圈的共用机场，使青岛、烟台港成为淄博、潍坊、青岛、烟台等形成的更大交流圈的共用海港。车站、机场、港口共同使用的区域范围扩大，不仅促进了综合运输体系的协调发展和完善，而且促进了区域经济活动圈的扩大。类似现象在京津塘等高速公路也屡见不鲜。

(3)高速公路与相关公路构筑起区域间交流与合作通道，改变了部分农业型经济、内陆型经济的性质。成渝高速公路通车使部分农业型经济转变为工业型经济，沿线六市(县、区)非农人口与农业人口的比例构成由 1992 年的 26.12：73.88 转变为 1998 年的 33.26：66.74。济青高速公路打通了沿海与内陆省份的通道，使众多的内陆省区域有了一个比较畅通的出海口。济青高速公路也是晋煤东运和青岛至郑州国际集装箱多式联运线在山东最经济、最便捷的东西大通道，有力地带动了中西部区域一些产业的发展，也使一些内陆型区域经济带有了近海型经济的一些特点。

(4)高速公路与不同等级公路组成公路网体系。高速公路是高级干线轴，要发挥好高级干线轴在区域发展中的作用，必须有次一级线网与之配合，形成完善的运输网络体系，这样才能将单一的高速公路“点—轴”型区域发展模式演变成“点—轴—圈”区域发展模式，充分发挥出公路网的规模经济效果。此外，区域发展规划要与之形成一体化，否则高速公路产生的影响效应波及的范围也会是极其有限的。

(5)公路网构成多极城市圈中城镇联系的交通网络，为形成城市群协同发展效应奠定基础。多城市圈有利于相互间协作，形成大区域、大市场、大流通、大协作，避免了区域间产业结构趋同化。

(6)带动相连城镇配套道路建设。城镇连接高速公路的道路建设与产业布局进行一体化规划，既是促进产业发展的重要手段，也是克服高速公路快在中间，“窝”在两头的弊端所必须采取的措施，从而可避免由此造成的各种不必要的时间损失和费用损失。否则，高速公路在“高速”基础上对区域发展产生的各种效应是要大打折扣的。

8.1.4　交通基础设施与区域的非平衡发展

根据系统科学理论，不同大小范围的区域发展，均可看作一定层次的区域社会经济系统。孤立系统的定态是指该系统内部不存在物理量的宏观运动，是处于平衡态的封闭系统，而开放系统的定态与此有本质的不同。开放系统不一定随时间变化朝平衡态(定态)发展，即使开放系统达到定态，该系统也不一定是处于平衡态的系统，在区域发展中表现为对外交流与合作功能的强化和非均衡性地发展。高速公路使区域经济活动范围扩大，而且其开放性也大大增强。以高速公路为主轴的公路网布局改变了区域的可达性，尤其是使时间距离缩短和经济距离延长，为区域间交流与合作活动提供了快速、便利、低成本运行的通道。区域经济活动投入新要素在向成为开放性系统的演化过程中，高速公路对区域经济的贡献，在于它能够使一定区域脱离相对孤立的状态，从而使区域经济系统改变仅以平衡态作为自己的发展前景，走向开放的非平衡态的演化过程，使得区域经济发展不仅有丰富的内容，而且有进行多种选择的可能性。这是高速公路建设对区域发展具有非常大的诱惑力的原因所在。

缩小东西部差异，需要促进中西部区域产业结构高度化，需要将新增的加工工业尽可能转移到中西部资源产地，充分利用低价能源、低价土地和低价劳动力，吸引部分产业迁入，带动中西部产业结构高度化发展，如产业高加工度化、高技术化。在中西部区域发展中应当加强优势资源的开发，重点是先搞好基础设施的建设，包括交通、通信、供水和居住等基本条件的改善。

8.2 产业集聚与迁移

产业集聚和产业迁移是区域产业结构调整的一对方式，也是区域社会经济发展必须面临的一对问题，前者导致产生区域产业集聚效益，后者导致区域产业空穴化。

8.2.1 资源开发与区位性产业发展

自然资源是区域性产业形成的基础。中国中西部有较丰富的自然资源，也有一定的资源开发优势。有专家把中国矿产资源的潜在价值按东、中、西部三大经济带进行了计算，结果是1∶2∶2。但是，矿产的潜在价值要用对国民经济产生的实际价值进行评价。有研究者指出需要进行赋权评价，其中分矿种的赋权值为煤矿、铁矿、石油和铜矿0.7；硫、磷、天然气等0.2；其他矿种0.1。有专家研究，经过赋权评价东、中、西部三大经济带矿产资源的结果是32∶43∶25。其中至少说明一点：不同区域矿产资源潜在价值与实际价值的差异很大。从长远看，矿产资源的潜在价值是绝对价值，赋权评价的价值是相对价值。而对区域资源的开发、输出与利用，更注重于其相对价值。否则，劳动力价格低廉、土地价格低廉等优势就不能体现出来。交通运输基础设施在中西部的建设将有助于提高相应矿产的实际价值。

中西部交通基础设施建设相对落后。由高速公路或干线公路作为企业选址条件分析可知，将中西部资源以外运为主转变为就地加工和转化为主，进一步向深度加工、知识与技术集约化方向发展，需要改善交通、通信、供水和居住条件等在内的基础设施建设。显然，中西部启动经济不仅缺资本、缺技术、缺人才，还需要改善交通基础设施、改善居住条件和生活质量，无疑这些都需要大量投资，需要转变人的观念。而中国东部人均贷款要远远高于中部和西部，需要大量资金的中西部，却不得不面对着大量资金从内陆流向沿海，推动沿海地区投资活动迅速高涨的情形。

8.2.2 产业迁移及形式

产业迁移是指产业在区域间的流动，是转换区域产业结构的一种重要途径。中西部接受产业迁入也是改变区域产业结构，解决开发资金不足的一种方式。利用产业迁移来改变产业结构，应当考虑到区域产业定位以及区域产业高度化发展的要求。产业迁移一般包括水平和垂直产业迁移两种基本形式：

(1)水平产业迁移是指在技术与经济发展水平、生产要素禀赋、产业结构发展方向大体类似的同质型区域间，产业组织或生产要素的迁移，以减少分散，获得规模经济效益。这种产业迁移带有一定程度的产业集聚的作用。

(2)垂直产业迁移是指在异质区域间存在技术与经济发展水平的梯度差异，生产要素存在各自的比较优势，按互补分工原则，将区域内已丧失比较优势的产业迁往具有比较优势的区域。

产品具有其生命周期，为了使企业赢得长期稳定的发展，必须要适应产品生命周期规律，一方面不断开发新产品赢得新的市场，另一方面改造老产品，延长其生命周期。由于不同区域市场的产品消费概念不同，因而一部分企业为了延长其产品生命周期采用产业迁移战略，由原生产地转移到市场地。运输指向仍是其中一项重要的原则，所不同的是增加了更多的其他因素，如区域间的竞争，这些也会导致产业迁移。

一般而言，产业集聚与迁移过程是一个长期过程，认识和掌握其规律，应当有一个资料长期积累过程。国内外资料表明，高速公路建成通车改变了区位条件，成为企业选址、产业迁移的一项重要基础条件。

8.2.3 产业空穴化分析与推论

产业的集聚与迁移的变化，使区域原有的产业结构会发生调整与变化。随着产业的集聚与扩散，在某些区域迁移可能会出现某种产业空穴化现象，以日本的计算机(IC)产业为例分析产业空穴化过程。IC产业最初考虑的基本上是区位原料地指向，总运输费用主要指原料运输费用和制成品运输费用之和，在此之上，还要考虑人工费用。

(1)第一阶段，运输指向，即运输局定区位选择，往往导致企业在资源地选址。在考虑人工费的基础上，运输指向所导致企业选址的总费用最低的地点是：A资源地(硅资源产地)。IC关联产业企业在A资源地选址急剧增加，结果在A资源地(如九州)形成IC产业集聚。

(2)第二阶段，高速公路建成导致在新的资源地选址，形成区域间竞争局面。例如，东北纵贯汽车专用路的建设，使企业选址向总费用最低的区域开始转移，导致B资源地有利于IC关联产业企业选址，于是IC工厂开始向B资源地(公津、山形、宫城、秋田、谷手等)转移，结果形成日本全国性关联产业、制造业的区域间竞争。

(3)第三阶段，产业集聚，人工费上升，导致产业空穴化出现。海外如亚洲诸国工资低，交流圈、经济圈的扩大，也使选址的空间扩大，故海外IC产业选址的有利条件增加，总运输费用加人工费用导致最合理的选址在海外C地。

IC工业选址从九州到公津、山形、宫城、秋田、谷手等，再到海外的现象表现了市场机制的作用，就像水往低处流，制造业选址向总费用最低即利润最高的方向转移，这是制造业空穴化的本质。高速公路建设，特别是交流圈的扩大，时间距离、经济距离的缩短，促进了区域经济繁荣，人们生活水平提高，工资收入增加，导致总费用增加。为了降低成本将产业向海外(工资费用)总费用低的区域转移。

根据以上分析，结合中国中西部的开发可作出以下推论：

(1)发展中西部的战略重点是将新增的加工工业尽可能移到资源地，为此，公路建设应当先行。

(2)重视分析市场机制引导企业选址的过程，需要掌握高速公路对区域经济影响的历史资料，利用公路建设树立良好区域形象，缩短人们的心理距离。

(3)具有资源区位优势的区域，在高等级公路建成后，可能形成与资源相关产业的区位优势，进而导致有关产业迁入。

8.3 案例实证分析

8.3.1 公路交通概况

1996年，广西壮族自治区的岑溪市，行政区面积2 783km^2，所辖17个乡镇，总人口73.36万人，全市工业总产值39亿元，农业总产值26亿元，国内生产总值37亿元，农民人均收入1 300元。全市17个乡镇都有四级以上公路贯通，平均密度为20.124km/100km^2。国道207

线、324线连接市内12个乡镇。岑溪市内国道3条，即玉梧公路、岑罗公路（1992年改建为二级公路）、荔朱公路（1960年10月竣工，砂石路面），市境内路段总长152km，1989年统一编入207、324两条国道线。当时境内铁路在建，即无铁路运输，无水路客运，也无高速公路等高速交通。玉林至梧州二级公路经容县过岑溪市到梧州市。

8.3.2 区位性产业特点分析

从区位理论分析，当时岑溪市地区吸引域外资本的区位条件较差。运输业属非区位性产业，相应经营者及营运车辆构成参见表8-2。

1996年岑溪市营运汽车构成比例 表8-2

项　目	营运货车占汽车比例82%				营运客车占汽车比例18%			
经济性质	合计	交通	非交通	个体	合计	交通	非交通	个体
比例(%)	100	0.08	1.84	98.08	100	17.44	0	82.56

由工业区位理论可知，除了运输指向此外，还有劳力指向、集聚指向等。根据韦勃的理论，引入原材料指数和区位重量的术语，可用式(8-1)将原材料指数 M_{index} 表示为：

$$M_{index} = \frac{M_{重量}}{P_{重量}} \tag{8-1}$$

式中：$M_{重量}$——局部性原材料重量；

$P_{重量}$——制成品重量。

将区位重量 L_{weight} 用下式表示：

$$L_{weight} = \frac{M_{重量} + P_{重量}}{P_{重量}} = 1 + M_{index} \tag{8-2}$$

式(8-2)中反映了工业生产中耗用地方原料的重量与制成品重量之和与制成品重量的比值，即原材料指数与区位重量的关系。一般情况下，当 $M_{index}>1, L_{weight}>2$ 时，区位遵循原料地指向；当 $M_{index}<1, L_{weight}<2$ 时，区位遵循消费地指向；当 $M_{index}=0, L_{weght}=1$ 时，区位趋向原料地、市场或二者中的某一点。

劳动力费用是导致运费确定的工业区位的第一次变形因素，可引用劳力区位指数 W_{index}，用下式表示：

$$W_{index} = \frac{W_c}{T_c} \tag{8-3}$$

式中：W_c——劳力成本；

T_c——运输与集散成本。

从表8-3和表8-4可以看出岑溪市基本上是资源开发与输出型经济，建材业是区域重要的产业组成，该产业 $M_{index}>1, L_{weight}>2$，属典型的区位原料地指向。

岑溪市运出货物 表8-3

运 至 地 区	运距(km)	货 物 种 类	备　注
玉林(火车站)	135	木材、农副产品	中转北运
		花岗岩石材成品、半成品等	中转北运
		花岗岩石材产品	北海港出口或销售

续上表

运至地区	运距(km)	货物种类	备注
梧州市	94	粮食、松香、木材、农副产品等 金属、非金属矿石等 花岗岩石材	梧州港转运
中山、珠海、江门	420	花岗岩石材等	
福建	1 250	花岗岩石材	
汕头	850	花岗岩石材	
广州、深圳、东莞等	400～500	花岗岩石材	
深圳港口	500	花岗岩石材、松香、竹芒编织品等	转运出口

运进岑溪市的货物 表 8-4

始发地区	运距	货物种类	备注
玉林	135	钢材、化肥、煤炭、饲料、日用百货等	火车站转运
北流县	106	水泥、化肥、石灰石等	
梧州市	94	化肥、农药、石油、煤炭、食盐、饲料、日杂百货等	
湛江	300	钢材、化肥等	
茂名	204	石油、石油制品等	
深圳	500	装潢、装修、建筑材料、机电、电器、日用工业品等	
东莞	400	电器、日用工业品、装潢、建筑材料等	
广州	336	机电、轻化工产品、日用工业品等	
佛山	328	陶瓷建筑材料等	

岑溪市依托公路网建设，形成了区位性产业建筑材料行业的发展，成为区域产业的支柱。但是，欲引进对区域发展有影响的高新技术企业、高加工度企业必须建立相应区位条件，否则，就不能形成产业迁入所需的比较区位优势。

8.3.3 实证分析推论

实证分析说明，尚无高速交通的区域如山区、丘陵地带，工业、高技术产业基础一般相对薄弱；区域主导产业一般与区域资源开发直接相关，如石材采掘加工；输入该区域的一般是所需要的各种工业产品和日用生活品；交通运输网等级低、数量不足是此类型地区区位条件明显的弱项。

8.4 高速公路对区域经济发展的综合贡献

高速公路对沿线区域社会经济发展的专项及综合贡献可以概括为“点”效应、“轴”效应、“点—轴”综合效应和“点—轴—圈”综合集成效应。高速公路的某些互通式立体交叉周边区域可以培育成为区域发展的一个次一级中心地。根据国内外高速公路沿线区域开发情况，我们对高速公路及其立体交叉对区域社会经济发展产生的效应、影响,及其专项及综合贡献进行深入分析与评价。

8.4.1 高速公路影响区域经济的效应分析

近年来的研究表明,人、财、物、信息、形象同样对区域发展起决定性作用,在此基础上形成“区域发展五要素”理论。人、财、物、信息、形象的作用已浓缩于高速公路影响区域经济发展的综合效应之中了。

(1)“点”效应。突出表现为点发展极的集聚效应,吸引了资本、人员、技术、产业等进入相关区域;扩散效应,点对外界的波及作用,提高了发展极影响周边区域产业结构的能力,也反映了区域产业结构的综合素质和潜力。

(2)“轴”效应。突出表现为沿轴线的经济放大效应。轴线交通量增大,经济效率提高;通道的加速效应,使运行时间距离缩短,大大提高了运行效率和时间价值。

(3)“点—轴”综合效应。主要是指点效应与轴效应的合成,更多地体现为“点”、“轴”连接起来的组合倍增效应,它远远地大于单一的“点”效应或“轴”效应。促进相关区域多方面发展,以利于构筑良好的区域形象,缩小人们的心理距离。

(4)“点—轴—圈”综合集成效应。表现为多个“点—轴”型系统的组合所形成的综合效应,它远远大于每一个单个的“点—轴”综合效应。其特点是城市群,即有多个发展极的协同作用形成的面。多层次的城镇群,体现了城乡一体化的区域发展模式。区域形象是区域发展的无形资产,伴随着社会信息化进程,人们对它的认识将会越来越深刻。

8.4.2 高速公路影响区域发展的类型分析

受高速公路的影响,沿线区域发展会呈现不同的发展类型,并产生不同的经济效益和社会综合效益。沿线区域受高速公路影响大致有以下几种发展类型:

(1)潜在型,点或中心地、相关区域尚未受到影响或基本上没有受到高速公路通车影响,但从点、中心地或相关区域向远距离点的运量有少量增加,消费者向域外流出购物。相关区域社会经济并未因有高速公路通过而有大的起色。

处于此类型的区域可能存在以下问题:缺乏可供开发的资源、人力资本等,缺乏合适的高速公路出入口、缺乏与高速公路相衔接的次一级路网体系、缺乏能带动区域经济发展的核心企业,缺乏最基本的开发建设资金等等。改变某些条件,如改善对高速公路的接近性,提高入口公路的配套建设,则有可能使相关区域能够利用高速公路通车的便利得到较快发展。

(2)输出型,点或中心地受到正向效应的影响尚小,资源价格上升、劳力费用上升、资金短缺,人口流出增加、当地企业发展人手不足,尤其是智力资源、建设资金不足。例如,高速公路经过的区域并未引入新的企业、新的项目,但当地资源输出、人才外流、劳动力外出打工更为方便,成为资源输出地。

处于此类型的区域可能存在以下问题:缺乏利用高速公路的自然资源或缺乏对区域自然资源进行开发加工的能力、没有相应的经济发展规划与措施或缺少带动区域经济发展的核心企业,本区域资源缺乏深加工能力,主要服务于高速公路连接的其他“点”(发展极)上等等。资源输出型的发展导致不平衡的经济繁荣,可能形成掌握资源者与不掌握资源者之间的贫富差异巨大。人力输出型初期导致当地人力资源缺乏,但到一定程度,若有转折契机,有可能导致人力资源回流，进而促进资本引入，区域发展进入成长型。

(3)成长型，点或中心地、相关区域受到高速公路的正向影响很大，集聚效应十分明显，外流负向效应相对较小。例如，本地域无资源或较少的物资资源外流，区域内有带动区域经济发展的核心企业，成长性的企业使该经济圈成为成长极或发展极。高速公路立体交叉出入口的周边地区受此类影响很大，城市化进程加快。

当其规模扩大到一定程度后，不仅可以使企业享受到规模经济效益，而且可以使企业享受到来自外部的经济效益。例如，外来劳动力的涌入，使相关区域企业的劳动力成本、原料成本大大降低，造成生产总成本下降，而企业自身并未为此付出什么。

(4)扩散型，点或中心地(发展极)已经历了一定的集聚、发展、繁荣过程，与其他区域有高速交通连接后，相互间的交流与合作更加频繁，对外产生波及影响。由于受高速公路正向及负向影响都很大，区域产业结构开始发生了较大变化。

从集聚、发展、繁荣到扩散型的效果，导致城市连绵地带、郊区城市化现象出现，区域经济发展达到比较成熟的阶段。

四种类型发展变化的逻辑过程是潜在型→输出型→成长型→扩散型。对于高速公路相关的具体区域而言，并不经历若干个发展类型，即区域发展类型只是其中的一种类型，并随时间进程按逻辑过程演进。在多种影响区域发展的类型中，成长型是较为理想的，它既与高速公路连接的点或中心地的资源、资本、劳动力、产业现状有很大关系，又与区域的企业、技术、生产力、竞争实力，以及当地政府的政策有密切的关系。扩散型是区域发展到一定程度的表现，与输出型不同的是扩散型在一定集聚基础上产生的是扩散功能，是交流与合作的产物或现象。诸如区域发生产业结构转换、迁移、资产重组、集团化等现象。潜在型本身可能就预示着有发展机会。对发展区域经济而言，输出型是大范围区域发展中不可避免的现象，负向效应也是不均衡发展过程中的一种普遍现象，区域发展速度相对低不等于不发展或无发展。所以，能否抓得住高速公路对沿线经济区带来的良好发展机遇，与能否及时把握好沿线经济区受“点—轴—圈”成长规律、阶段性效应规律以及区域合作与竞争规律的作用、能否把握好区域发展的关键因素也有十分重要的关系。

8.4.3 高速公路立体交叉对区域经济的影响

高速公路立体交叉对周边区域的影响可以概括为四个方面：交通运输、交流合作、经济圈域、区域形象。

(1)交通运输方面包括区域间位移时间缩短，如可达性提高；能够确保定时性；能为准时集散(JIT—Just In Time)服务、为 JIT 生产方式提供支持和保障；共享联运中转服务的方便性；入口道路建设形成次一级公路网；选址企业距高速交通设施的接近性改善，企业充分利用了高速公路的便利。

(2)交流合作方面包括交流人口增加；形成多样化的交流，促进城镇化发展；道路畅通，消防、抗灾、紧急救援的圈域扩大，提高紧急救援效果；通勤、通学圈扩大；医疗圈范围扩大；与其他区域合作的可能增大，合作范围扩大。交流合作的效率与交通通道的时间距离成反比，而合作效率很大程度上决定了合作效果。陕西商洛地区小镇一户人家小孩生病，在镇医院看病无效，病情反而加重，于是赶往西安儿童医院，由于区域间交通不便，路上时间耽误过久，赶到西安儿童医院为时已晚。交流圈的扩大与完善能杜绝或减少这类现象发生。

(3)经济圈域构成方面包括多极城市圈形成，促进城乡一体化；区位性产业发展、非区位性产业发展；物流基础设施的选址，区域物流效率化的推进；大范围旅游线路的开发；企业选址增加，区域发展动力源培育；商业圈扩大等。也有利于形成全国性、区域性统一的商品交流市场，在经济圈形成良性发展系统。依托高速公路、一级公路等构成的高速路网，不仅能缩短观光点之间的时间距离，有利于开发新景点或在原旅游线路的基础上延伸至新的旅游景点，而且有利于增强旅途的舒适性。

(4)区域形象方面包括产业结构高度化；区域人均收入提高；社会经济可持续发展等。区域整体形象的塑造，有利于缩短人们的心理距离，容易使人们产生观光、访问和投资等联想。

8.4.4 高速公路对区域社会经济发展的综合影响和作用

从高速路网的形成、发展过程分析，高速公路立体交叉影响区域社会经济发展方面可以划分为直接影响和间接影响两大类，可用表 8-5 表示。

随时间推移高速公路对区域发展诸方面的影响　表 8-5

影响方面		交通运输	交流合作	经济圈域	区域形象
					可持续发展
					人均 GDP 提高
				休闲娱乐设施	区域产业结构
	间接影响		抗灾救援性	商业圈扩大	
			区间合作性	企业选址性	
			医疗圈扩大	物流效率性	
影响类型			通勤通学圈	物流基础选址性	
		入口公路配套性	推进城镇化	旅游线路开发	大都市圈
		高速交通接近性	交流多样性		
		中转方便性	交通圈扩大		
	直接影响	运行准时性	综合交通枢纽		
		运输方式竞合			
		区间可达性			
影响时期	← 短期影响效应 —— 中期影响效应 —— 长期影响效应 →				
	高速公路影响区域发展效应产生的时间跨度				

可见，区域发展是受直接的和间接的，短期的、中期的和长期的效应的综合影响和作用。依据不同区域的具体特点，可以将其中内容指标化，作为公路建设与区域发展一体化规划决策方案的评价指标。

8.5 高速公路影响区域发展的阶段性效应分析

高速公路对区域社会经济的影响实际上存在若干个发展的时间阶段。其时间阶段的划分是相对的，也不应该将其绝对化。因为，相对的短期、中期和长期效应会因区域经济水平、区域发展规划的决策水平不同而有所差别，甚至是很大的差别。区域经济发展取得不同时间阶段的各种正向效应，主要取决于区域内部因素以及外部条件的变化。受高速公路的影响，沿线区域发展会呈现不同的发展类型，在有关规律作用下，区域发展的规划、决策者的战略决策会使区域产生不同的经济效益和社会综合效益。

8.5.1 影响区域发展的短期效应分析

高速公路的短期效应突出表现在激活区域的交流活动，通过改变物流、人流的组织和实现方式，进而对现有生产要素进行调整，而这种调整一般不需要较长时间，甚至可以与高速公路开通同时实现。诸如，高速运输组织方式中的中高档快速客运、快速货运、快速冷藏货运、集装箱运输、大件运输以及多式联运的滚装运输等相应的车辆投放与运营组织。一般条件下，高速公路创造的短期效应加剧了交流频率、扩大了交流圈范围，具体体现在以下几方面。

(1)区域农业产品销路扩大，水果等保鲜易腐产品受高速公路时间距离缩短效应作用，交易的市场范围扩大。

(2)区域工业制品输出圈扩大，同时也使原材料和中间产品受高速公路经济距离延长的影响，选择、采购范围也在扩大，这对增加产品产量和改进质量具有十分重要的作用。

(3)区域商业的购物客、旅游观光客增加，受高速公路改善时空距离的影响，机场、港口、车站直接吸引范围扩大，中转换乘(装)时间缩短，运输服务质量大幅度提高。

(4)区域信息、人才、智慧交流激活，向域外的通勤者、通学者也在增加。

高速公路缩短了时间、空间距离，也使地方开放观念与交流意识增强、行政管理意识也趋于大范围化。从高速公路对区域社会经济影响的短期效应分析，在高速运输组织方面带来的效果十分明显，尽管对有些区域(在一定时期)、对某些产业会有些负向效应，例如，消费者域外购物增加，有的旅游点的宾馆业因高速公路开通，观光客当日即可返回驻地而变得萧条起来。但交流就需要有往来，一些今日大量的“往”，为明天大量的“来”奠定了基础。一些产业因高速交通变得萧条起来，而其他产业又会因此得到新的发展条件。

8.5.2 影响区域发展的中期效应分析

高速公路对区域经济影响产生的中期效应的原因主要是，高速公路使沿线区域的区位优势增加，形成了比较经济优势，从而引发了新的投资、调整了产业结构，产生了发展与增长的新效益。运输定位(包括投入定位、产出定位)是区位选择考虑的重要内容，因此高速公路对区域经济影响效应主要表现在外来及本地资本投入增大、企业的选址增多、产业迁入等方面。归纳国内外高速公路对区域经济产生的中期效应，主要体现在以高速公路为干线轴的公路网所创造的产业选址优势等方面。

(1)来自域外成长性企业的进出，重点集中于高新技术产业、加工制造业以及农业等领域，促进区域产业高度化的形成；其相应的负向效应是土地、资本、劳动力等各类生产要素成本上升，有关费用增加。

(2)来自域外大宗商业资本输入或输出，使得商业服务水平提高；其相应的负向效应是地方原有商业受到损伤。

(3)来自域外大宗观光资本输入或输出，区域资源得到开发，观光客增加；其相应的负向效应是地方原有的观光事业受到损伤。

(4)地价、土地利用、生活条件发生变化,就业、就学机会增加。

(5)促进人口移动,房产业发展,住宅供应增加,就职、就学人口出行流动方便。

8.5.3 影响区域发展的长期效应分析

长期效应是长期建设、长期积淀,逐渐显现出来的综合效应。例如,与高速公路主干线轴配套的公路网建设、城镇的“点”系列建设、“网”系列建设,配套的制度法规建设、区域发展政策的制定、运行机制的完善等。

(1)城市(镇)的“点”、“网”系列建设,制度、法制、政策体系的完善,促进城市化发展以及城乡一体化发展。

(2)更大范围经济圈的形成有利于克服区域发展中小规模生产、重复建设、“诸侯”经济、产业结构趋同化严重等现状。这些均与区域间合作通道不足、不畅或可达性较差有关。

(3)区域产业结构高度化成效显著。产业高加工度化,知识与技术集约化发展状态良好。

(4)区域发展形成良性循环,符合可持续发展战略要求。

高速公路沟通了区域间的合作通道,使时间距离缩短、经济距离延长,进而吸引了外来资本的注入,虽然这些可能给本地产业带来冲击,也给一些区域发展可能带来短期的、甚至是中长期的负向效应,但更重要的是注入了区域发展的活力。从中长期效应分析,负向效应会发生变化,甚至会较快地转化为正向效应,这是与外界交流的必然结果。由于中国传统经济体制的影响,国有企业资本积累不足,自我发展机制不健全,小区域封闭的产业发展模式难于形成规模经济,而利用区域合作通道,开展和促进区域交流、区域合作,是避免重复建设、区域产业结构类同,实现规模化经营的有效途径之一。

8.6 高速公路及公路网影响区域发展的基本规律

公路尤其是高速公路建设对区域发展的影响迅速、深刻又长远,也非常典型(参见图 8-1)。

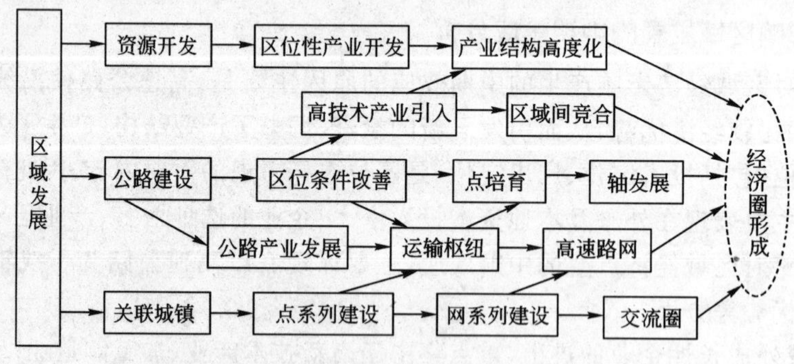

图 8-1 区域经济圈形成的逻辑过程

分析归纳国内外的实践,高速公路以及以高速公路为主轴的高速交通网对区域发展的影响可以总结为以下几个基本规律。

8.6.1 “点—轴—圈”成长规律

“点—轴—圈”成长规律指的是,高速公路的点或沿轴线的点与点之间以集聚、扩散、交流等方式逐步形成社会经济活动相对频繁、成长发展相对较快的圈形区域的渐进性动态演化过程。

(1)高速公路影响区域发展的基本形态是“点—轴”型发展模式,以高速公路为主轴的公路网影响区域发展的基本形态是“点—轴—圈”型发展模式。

高速公路所涉及的“点”是区域发展的主体所在,“轴”是区域发展所依托的基础设施体系,“圈”是高速公路所涉及的多个中心城市、城镇,包括立体交叉出入口周边地区直接波及的区域,是“点—轴”型或“点—轴—圈”型系统吸引与扩散的连片范围。点的选择至关重要,它们决定了“圈”——以点或“点—轴—圈”发展模式为基础的交流圈、经济圈的形成和扩大;受高速公路的影响,在不同时间区段、不同类型区域所产生或将产生各种不同“圈”的效果(参见图8-2)。高速公路实现了公路交通的快捷性,从而使各种运输方式构成的网络结点作用圈范围扩大。机场、港口、车站是空陆运、海陆运之间的衔接点,是集散旅客货物、转换运输方式的场所,这就决定了“点—轴—圈”的发展规律以及更大圈的形成,必须依靠公路运输方式的推动才能实现其作用。

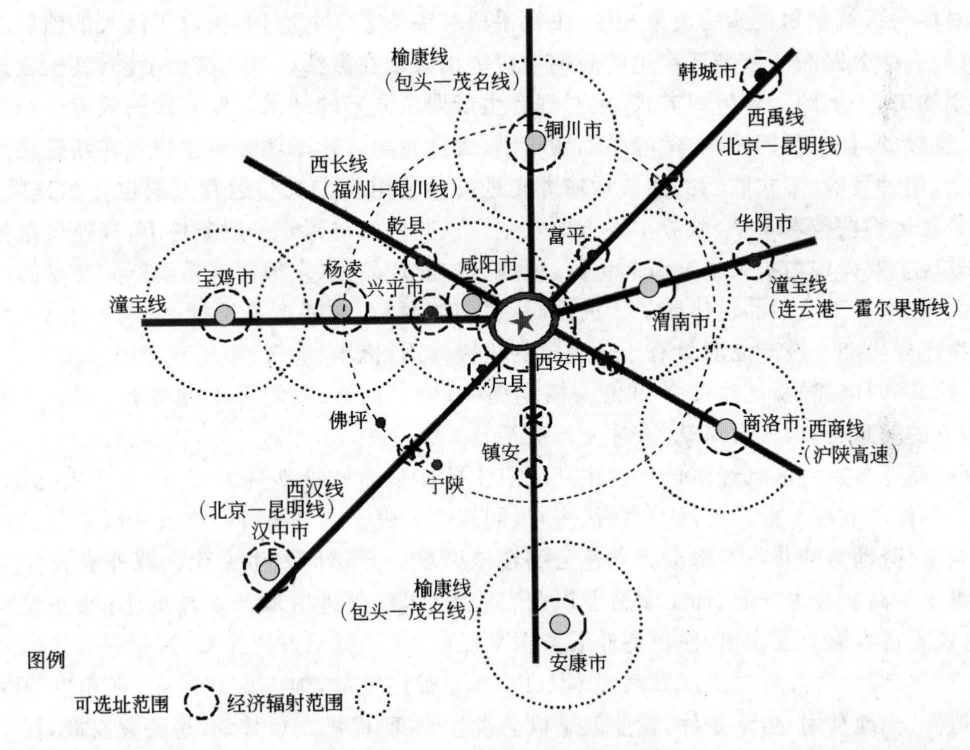

图 8-2 以西安为发展极的城市圈示意图

(2)公路建设促进交流圈的形成。公路推动区域经济活动的大范围化,推进区域间的交流,提高人民生活质量水平和形成新的交流圈,包括日常生活的交流圈、经济生活的交流圈和社会文化的交流圈。在日本,非日常活动的交流圈包括享受都市的艺术、娱乐、医疗等服务,一般在 1h 的范围内;高档次的交流圈、大都市圈包括国际交流机能、海外竞争机能,一般要求在 2～3h 区域合作通道构成的范围内。这就是为什么在中国即使西部的一些项目,有比东部更高的利润率,海外投资却难以在西部交通区位优势不足的区域落户的原因之一。

(3)交流圈促进经济圈的形成和发展。区域经济要发展,区域经济圈要扩大,交流圈首先要扩大，除了空间距离外，经济距离、时间距离是十分重要的社会经济发展因素。在欧洲，货物运输手段选择的一般概念范围是：从物流中心（运输枢纽）至 250km 范围选择 3h 可完成送达的厢式车；从物流中心至 300km 范围，3h 到达可选择卡车；从物流中心至 320km 范围由一般的 4h 铁路运输完成或 3h 高速铁路运输实现；从物流中心至欧洲任何地方或城市之间则可在 3h 内利用航空运输实现。澳大利亚的公路快速集散服务每日可达 1 200km 左右。目前中国将快速公路零担运输规定为 300km，24h 内送达；1 000km，48h 内送达；2 000km，72h 内送达，显然是受高速公路、一级公路数量少，载运工具质量差的限制。

8.6.2 阶段性发展效应规律

阶段性发展效应规律指的是，高速公路沿线区域发展因自然资源、气候、经济、文化等区位条件不同，处在不同发展时期的区域将呈现激活、导入、集聚、扩散等不同的阶段性区域发展效应。前面已经提到，高速公路影响区域发展的阶段性效应可划分为短期阶段效应、中期阶段效应和长期阶段效应，其中有正向效应也有负向效应，而且划分的时间阶段也是相对的。正是这种相对性为区域规划主体的决策理论、决策手段和决策艺术的应用，提供了巨大的施展空间。

(1)高速公路对区域经济产生的短期效应突出表现在激活区域的交流活动，其关键是改变了实现物流、人流的运营组织方式，是对现有生产要素调整的结果。此阶段的效应一般是十分鲜明、直接的，如中高档客车、危险品运输车辆、大件货物运输车辆等迅速出现在新建成的高速公路上，快件运输、多式联运的滚装运输等先进的运输组织方式与运营组织也在迅速发展，从而使公路运输在技术水平、服务水平方面发生了一些质的改善。一般条件下，高速公路创造的短期效应主要体现为扩大了交流圈范围，使地方农业产品、水果等保鲜易腐产品交易的市场范围扩大；在地方工业制品输出圈扩大的同时，也使原材料、中间产品选择、采购范围扩大，这对扩大生产规模和改进产品质量有十分重要的积极作用；机场、港口、车站直接吸引范围扩大，中转换乘(装)时间缩短，运输服务质量大幅度提高；地方商业、旅游业的购物客、旅游观光客增加；地方的信息交流、人员流动、人才交流激活。

(2)高速公路对区域经济产生的中期效应主要体现为诱导新资本、新产业迁入，激活现有产业。其作用效应一般多表现为直观、内在、间接的。由于选址条件所涉及的因素：土地价格、土地利用、劳动力的获得等都会因高速公路在该区域的开通而发生变化。域外成长性企业的进出集中于高新技术产业、加工制造业以及农业等领域，促进区域产业高度化；域外大宗商业资本、观光资本输入或输出，使得商业服务水平提高，区域资源得到开发，其相应的负向效应是土地、资本、劳动力等各类生产要素成本上升，有关费用增加，地方原有商业、观光事业受到损伤。地价、土地利用、生活条件，就业就学机会发生改变；促进人口移动，房产业发展，住宅供应增加，就职、就学人口出行流动方便。中国许多已建成开通 3～7 年的高速公路沿线区域已经可以验证这一特征。

(3)高速公路对区域经济产生的长期效应一般多是资源集聚、产品扩散、产业迁移等产业结构调整、优化与更新，具体形式更突出地表现为区域经济规律的作用。其效应呈现为隐含、综合的形式。集聚—扩散—空穴化需要一个较长的时间过程，目前，中国的有些高速公路建成时间短，沿线区域企业选址还无完整的集聚—扩散—空穴化表现，但劳动力因素等造成的生产成本上升，产品市场的转移、产品生命周期规律、产业生命周期规律等造成的产业迁移也有所体现，如东西部企业联合、产业西移、西部重化工基地的建设等。而日本等国家有些区域某些产业(如 IC),已围绕高速公路建设、干线公路建设出现了集聚—扩散—空穴化现象。

归纳国内外高速公路对区域经济发展产生的中长期效应主要体现在高速公路创造的区位优势、对区域产业高度化的支持等方面。运用区域经济发展的规律,可以为区域发展制订出科学的区域发展战略规划和阶段性战略步骤。

8.6.3 区域间合作—竞争规律

区域间合作—竞争规律指的是,区域间的资源、产业、市场随高速公路轴线形成合作轴的同时,新投入资本首先流入最能够使资本增值的产业和区域,由此导致在相关区域间吸引投资、产业迁入等方面产生的竞争关系。区域间的合作与竞争规律有利于避免产业趋同化。从国内外有关资料分析可以看到,资源、交通、市场、生活、成本等条件随时间推移会发生变化。高速公路依外界条件不同,对处在一定或不同时段的区域发展产生大量正向效应的同时,也会因区域间竞争关系在一定的时期产生一些负向效应。如缺乏资源或资本的区域,劳动力资源外流加剧,造成当地发展区域经济的人力(智力)资源不足,而区位条件优越的区域更容易吸引人力(智力)资源。把区域不平衡发展思想、创新学说以及关于人力资本流动的观点结合起来考虑区域发展问题,应努力创造相关条件,使之成为与外界有高级干线轴交流的开放区域,从而为区域进一步发展奠定良好基础。相应的负向效应也会在一定时期后的区域范围发生改变。

8.6.4 运输方式的竞合关系

高速路网构成了公路运输的基础设施,是公路运输竞争力的基础保障,它不仅促进了公路运输车辆技术提升,还促进了关联产业高度化发展。中国公路数量发展虽逐年呈递增趋势,其数据拟合曲线是递增上凸的对数函数,在相关年份范围内其数量增长的斜率逐渐趋于平缓;但每千辆汽车占用的公路里程的拟合曲线多项式却是递减下凹的对数函数,其斜率总是呈现逐年递减趋势。这种剪刀差扩大现象在单一公路运输的大城市尤其显得突出,因此要从质的方面解决这类问题,就需要创新型运输方式迅速发展,比较典型的是磁悬浮、快速轮轨(高速铁路)运输、地铁等运输方式。新型运输技术导致在同一线路方向不同运输方式的竞合关系发生了变化,凸显在上海、北京、广州、深圳、南京等大城市,西安(在建)、成都(在建)等大城市将继续这种演变发展趋势,其影响区域将会随轨道运输方式扩大而扩大。新型运输技术在一定领域缓解了大城市交通严重的供需矛盾。轨道运输这种线上运输与公路运输面上运输只会在一定“线”上,特别形成主干线上形成竞争关系,在“面”上仍然是以合作关系为主,这种竞合关系要求我们关注高速路网与交通运输、区域经济一体化发展问题。这一过程体现在不同运输方式间的竞合关系,从单一运输网走向大交通网。

8.7 有效利用高速公路及公路网的思路

综上所述,有效利用高速公路及公路网的思路和途径涉及面较广,以下几方面是应当注意的。

(1)从高速公路影响区域发展的短期效应分析,高速公路对交通运输系统的影响范围远远大于对区域经济的影响,从中长期效应分析,高速公路引起的区域产业结构变化所带来的益处，大大超越了对运输业本身的影响。

(2)从高速公路影响区域发展的类型分析，不一定高速公路通过的区域就能得到迅速发展，人们还需创造有效利用高速公路的必要条件。例如，建立次一级公路网与高速公路连接，形成能源、水资源等的复合轴线系统。总之，创造区位优势是充分发挥高速公路"点—轴"型系统效能、引进投资、促进区域经济发展的有力措施。

(3)高速公路缩短时间距离、延长经济距离的作用，使得人们对区域的发展从更广阔的视野范围来认识，因此扩大区域概念带来区域间竞争与合作的可能性增加，因此，政府应注重强化行政区及大范围区域发展与高速公路建设的统一规划和决策。

(4)从高速公路影响区域的产业结构构成分析，既有自然因素，又有人为因素，呈现一定的发展规律。首先是与运输直接相关的高新技术产业、加工业、旅游业以及与建厂直接相关的建筑业，一般趋势是第一产业萎缩，第二产业增加，随着产业集聚、人口聚集，促进了城市化过程，第三产业(主要指服务业)增加幅度加大。

(5)要利用高速公路发展区域经济，各级政府应当注意高速公路"点—轴"型、"点—轴—圈"型系统中"点"的培育，也要注意公路及相关产业创新成果的运用，改善交通环境，树立区域良好形象，通过改善区域形象有效缩短人们的心理距离。增加高速公路建设对区域发展的正向影响也十分重要。为了有效地利用高速公路，行政区政府应科学地制订组建高新技术开发区、产业区、经贸区等规划与政策，把握高速公路提供的区域经济发展机遇的有效措施。正确认识区域发展所处阶段、发展类型，是为了更好地创造必要条件，更有效地利用高速公路促进区域发展。行政区政府行为在引进或促进区域经济发展点、增长点迅速形成，并带动区域发展中起着十分重要的作用。

(6)在利用公路建设发展区域社会经济时，对区域发展模式的战略定位十分重要。区域发展模式定位实际上决定了区域产业结构特色，哪些产业可以引入、哪些产业限制引入、哪些产业禁止引入，从而制订相应区域(小区、开发区等)的布局方案。构思区域发展战略要因地制宜，突出区域特色，评价方案也要根据区域发展定位选择评价因素和设计评价指标，两者要成为一个完整的体系。

8.8 本章小结

本章分析了高速公路影响区域发展的阶段性效应，概括了区域受高速公路影响的发展类型，总结了高速公路及公路网影响区域发展的基本规律。主要研究结论如下：

(1)公路网密度与提高区域生产效率、经济效益关系密切，处在以经济发展为主的阶段中，有条件的地方政府建设公路积极性较强。随着公路网的成熟以及电子信息技术的发展，产业选址和经营活动范围扩大，这一趋势的延续会使产业选址过度依赖公路建设的倾向减弱。因此，推动公路建设的主体以及对公路建设评价的重点会有所转移。

(2)对区域公路网建设的投资实质是一种与区域投资主体密切相关的共同资本，各类产业投资主体可以将自有资本投入与公路网结合起来运作，创造企业的区位优势，从而提高生产效率和经济效益。

(3)资源开发与产业迁移对中国西部区域经济发展有特别重要的意义，区域资源开发要选择具有比较优势的资源，产业迁入也要选择具有比较优势的产业。但是，目前中西部资源的潜在价值低于赋权价值，许多资源的现时开发价值不甚理想。交通基础设施（公路建设）将是创造资源比较优势、区位比较优势的必要条件之一。

(4)交通运输基础设施建设是区域发展的重要前提，应根据区域的不同发展阶段和类型，努力创造使区域成为发展极或增长极的必要条件。

高速公路影响区域发展的效应如何，与接受高速公路影响的区域类型有关。高速公路影响的区域类型有：潜在型、输出型、成长型和扩散型。它们遵循潜在型→输出型→成长型→扩散型的逻辑过程演变。对于高速公路相关区域而言，并不一定经历各个发展类型，即高速公路通过的区域只是其中的一种区域类型，并随时间推进按逻辑过程演进。一般成长型受高速公路正向效应影响最大，扩散型则受正负向效应都很大，而且对区域经济圈发展有较大贡献。这一理论可以解释中西部一些高速公路沿线区域的许多不均衡发展现象。

(5)由于高速公路的建设，相关区域的部分产业可能会经历集聚—扩散—空穴化过程。这一过程与区域创新产业引入、主导产业培育及产业结构高度化发展等密切相关，也与区域经济水平、人均收入等构成的区域发展综合实力等有很大关系。

(6)高速公路影响区域发展的基本规律有：①“点—轴—圈”成长规律表明了高速公路及公路网随时间进程，影响区域发展的一般性趋势和发展全过程的区域形态特性变化的规律，因此，必须树立长远观点看待分析区域发展问题。②阶段性发展效应规律指明了为区域发展做好整体定位战略决策的必要性，制定长期战略目标时应将其划为若干个阶段性目标，并与区域发展各个阶段状态相吻合，一体化规划中各阶段性目标的实现是区域发展战略决策方案实施的必要过程。③区域合作与竞争规律反映了通过交流与合作才能使区域发展发挥协同效益。

这几项规律要作为一个整体来认识把握，以指导区域发展战略规划和组织实施工作。

第9章　公路对区域产业结构高度化的支持

电子通信和计算机技术构成了现代社会的技术基础，随着现代科技的迅猛发展，公路的建设、运营与管理也朝着现代化、信息化、智能化的方向发展。公路智能系统的研究、开发与应用，车辆电子化技术的发展，国内外供应链管理实践活动的高级化发展等等，无不体现了知识经济时代的显著特征，这也将对区域产业结构高度化提供巨大的支持。本章探讨公路建设对产业高度化、物流高级化的支持以及产业高度化对区域发展的影响等。

9.1　区域产业结构高度化

9.1.1　区域产业结构高度化的含义

区域产业结构高度化是指产业结构随需求结构变化向更高一级结构演化的过程。从产业结构的演变过程分析，产业结构高度化一般经历了重化工业化阶段、高加工度化阶段和知识、技术集约化阶段(也称为高技术化阶段)。产业结构高度化的主要特点是产业结构向高加工度化、高附加值化和技术集约化方向发展。区域发展的核心问题是要增加科技含量、扩大产业规模，产业高度化正是朝这一方向挺进，因此，产业结构高度化对区域发展具有重要的现实意义。

9.1.2　技术创新是产业结构高度化的重要手段

技术创新最初是由美籍奥地利著名经济学家熊比特于1912年提出来的，这是他经济发展理论的核心内容。许多中国经济学家对此也作了深入研究。一般认为技术创新是一个以市场为导向，以科技为支柱，以产品(服务)开发为龙头，以提高经济效益为目标，加速创新成果进入商业化或尽快转化为生产力的经济发展模式。技术创新是产业结构高度化的重要手段。

从公路运输业发展的角度分析，技术创新可以分为产业创新和企业创新两个密切关联的层次，虽然两者在创新内容的侧重点和实现方式有所不同，但是两者的本质内容却是一致的，即重心落在企业技术创新。所谓企业技术创新是指企业把科技成果引入生产过程所导致的生产要素的重组或生产函数的转移。企业技术创新作为产业创新的微观载体，体现为在市场经济条件下，将科学技术与市场需求能动地结合起来的创造性行为，以所创造出来的新产品、新服务满足市场需求的方式赢得社会经济效益。检索与技术进步有关的资料可以发现，中国对公路运输行业(部门)的技术进步研究的广度和深度，要远远超过对公路运输企业技术进步的研究，因而也就忽略了对产业创新的载体——企业技术创新的研究，这也是传统经济体制下研究技术进步的基本特点。

企业技术创新具有创新活动的基本单元性质，只有企业重视技术在创造经济效益过程中的作用，即通过追求创新成果商业化、追求经济效益的过程，才能实现技术创新的目的。从企业技术创新活动过程分析，技术创新包括以下几点。

(1)观念创新:构想新的战略、策略、经营理念、计划、组织、制度和设计等。

(2)运作创新:运用新的原料、材料、能源、工艺、装备、人力和资金等。

(3)实效创新:开拓新的产品、服务、市场等在内的多个相关阶段(或环节)组成的科技、经济与社会的综合活动和持续过程。

技术创新不仅研究技术革新所代表的渐进型和质变型创新,还研究由此必须进行的相应组织与管理上的变革。市场经济体制下,技术创新已经成为公路设计、公路施工、公路运营与管理、沿线企业、运输企业生存与发展的重要途径与手段。

就企业技术创新而言,一般必须具备三个条件:

(1)所欲开发或转移的科学技术具有发展与应用的潜力,即通过企业创新活动,能够使企业形成在生产、经营和技术上的战略优势。

(2)对企业进行的技术创新内容具有潜在的或明显的生产需要或市场需求,即企业创新成果具有商业化用途或前景。

(3)通过创新主体的努力和应用相关设备技术,能够把科学技术与生产需要或市场需求有效地结合起来。

研究国外一些在运输业中占据市场领先地位和在产业发展中起主导作用的企业经营情况,可以清楚地看到,公路运输企业经济规模往往是建立在技术创新基础之上的。如日本"近铁运通"集团的"葵花"系统、大和株式会社的"黑猫"系统、澳洲 TNT 有限公司(集团)的计算机在线经营系统等,支持运输网络化经营的电子信息技术,使它们的经营范围能够遍及全国乃至全球。另有研究表明技术创新在技术进步中的作用约是规模经济的三倍,说明技术创新还可以在更多方面引发一系列质变型创新活动,为区域产业高度化提供支持。通过创新主体努力使创新对象在质的方面优于现状,这正反映了技术创新活动的本质。就像准时生产制(JIT—Just In Time),其发明创造虽在日本的丰田公司,内容又是以汽车工业为基础的,但是,现在 JIT 生产方式已经广泛应用于世界各国的许多企业,而且不论其企业规模大小、行业特色如何。仅就这点来看,JIT 已经作为一种经营观念,旨在取得技术优势与竞争优势,并广为人们所接受;而在实现 JIT 的过程中,全员参与、不断进取和努力的思想与方法在管理学界也留下了深刻的印迹。

9.1.3 公路为区域产业结构高度化创造基础条件

高速公路周边区域的产业结构高度化,主要是指区域产业构成,特别是指工业结构、交通运输结构从依赖劳动力为主的阶段发展到依赖资金为主的阶段,进而再发展到依赖知识与技术为主的阶段。在各类产业中受公路影响最直接、最显著的是公路交通运输业。公路技术等级的提高,提升了汽车技术性能、改革了公路运营的管理手段,促进了车辆电子化发展。诸如车载计算机技术、车载无线电通信设备、车辆电子识别系统、电子收费系统、电子控制发动机、防抱死装置以及建立在卫星通信基础上的双向数字传输、实时通信、车辆定位等技术。此外,还有汽车空气悬挂系统、合成润滑油、无铅汽油等相关技术和产品。公路建设完善了区域物流系统的条件,为降低物流成本、转换产业结构奠定了基础和前提。

技术创新的实质是引进新的生产函数,也是引导区域产业生存、增长和发展的基本过程,使得产业能够按照劳动力→资本→技术的资源运用重点顺序发展。技术创新凭借新兴技术提高生产效率,是提升区域竞争实力,加速区域社会经济发展的重要手段。从前面的研究可知,公路产业应当作为国民经济发展的战略产业来看待，特别是高速公路的迅速发展，能够带动许多相关产业发展。为配合汽车在高速公路上运营，相关企业经营管理的设施、设备、技术与产品已经能够形成一定的主导产业，并带动相关产业发展，在条件适合的区域很可能成为区域经济发展的一些新的增长点。

从高新技术企业选址要求可以看到，对交通基础设施，特别是对高速公路、航空港、关联产业集聚、高素质员工、大学、生活环境等的依赖程度增强，相关要求更高。虽然，计算机及通信网络技术的发展，使企业对信息获取渠道过分依赖于公路的情况得到缓解，但公路建设在区域产业结构高度化中仍起十分重要的作用，这也是美国将公路作为重要的战略产业的原因之一。美国在多种运输方式中对公路产业尤其予以特别关注和极大投入，有关研究资料表明，在1950～1989年期间，在美国35种行业的发展过程中，对公路建设每投入1美元，就能获得年均18美分的收益；100万美元的公路存量资产的增加，就意味着全部行业生产费用节约额每年可达18万美元，而且对非地方公路1美元的投入则可减少成本24美分，可见公路建设带动相关产业发展的潜力巨大。

9.2 运输业创新与物流理论的应用

物流是现代企业竞争制胜的新法宝，物流高级化正是物流领域活动运用其创造成果的综合体现。物流高级化反映了当今运输与配送等供应链管理的活动实践，也是在新的社会技术基础之上物流的发展方向。在市场经济条件下，将供应链运作与管理工作集成起来进行规划、设计、运营和管理是物流高级化发展的方向。

9.2.1 物流高级化及其特征

物流是指从制成品开始送到消费者手中或将原材料、协作件从供应者手中送到生产现场的全过程设计和管理。这一过程涉及原材料、零件、半成品、制成品的流通作业及相关信息的供给、存储与处理以及各项环节的存量计划管理、削减供应链管理的总成本控制等。要求将正确的商品在准确的时间以合适的费用送到所需的地点。对于消费者而言，研究物流过程涉及的因素主要有服务水平的决定；服务项目与服务成本的权衡；企业选址的决策；运输与库存管理系统的运行；信息系统的构成与作用。

由于供应链管理是将企业分散在空间的各项活动有效地综合集成起来进行管理，公路网、物流信息网建设就在其中担负着重要作用。物流理论在中国不同部门（行业）的专业化应用很有特色。例如，在物资流通领域多体现为“物资配送制”、在建筑领域多体现为“建筑工业化”、在运输领域多体现为“运输集散一体化”等，但其实质是相同的，并体现在追求物流系统化、物流合理化过程之中的运行效率和综合效益。一般而言，物流合理化的领域越宽、范围越大，业务量同时也足够大时，物流专业化的对象越具体、措施越得力，相应的作业效率、综合效益也就越大。由于历史和逻辑的联系，物流高级化是不能与初级物流活动截然分开的，物流高级化赋予了物流实践活动更多的新内容，并体现在服务项目、营销观念、物流技术和经营组织等诸多方面。具体表现在：①服务项目多样化；②服务范围区域化；③服务响应实时化；④物流技术标准化；⑤管理过程集成化；⑥物流系统合理化。

物流理论与实践可实现跨部门、跨产业应用，它要求技术、组织、管理的标准化以及标准化基础上的跨部门、跨产业范围的协作。市场经济体制和第三方物流经营者的成长和发展有利于这种环境的形成。

9.2.2 物流高级化的发展方向

物流高级化发展体现在电子信息技术和管理方法的应用,随着物流集成论、物流战略论的发展,政府将其作为一个新兴的复合性产业来规划,进而促进物流跨企业、跨地域、跨部门、跨国界的运作。直接与公路相关的领域涉及以下几个方面:

(1)在都市间货物运输方面:①强化公路运输单位与供货、用货单位的合作,形成供应链管理系统;②强化货运站、中转站的功能,开展集装箱内陆延伸运输业务;③保障大型车辆交通的顺畅化,大型车辆运输可通过指定的公路,使其能便利地到达海港。

(2)在都市内货物配送方面:①强化共同配送,减少市区配送车辆;②加强城市内停车场建设,完善市区车辆运行体系;③物流作业信息化,调度车辆电子化,提高车辆运行效率。

(3)物流据点建设方面:①构筑大范围物流网络,完善合作系统;②诱导民间参与物流基础设施建设;③促进实用技术开发。

(4)物流与供应链管理信息化方面:①强化运输配送合理化;②运用移动通信技术;③构筑运输业者的EDI系统。

以上方面也可以逐步与公路运营智能化结合起来,特别是智能运输系统的发展。

9.2.3 第三方物流及其发展

第三方物流(Third Party Logistics,TPL)是“接受客户委托为其提供专项或全面的物流系统设计以及系统运营的物流服务模式”。由于市场经营主体种类的复杂性以及市场竞争等关系,成功地经营第三方物流必须体现更深刻的物流内涵和经营策略,这就需要建立狭义的第三方物流的含义,“作为外部组织利用现代技术、管理理论和经济关系为客户提供专项或全面的物流系统设计以及系统运营的服务模式”。所谓利用现代技术,主要体现为基于电子信息技术的技术体系应用,管理理论主要指战略管理、集成管理等前沿理论和方法,现代经济关系主要是指第三方物流经营主体与客户的关系是基于合同的长期合作、战略联盟、虚拟经营等关系。因此,狭义的第三方物流体现了这样几个要点:物流经营主体是独立于供需双方的第三方物流服务提供者;第三方物流提供的物流服务建立在现代电子信息技术基础上;第三方物流与客户是以双方长期合同导向的一系列个性化、系统化的物流服务关系。由于第三方物流利用现代技术并与客户通过长期合同进行合作,如3～5年甚至更长时间,所以能够提供客户所需个性化、专业化、系列化、网络化的物流服务。诸如,可以对物流设施、设备进行专业化改造,以更好地满足客户个性化、系统化物流服务要求。

9.3 公路对区域物流系统的支持

依据活动的范围可以将物流划分为企业物流、区域物流、全国物流和国际物流,其中区域物流超出了单一企业的活动范围,是全国物流、国际物流活动的基础。第三方物流经营者在此有着明显优势并拥有极为广泛的活动领域。

9.3.1 区域物流系统

区域物流系统是为实现既定区域社会经济目标，由一定区域物流固定设施、移动设施、通信方式、组织结构及运行机制等要素形成的多层次人工经济系统。区域物流系统化是物流系统化较高的层次，其方法主要是规划、建立和完善区域物流网络体系。区域物流系统的主要内容是区域间通道(干线公路)、城市道路等与区域物流设施、城市集配中心、企业仓库等联合组成的物流网络体系。货运枢纽站场是区域物流设施，其规划与布局对区域物流系统合理化有重要的作用。从区域经济发展的观点考虑，货运枢纽站场或城市间物流中心、城市内集配中心等物流据点的运营应当按综合集成方法规划布局，实现功能分配合理、运行机制兼容，并能够协同运作。城市物流(配送)据点的配置可从两方面综合考虑权衡：从提高物流活动效率方面分析，要求对物流设施进行集约化布局，以便于实施集中调度与控制；从提高物流服务水准方面分析，则要求对物流设施实行分散化布局，以满足实时响应用户需求的要求。在供应链运作的同时，要加强物流信息和综合控制能力，从而达到削减库存量，提高销售能力，减少物流总费用的目的。

9.3.2 区域物流系统运作的目标模式

区域物流中心是构造区域物流系统的核心，其具体形式是多样化的。一般可以将物流中心理解为处于枢纽或重要地位的、具有较完整物流环节，并能将物流集散、信息和控制等功能实现一体化运作的物流据点。物流功能的绝大部分作业可以在物流中心或以物流中心为基地的延伸服务过程中完成。所以，高层次物流中心应当在区域物流系统化中，有效地履行货物集散中心、物流信息中心、物流控制中心的全部功能，这也是实现物流高级化的基础功能。区域物流系统一般的运作目标模式可以概括为图 9-1 所示的结构体系。

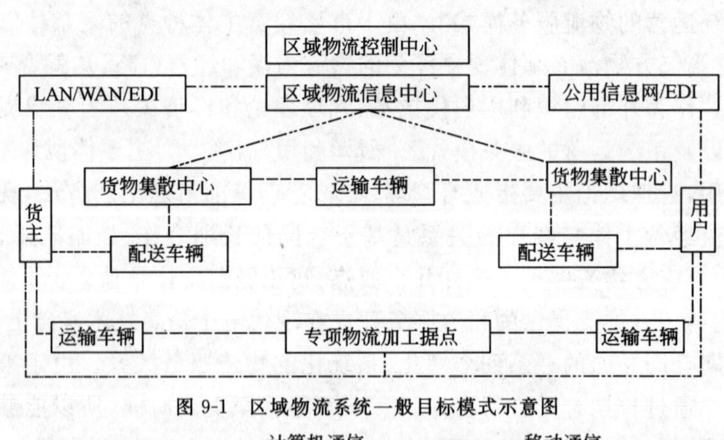

图 9-1 区域物流系统一般目标模式示意图

-·-·-·-·- 计算机通信； ———— 移动通信

上述目标模式可以概括为：以干支线合理布局的公路网及相互兼容运行的物流基础设施为依托，以现代企业制度、集团化机制运作的第三方物流经营组织为主体，运用现代营销理念并结合现代电子通信及计算机网络为技术手段，与用户结成长期稳定的战略合作伙伴关系，形成既具有经营活力又能够实现全过程供应链实时控制的区域物流系统。

9.3.3 公路对区域物流系统的支持

区域物流设施是物流网络的重要结点，其布局与其功能层次有关(参见图 9-2)。

供应链物流运作的绝大部分功能的实现都与物流设施功能的发挥密切相关(参见表9-1)。

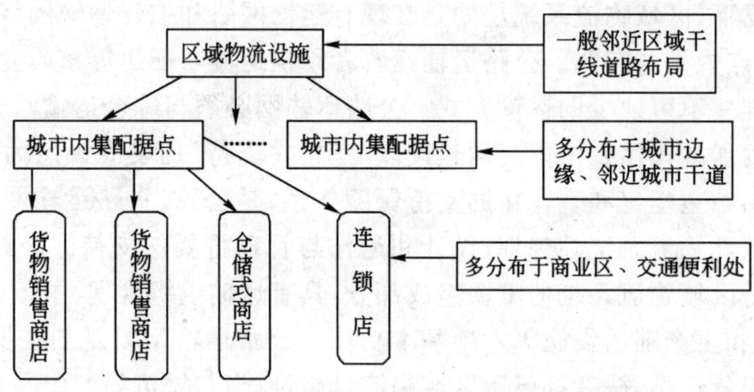

图9-2 物流据点的层次及分布

若将物流网络结点的仓储、包装、配送、装卸、流通加工、信息服务等功能与运输过程等形成一体化管理，就可以实现供应链的全过程控制。在实现全程控制的过程中，现代通信技术、计算机网络技术是最重要的技术基础，同时还需要相应的组织运行机制和管理体制作保证。

物流网络结点的功能与作业内容 表9-1

物流功能分类		作业内容
仓储	贮藏	长时间保管：贮藏型保管，其他相关作业
	保管	短时间保管：流通型保管，其他相关作业
	库存控制	用户仓储物品信息服务，用户仓库机能
配送	集货	电话预约、上门取货
	发货	准时配送
流通加工	加工作业	检查商品、分类、上架、分拣、分配(库内作业)
	生产加工	组装、切片、切断、剪断
	促销加工	询价、单元化、拼装
包装	工业包装	运输包装、保管包装、外包装、内包装、品质保障主体活动
	商业包装	销售包装、个包装、营销活动主体活动
装卸	装载	从物流设施向运输过程的作业
	卸载	从运输过程到物流设施的作业
信息	物流信息	数量管理：运行，货物跟踪，入库、在库、出库管理 品质管理：温湿度管理 作业管理：自动分类
	商流信息	订货、销售：销售信息管理系统、时间、车辆，EDI 金融：与银行的业务

从物流国际化、物流高级化发展的要求分析，各类货运枢纽站场属于典型的区域物流基础设施，在布局中与干线公路的关系更为密切，而城市的集(货)配(送)中心、仓库等与城市干道的关系更为密切。

引入物流高级化的概念，货运枢纽站场经营的传统观念、技术基础与经营方式将随之发生变革。在多数情况下,区域物流系统规划是在现有运输网络和拟建运输网络基础上,完善区域物流设施、物流据点规划与布局。公路运输经营者承担运输与配送等核心业务,是多式联运中实现门到门服务唯一不可缺少的运输方式。公路运输网必须与综合运输网充分兼容才能发挥其推动区域物流发展的作用。全国交通建设以"三主一支持"的发展设想为目标,即公路主骨架、水运主通道、港站主枢纽和现代化的支持保障体系,是公路、水路运输网建设的核心内容,也是对全国及区域性物流系统的规划、设计和运作与管理重要的支持。公路主枢纽中的货运站场系统本身就是区域物流系统的重要组成部分,具有运输组织管理、中转换装、装卸储运、多式联运、通信信息和生产辅助设施等六项基本功能。公路运输站场规划主要涉及集装箱货运站和公路运输零担货运站,两者都属于区域物流设施,应当与城市集配中心、各种仓库、商店形成配套体系。作为区域物流设施的货运枢纽,其规划的主要内容包括确定其在区域物流系统中的主要功能,确定其布局、选址与建设规模,设计良好的运行机制,与现有集配中心、仓库功能匹配、兼容运作。

9.3.4 城市物流与区域经济

城市物流是以城市为依托的区域物流,因此,城市物流必须服从于区域经济发展的需要。城市物流涉及社会生产及再生产过程的每一个环节,不仅包括生产领域、流通领域,而且还包括消费领域。由于城市是区域的中心,区域经济的形成是城市物流存在的基础,而城市物流又是促进区域经济快速发展的重要手段,因此,加强城市物流基础设施的建设,提高城市物流技术及服务水平,对于区域经济的发展具有极为重要的意义。

城市物流系统是为了实现城市社会经济发展目标及城市物流最优化的目的,由城市内物流固定设施、移动设施、通信方式、组织结构及运行机制等要素形成的人工经济系统,涉及与城市物流运营与监管等相关的所有物流活动体系。城市物流系统的发展可以优化升级产业结构,促进城市经济的发展。随着城市物流系统的广泛建立,城市内的各个行业及物流的各个环节都可以实现信息共享和集成的管理,从而实现城市物流的整体最优。

随着中国经济的快速发展,城市物流也获得了极大的发展,但是,目前城市物流中仍存在诸多问题,如城市交通运输基础设施落后,运输能力跟不上运量的增长,运输工具缺乏统一组织管理,流向流量不合理,物流效率低下,综合运输成本高,交通混乱,车辆拥挤与堵塞现象严重,噪音污染不断加剧,城市物流管理体制条块分割,物流资源严重浪费等。因此,政府部门应根据实际情况,及时制订有效的措施,整合和优化物流资源,促进城市物流的良性发展。

对城市物流对策的研究可以分为两个方面:一是整顿公路网和物流据点设施等"硬对策";二是整顿运输工具上的"软对策"。不同的城市发展水平各不相同,总的来说,政府部门应该从全局、整体的角度出发,确立城市物流发展的整体规划。城市物流的发展应该根据所处的地理条件和经济条件,结合自身经济发展的总体要求,以市场为导向,以企业为主体,以物流服务需求为依托,最大限度地降低城市物流成本,提高城市物流效率,从而促进区域物流合理化。城市物流系统规划首先应该服从和服务于城市的总体规划,同时,必须与城市交通规划结合起来。要充分利用交通枢纽的优势,依托公路、铁路主干线、枢纽站点及相关仓储设施,建立起各种运输方式间的有效衔接,促进综合运输网的建设。从区域经济的发展需要出发,要重点解决好城市物流合理化问题,包括城市与城市之间以及城市内的物流合理化。城市物流合理化既包括流向流量的合理化、物流环节的合理化,也包括物流管理组织合理化等。

9.3.5 案例实证分析:公路网对区域物流系统的影响

9.3.5.1 晋东南煤炭外运的公路通道

山西省煤炭具有很好的工业用途,晋东南地区煤炭外运至不同用户的主要用途是:作为制造化肥的原料占 50.93%、工业燃料等占 23.36%、民用占 19.93%、发电占 1.78%。焦作市位于河南省西北部,北依太行山与山西省接壤,南临黄河与郑州市相临,西南与洛阳市毗邻,2005 年底,公路总里程已达 3 413.7km,公路网密度 83.9km/100km^2,分别高于全省和全国 36.29km和 63.9km,是河南省公路网建设最快的地(市)之一,构成晋东南煤炭外运中煤炭物流中转及公路运输的主要通道,形成了具有明显区位性特征的区域物流系统。

9.3.5.2 公路建设与运输通道的相互作用

根据相关项目的 OD 调查,经过焦作市中转的晋煤主要运输目的地的分布量及比重参见表 9-2。

经焦作市中转的晋东南煤炭外运目的地分布　　表 9-2

项　目	合计	河南	河北	山东	安徽	江苏	陕西	湖北	浙江	湖南
运量(万吨)	1 179.7	669.6	137.7	91.4	88.8	78.5	59.3	44.2	6.7	3.5
比重(%)	100	56.76	11.66	7.75	7.53	6.65	5.03	3.75	0.57	0.3

晋煤外运的重要方式是铁路和公路。在焦作市形成晋煤外运中转集散地公路运输主通道主要有以下原因:

(1)山西省境内矿区道路条件很差,上山运煤的货车、拖拉机一般不适宜直接进行长途运输;同时,也需要一个中转环节对煤炭进行筛选、分级,按用户用途将最适宜的煤炭送达用户指定地点。

(2)山西省煤炭出境要收取一定的出境费,导致一部分经营者利用政策不完善之处赚取由出境费引起的一定范围差价。

(3)焦作市直临山西省界,同时具有良好的公路网条件,数以千计的煤炭中转场均在公路边选址作业,主要进行简单的筛选、分级等流通加工,然后销往用户。

因此,一个巨大的煤炭流通加工、转运市场在焦作市形成,对焦作市区域物流系统产生了重大的影响。焦作市汽车货运量、货物周转量迅速增长,20 世纪 90 年代,汽车货运量、货物周转量平均增长速度为 14.3%、17.2%,而同期河南省平均为负增长。交通运输企业营运货车和总吨位以 14.3%、15.0%增长,分别高于同期河南省平均水平的 12.2 个百分点和 10.7 个百分点。1997 年完成货运量 407 万吨,货物周转量 6.9 亿吨公里,分别占全省交通运输企业总货运量的 18.3%、货物周转量的 25.7%。自 1991 年以来,全市 18 家交通汽车货运企业(其中 8 家客货兼营)全部赢利,且年年利税上升,这与全省交通部门汽车运输企业货运严重亏损,不少企业"弃货转客"现象形成鲜明反差。同期,焦作市 GDP 和人均 GDP 的平均增长速度为 15.5%和 13.7%,分别高于全省 5.0 和 4.8 个百分点,也是全省经济发展最快的城市之一。到 2005 年,完成货运量4 265万吨,货物周转量 33.9 亿吨公里,分别为建市初期的 39 倍和 391 倍。

为了加快区域物流通道建设,晋(城)—焦(作)高速公路于 1997 年开始建设,2000 年建成通车,与焦作地区的国道相连接。区域物流通道的形成使地方建设高速公路的积极性很高,同时也进一步提高了晋煤外运的效率。这是公路网建设支持区位性产业发展的典型实例,公路网促成通道经济区形成,通道经济区发展要求公路网技术等级提高。

9.4 产业结构高度化对区域发展的影响

产业结构高度化通过技术创新来影响区域发展的生产函数，促进高技术在各类生产企业、公路运输企业中的应用，从而推动区域产业科技化的进程。

9.4.1 产业结构高度化影响生产函数的理论分析

区域产业结构高度化表现在产业发展过程中的特征为：产业结构的高加工度化，即表现为以原材料工业为中心向以加工组装工业为中心发展的趋势；高附加值化，即产业结构选择朝着附加值高的部门发展的趋势；技术集约化，即工业资源结构趋向于以知识与技术为主体的演进过程。随着工业结构高加工度化的发展，技术资本的质量、劳动力质量将成为区域资源结构中的重要因素。工业结构软性化，即知识和技术日益渗透到产业活动中，从而使产业发展中知识和技术密集型产品的比重与地位日益提高。服务于工业、商业等的物流业同样如此，对物流管理专家的知识结构、物流服务的效果增值等都提出了更高的要求。即第三方物流经营者不仅要了解物流的一般过程，而且要了解自已用户（战略合作伙伴的）物流的特殊过程，并用适当技术进行支持。一个区域要发展，要获得经济增长和较好的经济发展，要使产业结构向高级化方向发展，关键是要有适宜的产业结构转换能力。

在此过程中，产业的技术创新十分关键，另一方面还要加强区域间的合作。在技术创新活动中，一般分析对企业的贡献是针对生产函数进行理论分析。典型的生产函数是柯布—道格拉斯生产函数（简称C—D生产函数），是由统计学家C. W. 科布（Cobb）和经济学家P. H. 道格拉斯（Douglas）经大量统计资料研究归纳出来的，其表达式为：

$$Q = AL^{\alpha} K^{\beta} \tag{9-1}$$

式中：A——一定技术条件下的规模参数；

L、K——投入的劳动和资本可变因素；

α、β——待定参数。

产业结构高度化发展的高级阶段是知识与技术集约化。为了分析技术创新对区域产业增长的贡献，可将技术因素$A(t)$作为时间函数列入生产函数，进行一般意义上的理论分析。那么，一般的生产函数可表示为：

$$Q = A(t) f(L, K) \tag{9-2}$$

对函数两端取对数后有：

$$\ln Q = \ln A(t) + \ln f(L, K) \tag{9-3}$$

然后求一次导数，可以得到：

$$\frac{\mathrm{d}Q}{Q} = \frac{\mathrm{d}A(t)}{A(t)} + \frac{\mathrm{d}f(L, K)}{f(L, K)}$$

其中：

$$\frac{\mathrm{d}f(L, K)}{f(L, K)} = \frac{A(t)\mathrm{d}f(L, K)}{A(t) f(L, K)} = \frac{1}{Q} \cdot \frac{\partial Q}{\partial L}\mathrm{d}L + \frac{1}{Q} \cdot \frac{\partial Q}{\partial K}\mathrm{d}K \tag{9-4}$$

根据经济学解释的生产函数的参数意义，可以定义劳动和资本的产出弹性分别为：

$$E_L = \frac{\partial Q}{\partial L} \cdot \frac{L}{Q} \tag{9-5}$$

$$E_K = \frac{\partial Q}{\partial K} \cdot \frac{K}{Q} \tag{9-6}$$

经推导后，最后可得：

$$\frac{dA(t)}{A(t)} = \frac{d(Q)}{Q} - E_L \frac{dL}{L} - E_K \frac{dK}{K} \tag{9-7}$$

在区域经济增长中，除去劳动和资本增长率对经济的影响外，就是技术创新的作用了。在区域产业结构高度化过程中，劳动与资本的作用，即式(9-7)中的最后两项的作用呈减小趋势，故技术创新的作用、产业结构高度化的作用，对区域经济增长和发展的贡献越来越大、越来越重要。

9.4.2 公路建设高技术化

中国公路建设的现代化已经取得了一些成就，许多高新技术在公路建设过程中得到应用。公路勘察设计中应用航空遥感技术(RS)、卫星定位技术(GPS)和地理信息系统(GIS)，推进了公路勘察设计的现代化进程。公路施工中采用大型的配套施工机械，特别是高密度自动找平摊铺机的应用，极大地提高了工程质量，缩短了施工周期。现代化的工程质量监理系统和监测系统可以有效地提高监理监测质量，排除人为因素影响。交通三大公害的污染治理比以往得到更多的重视，防治交通噪声的多种技术的综合治理方法，如声屏障、减噪路面、设置缓冲区等得到全面应用。公路景观设计开始得到重视。此外，还提出了中国的公路建设环境影响评价方法、范围及评价标准。

9.4.3 货运车辆大型化

从物流效率化、国际多式联运的需求出发加强货运车辆的大型化发展。货运车辆的大型化可以降低运行成本，提高运输效率和效益。公路质量等级的提高是对货运车辆大型化的有力支持。日本有资料表明，在高速汽车国道及指定公路的超重型车辆行驶，即车辆大型化是公路建设与改良的结果：

(1)20t 重型车辆自由行驶。在公路改造后，原总质量 20t 车辆，载货 10t(最远轴距 5.5m)提高到为总质量 25t 车辆，载货 13～14t(最远轴距 7m)。载质量提高约 30%，运输成本进一步降低。

(2)特殊车辆通行许可限制提高。原半挂车(牵引车加半挂)总质量约 30t，载货 16t(最远轴距 12m)，提高到车辆总质量 34t，载货 20t(最远轴距 12m)。将原车辆总质量 34t，集装箱总重 24t(最远轴距 12.5m)提高到车辆总质量 44t，集装箱总质量 30.5t(最远轴距 13～14m)。载质量提高约 30%，对降低运输成本有重要作用。

(3)海运集装箱指定线路公路运输。原运送 40ft 集装箱需减载运行，经公路改良后，配合国际集装箱运输需要，将可在指定的公路上运行。

在日本，高速汽车国道约 6 400km，一般国道(指定区间内)约 20 500km，一般国道(指定区间外)2 800km，地方公路(含首都高速)为 2 800km，一共约 32 500km。公路改良促进车辆质量提高、性能改善，在降低运输成本的同时，也有利于提高国际物流效率。

此外，中国的汽车集装箱内陆延伸运输尚十分薄弱，应当建立相应的协同发展体系，使汽车集装箱运输的内陆延伸得到很好的发展。

9.4.4 客运车辆高档化

不同等级的公路需要不同性能的车辆，公路运输经营者利用不同性能的车辆展开竞争。已有高速公路的区域，汽车运输企业普遍依托高速公路开展了旅客快运业务，原有国产普通客车品种已远远不能适应高速公路客运的需要，在激烈的竞争环境下，客车品种到了更新换代或淘汰的阶段。以往难以想像的事项纷纷出现，美国勇士豪华大客车在美国市场售价32万美元，国内售价达560万元，其他进口豪华大客车在国内的售价一般都在400万人民币左右，中国客运市场的激烈竞争，推动了国产豪华大客车、中外合资大客车迅速发展。中外合资生产的豪华大客车一般在130万～240万元左右，国产豪华大客车一般在100万元以下。中外合资或引进技术为主的国产豪华型大客车还是具有较强的价格竞争能力，已成为主要车型。高档次大中型客车的发展，在促进中国汽车工业发展的同时，也改变了传统的公路客运车辆结构，促进了公路客运服务水平升级。

9.4.5 车辆电子技术的发展

中国公路建设特别是高速公路的迅速发展，促进了汽车产业在多学科技术综合集成的支持下，在向大型化、专用化、高安全化、低能耗方向发展的基础上，逐步朝着车辆电子化的方向发展。车辆电子技术、车辆控制技术、智能车辆技术等迅速发展起来，已形成诸多新产品并能对智能运输系统给予支持。中国许多部门也一直在研究车辆技术的发展，在中国已举行了若干次国际研究会议，也已有许多新产品问世。

9.4.6 公路运营管理新技术

(1)电子收费系统和不停车收费系统。其发展趋向于电子收费与交通管理相结合，利用车辆自动识别与电子计费技术来实现对行驶车辆的自动计费过程，可以做到快捷、方便、准确，并节约收费车道。现代化管理系统是采用先进的电子设备，对交通、收费、路况等进行监督和管理，其内容涉及交通工程、电子通信、计算机、电视摄像、录像广播等专业技术，因而是一个多学科的、技术密集的系统工程，高速公路管理系统成为指挥中心和控制中枢。

(2)公路交通信息产业。信息产业是公认的新兴产业，高速公路对信息产业的支持是多方面的。高速公路及现代化管理系统包括通信系统、监控系统、收费系统、电源系统等内容。有关公路环境关联系统、交通安全关联系统、防灾减灾关联系统、高级物流关联系统等的开发大都是以电子信息技术为基础的综合集成管理，有利于促进交通控制智能化的实现进程。在中国西部建设高速公路及高等级公路网可能形成西部区域经济发展的社会资本，如建立在电子信息技术基础上的物流系统，可以为西部现代工业生产的计算机集成制造系统(CIMS)提供强有力的供应链管理技术与服务支持，为信息产业提供更多的市场机会。

(3)区域物流管理系统。区域物流管理依托电子信息技术和现代经济关系，可以将订货、取货、包装、仓储、库存控制、配送等业务集成起来进行控制，能够使物流服务社会化，支持多企业间供应链管理。物流经营管理信息化包括了运输生产、经营和管理中广泛采用全球定位系统技术(GPS)、移动通信系统技术(MCS)、电子数据交换技术(EDI)和企业计算机管理系统技术(CMS)等。

9.4.7 智能运输系统的发展

将公路、车辆、交通管理等通过电子信息技术为核心的高新技术连为一体形成的系统，在欧美称为智能运输系统（ITS）。ITS 在许多国家形成了规模化研究机构，目前已形成了北美（美加两国参加）、欧洲（19 个国家参加）和日本（单独进行研究）三大不同的研究体系，每一个体系均组织了跨部门的上百个企业、高校和研究机构，很大程度地影响了区域产业结构高级化进程。ITS 将先进的信息技术、数据通信技术、电子控制技术以及计算机处理技术等有效地综合集成用于整个地面运输管理系统。这个系统将汽车、驾驶员、道路及相关服务部门相互连接起来，并使汽车与公路的运行功能智能化。该系统主要包括了交通管理系统、出行需求管理系统、公共交通运营系统、商用车辆管理系统、电子收费系统、应急管理系统、先进的车辆控制和安全系统，在日本称其为 ARTS（先进公路运输系统），ARTS 的目的是与区域社会发展密切联系的（参见图 9-3）。

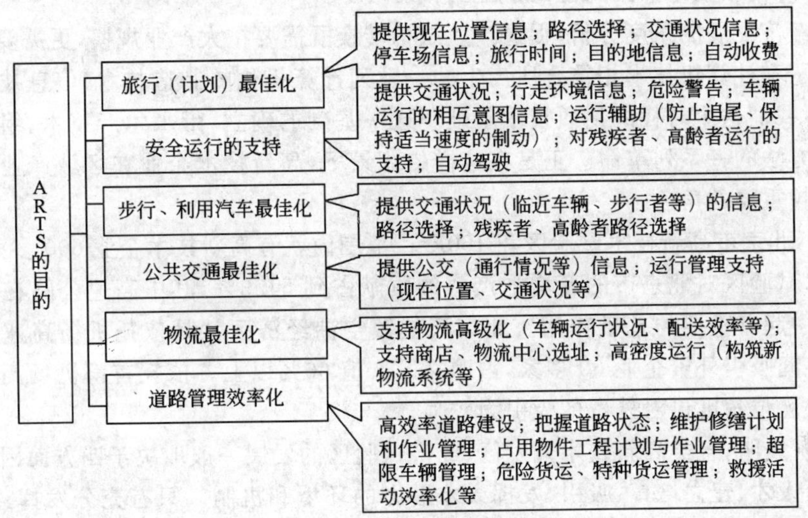

图 9-3 日本开发 ARTS 的主要目的

由图 9-3 可以看到，ARTS 的目的是与区域社会经济发展相联系的。目前其技术基础已基本成熟，第一代智能运输系统已经投放市场。据研究分析，其价值在于大幅度提高公路通过能力，大量减少交通阻塞、拥挤，降低能源消耗，大大提高公路交通的安全性，提高运输能力，从而增强国家的竞争实力。

9.4.8 案例实证分析

9.4.8.1 黄海大道的启示

沟通国际物流、区域物流的通道对区域经济有重要的支持作用，通道所联系的主要港口、陆路口岸可以增进国际交流。在区域物流网络体系中不可缺少的运输方式就是公路运输，公路与海港，公路与铁路和海港之间联系的方便性、快捷性对区域物流系统的形成与完善有重要的作用。

环渤海经济区在中国区域经济中的地位迅速提高，很大程度依赖于港口、高速公路构成的区域物流通道和中心城市的集聚与扩散作用。中国已建成的高速公路分布在这一经济区的比重很大，而且连接的多是重要城市。较典型的有京津塘、沈阳—大连高速公路，沿线已基本形成了通道经济区，已建成的太原—石家庄—北京、济南—青岛、大连—庄河等多条高速公路，也形成了多个"点—轴"型区域发展系统的基础框架。

干线公路、公路网的建设与完善对区域经济结构由自然资源采掘、原料输出为主到形成深加工、良好的产业格局具有巨大的推动作用。以黄海大道为例，在双向四车道高速公路通车以前，大连与庄河之间有201国道相连，庄河市是一个以农业为主的城市，主产水稻、肉牛、海产品等以及海产品加工、工业初加工等产业。黄海大道建成后，迅速将两地间的时间距离由5h缩短为3h左右，新增工业企业提升了区域结构的转换能力，初步改变了该区域原有的产业结构，大连—庄河的"点—轴"型区域发展系统已现雏形，推动了区域经济的进一步发展。

反之，条件不十分完善的西部地区，依托高速公路建设"点—轴"型区域发展系统的难度较大，形成通道经济区就需要更长的时间，因此有重点地进行战略抉择显得更为重要。

9.4.8.2 高新技术产业与区域产业结构转换

从区域经济发展的角度分析，促进产业结构转换既需要扩大产业规模，更需要扩大科技含量。由微电子和计算机技术相结合所产生的一系列计算机化的制造技术、信息技术的变革和发展，奠定了我们这个时代的物质技术基础。这一基础的确立，带来生产技术、组织结构以及管理理论与方法的一系列革命。正是在这样的背景下，高新技术企业在区域产业结构转换中扮演着越来越重要的角色。

1998年，北京市高新技术试验区在100km^{2}范围内就有高新技术企业600多家，据统计分析，高新技术试验区对北京市的新增加产值的贡献占到54.3%，其中高速公路在高新技术促进区域发展中起着重要的基础作用。北京天竺镇空港经济区就是依托机场高速公路而形成的，建成五年间吸引外资企业60多家，占顺义区产值60%以上。依托首都机场高速公路的空港经济区，从区位角度讲对外资的吸引力较强。

实证分析表明，各类高新技术开发区、经济试验区的发展一般取决于四方面因素：

(1)创业人才，建立培育、吸引、发挥人才潜力的环境和机制。只有充分发挥人才能力，才能使区域具有创业与发展的机制。

(2)资金投入，依托区域特点，建立吸引域外、海外资金的区位优势体系。

(3)国家政策，通过国家产业政策、行政区政府优惠政策，促进区域、国际合作，引导区域产业布局和发展。

(4)政府效率，通过政府规划、指导、监督、服务的科学性和工作效率，提高企业运作效率与效益，降低非生产性成本。

显然，提升区域产业结构转换能力也需要通过多方协同努力。

9.5 本章小结

本章引入了区域产业结构高度化的概念，提出了物流高级化、区域物流和第三方物流理论体系，针对公路运营与区域产业结构高度化等问题进行了重点研究。

(1)产业结构高度化是区域产业发展的重要内容，是产业结构向更高一级过渡和演化的过程和结果。公路建设在此过程中可能创造改变产业格局的基础条件，并使其中一些产业受益，高新技术企业可以得到更多外部条件的支持作用，从而促进区域产业高度化进程。

(2)区域物流是货运管理发展的高级阶段，对区域经济发展有重要影响，文中提出了区域物流系统运作的目标模式、第三方物流经营理论，以支持运输业发展。

(3)直接受公路产业影响的是公路运输业、汽车制造业。公路技术等级的提高，使所运用车辆的性能迅速提高，运输服务质量大幅度提高，完善了以电子信息技术为基础的控制手段，进而拉动了公路运输业，又支持了其他产业的发展。以高速公路为主轴的公路网对区域产业的重化工业化、高加工度化和高技术化具有促进作用，使资源能够得到合理的开发与应用，公路网还可以在区位性产业方面创造带有区域特色的产业经济，焦作区域物流系统正说明了这一观点。

(4)企业的技术创新活动的实质是引入一种新的生产函数，从而改变和提高区域经济潜在的产出能力。在区域中引入技术创新企业，可带来新产品、新劳务，提高既有生产要素的商品和劳务产出量，并利用创新产业带动区域其他企业的经济活动加速发展。知识与技术集约化的发展，对区域经济的增长和发展具有越来越重要的作用和影响。

(5)公路网密度的提高有利于推动物流业高级化发展，物流业高级化发展方向是将货主、第三方物流服务提供者和用户用便利的物流通道、电子通信技术联系起来，达到服务、技术、组织、管理手段等多方面的综合集成，并使得运输与集散等相应活动能够综合集成起来运作。

(6)高速公路的建设及公路的改善，促进了车辆大型化发展，既有利于调整车辆结构，又有利于降低运输成本。车辆电子化和客运车辆高档化，在促进了汽车运输业现代化的同时也促进了民族汽车制造产业的发展。高速公路建设也促进了公路运营管理智能化，不停车电子收费将是公路运营管理的主要手段，可以促进和带动相关区域产业发展。

第10章 公路经营管理对区域发展的影响

在高速公路建设处在迅速发展时期，需要将其建设全过程形成一个良性循环系统，而构造这样一个良性循环系统仅依赖国家投资是不现实的。因此，除公路的基础性、公益性等基本性质外，还需要重新认识公路所具有的商品性质，引入市场机制，开展多元化筹资建设公路、经营公路是一条重要的思路。本章探讨公路经营的基本方式、公路产业运营与管理等问题。

10.1 特许权及公路经营的基本方式

当区域经济发展要求公路建设加快步伐，而加快建设步伐又受到公路建设资金缺乏的制约时，那么将公路建设推向市场，利用公路特许经营制展开公路产业经营是一个重要的途径。

10.1.1 高速公路管理体制与公路经营

公路产业经营所涉及的多是收费公路，收费包括缓解拥挤性的收费、偿还贷款性的收费和经营盈利性的收费，其中高速公路在收费公路中占很大比重。中国高速公路建设历史并不长，但管理体制较为复杂，各地所采取的具体形式也有一定差异。不同的管理形式会对公路产业经营产生较大影响。高速公路管理体制涉及行政隶属体制、效益核算体制、行业管理体制、建设管理体制和交通管理体制等内容。高速公路管理类型划分参见表10-1。

高速公路管理类型分类 表10-1

分类依据	具体形式	特点	备注
行政隶属关系	集中管理型	各阶段由省交通厅统一管理	陕西、辽宁、安徽、广东等省采用
	专线管理型	分路段专业管理	北京、上海、天津、河北等省市采用
	分片管理型	各片区独立管理型	四川等省采用
经济核算关系	事业管理型	自收自支、收支分开	政府职能突出，行政干预较大
	企业经营型	独立核算、自负盈亏	在特许范围有相对独立的经营权
	事业单位企业管理型	准事业或准企业管理	两方面兼顾，但矛盾较多
建设管理范围	建管一体型	全过程全权负责	适宜于集中管理型或企业经营型
	建管分离型	专门机构负责管理	常与事业管理型兼容运行，有利于高速公路技术密集的专业化管理

为了满足区域发展的需要，政府主管部门应当在一定时期中促进公路产业经营发展，并在运营管理过程中体现政府相应的监督职能。

10.1.2 中国公路建设融资方式

公路产业经营包括了公路建设的融资、施工和运营管理等多个环节，其中公路建设项目融资是关键的一环，直接决定或影响到公路建设其他环节的经营方式。

中国筹集公路建设资金与其他国家有所不同,公路建设的投资体制是国家投资、地方筹资、社会融资和利用外资相结合。目前中国公路建设的投资主体仍是政府。随着中国经济体制改革的深入,公路建设也采用了一些新的融资方式,为了便于分析,可以将中国公路建设融资方式划分为传统融资方式和非传统融资方式。

(1)传统融资方式主要是来源于政策性资金的公路建设投资来源,这是计划经济体制下公路建设资金的主要来源,也是一些不实行公路税收制的国家中公路建设资金的主要来源。在中国,政策性资金的主要来源包括以下几方面:

①养路费,是指国家根据"以路养路"原则,由交通部门向有车单位和个人征收的用于养护和改善公路的一种事业性收费。根据公路建设需要,国家规定在养路费基础上附加征收30%作为公路建设专用,将部分养路费用作公路建设是在各地都普遍存在的现象。

②车辆购置附加费,是由国家向所有购置车辆的单位和个人一次性征收用于公路建设的费用。车辆购置附加费由交通部统管,并全部用于公路建设。

③客货运附加费,是指用于干线公路基础建设的一项专门基金。一般用于公路、站场及其他服务设施建设。

④其他融资途径,如道路收费等。

以上养路费、客货附加费、公路运输管理费、车辆购置附加费等公路规费已随着费改税制度被燃油税、车辆购置附加税所替代。

(2)非传统融资方式是指在市场经济机制的作用下,在传统融资方式的基础上,采用股本融资、债务融资和项目融资等方式筹集公路建设资金。非传统融资方式多是在经济体制改革以来引进或采用的方式,其中市场机制起很大作用。例如,从国内及国际金融机构借贷;向社会及个人发行债券等方式;通过公路建设股份公司在国内外发行建设债券;既存公路经营权的让渡;BOT(建设—经营—移交)等方式。

非传统融资方式是市场经济体制下的产物,其中较典型是类似BOT方式的公路建设项目,即就是采用世界银行贷款等方式筹集建设资金,为了偿还本息,也必须展开公路经营活动,这些活动具有公路产业经营特点。

10.1.3 特许权及特许权经营的意义

中国公路基础设施具有国家所有性质,公路资产的社会公益性以及国有土地所有权的不可转让性也决定了公路资产的非交易性质。在此方面,公路的特许经营是公路产业经营的一种典型方式。公路产业经营与其他产业有所不同,它是根据特许制度,由国家授予公路经营公司等经营主体公路特许权,公路经营公司据此展开经营活动。所谓特许权是指在一定时期内建造、拥有和经营公共基础设施的权力或政府许可。

特许权经营是公路产业经营的基本形式。公路特许权经营的具体方式很多,其中,特许权融资是特许权经营的重要前提。公路建设与经营作为一种公共事业,体现为社会公益性,本身属于政府行为。但是,区域发展需要公路建设作为社会经济发展的基础设施,因此在一定时期将公路看作具有价值和使用价值的特殊商品来经营,从而可以利用多种资本来源进行公路投资建设。将公路的基础性、公益性与商品属性结合起来经营,就必须取得政府的特许经营权。转让公路经营权的融资方法很多,常用的有BOOT(建设—拥有—经营—移交)、BRT(建设—出租—移交)、BOO(建设—拥有—经营)以及BOT(建设—经营—移交)等,其中以BOT方式最为典型。与传统的融资手段相比，特许权融资的代价更高。政府集资通常要比本国私营企业集资条件更优惠，资金支配时间更长。因此，特许权融资与政府集资相比，它的利息较高，借贷时间较短。所以特许权融资是一项高投资、高风险的融资方法，一般被资金缺乏国家的政府所采用。

10.1.4 BOT投资经营方式及内容

BOT(Build-Operation-Transfer)是1984年由土耳其总理奥扎尔提出的一种投资方式，其含义是政府通过授权，把本属于政府支配、拥有或控制的资源委托国外财团法人进行投资建设并进行经营获益，在特许经营期届满时移交政府继续经营。BOT的特点是：前期准备复杂；运营管理简单；国家一次吸收私人巨额投资，私人慢慢收回投资；项目风险由企业承担；政府不负责债务责任；可以提高建设效率、引进先进技术和管理经验，政府的工作关键在于确定价格与特许经营期限等。

BOT作为一种鼓励投资基础产业的投资方式，其经营期限很长，一般长达10年、20年甚至更长的时间(参见表10-2)。

部分国家实施BOT计划的项目 表10-2

项目所在国家	项目类型	建设资金(10^6 $)	竣工时间	优惠期(年)
马来西亚	公路	8.0	1986	25
马来西亚	公路	32.0	1988	9
马来西亚	高速公路	18 000.0	1995	30
澳大利亚	隧道	550.0	1992	30
英/法国	隧道	92 000.0	1993	55

一般而言，经营期限越长，不可预测的风险越大。推行BOT最基本而又最重要的是项目特许经营权的授予，这不但要政府授权而且要有明确的法律保障，保护特许权经营利益。公路建设属于公共工程，带有很强的社会公益性特点，很大程度上应体现社会经济效益。BOT强调了投资者的经营自主性，实际上经营者的行为并非都符合全社会利益，由于BOT特许经营的本质是无形资产经营，经营者应充分体现无形资产授予者国家的根本利益。

实行BOT方式的公路经营公司可以集公路建设与经营为一体，其公路产业经营的性质与一般公路经营公司是一致的，所不同的主要是，BOT方式是通过为国家建设公路而获得该公路的特许经营权，因而公路经营权的价值取决于实行BOT方式的公路经营公司为修建公路所付出的经济代价。公路建设投资形成的是特许经营权的价值，因此投资的回收应通过特许经营权这项无形资产在特许经营期内进行合理摊销、计入各期经营成本，并用经营收入进行补偿。

BOT项目是投资额大、涉及内容广泛的产业经营方式。根据国际上通行惯例，BOT项目的特许经营权契约的主要内容应包括11个方面：项目的建设地址、内容、规格标准及建设期；项目的特许权内容及期限；项目的总投资额、资金构成、境内外融资及融资方式与条件；成本构成与费用支付安排；收费标准与方式；工程设计、施工、采购、经营、维护、移交的标准和程序；项目的组织实施计划与安排;签约各方风险的分担;签约各方的权利、义务和责任;转让、抵押、征收、中止及不可抗力条款;罚款与仲裁等等。尽管 BOT 方式应用于公路建设仍需要研讨,但是,它的思想方法和经营方式对公路产业经营具有指导作用,使公路建设投融资机制能对公路产业经营起到重要的推动作用。

10.2 不同机能的基础设施经营形态比较

建立统一的交通运输体系需要各种运输方式的基础设施协调运转,基础设施的完备程度是交通运输功能顺畅实现的决定因素。与公路建设相关的国际、国内交流基础设施的种类很多,是否具有高的运营效率,需要有良好的微观经营机制,这些同时影响到交流圈、经济圈的形成与运作。

10.2.1 基础设施的经营形态比较分析

公路及相关基础设施的经营形态种类很多,采用不同的筹资建设方式对经营形态和运行机制往往有决定性的影响。分析日本等一些国家基础设施的典型经营形态主要有:政府部门、传统的准国营/公益事业、法人化商业化的准国营/公益事业经营形态,采用服务契约、经营契约、租赁契约等经营形态,特许权经营、民间企业、自行组合组织等经营形态(参见表 10-3)。

基础设施经营形态比较分析表　　表 10-3

<table>
<tr><td rowspan="2">经营形态
性质
或机能</td><td rowspan="2">政府部门</td><td>传统的</td><td>法人化商业化的</td><td rowspan="2">服务契约</td><td rowspan="2">经营契约</td><td rowspan="2">租赁契约</td><td rowspan="2">特许权经营(BOT)</td><td rowspan="2">私人企业</td><td rowspan="2">合作组织</td></tr>
<tr><td colspan="2">准国营/公益事业</td></tr>
<tr><td>资产所有</td><td>国家</td><td>国家</td><td>大部国家</td><td colspan="4">国家或混合形态</td><td>大部民间</td><td>民间共有</td></tr>
<tr><td>投资计划、政策方案、制度</td><td>政府内部</td><td>主管机关</td><td colspan="4">主管机关或个别的政府机关</td><td>政府机关与契约者协商</td><td>无或政府机关</td><td>无或政府机关</td></tr>
<tr><td>资本金融(固定资本)</td><td>政府</td><td rowspan="2">补助资金或政府保证借贷</td><td rowspan="2">准国营(限定补助资金;从市场融资)</td><td>公共</td><td>公共</td><td>公共</td><td>民间契约者</td><td>民间</td><td>民间</td></tr>
<tr><td>资本金融(运营资本)</td><td>政府</td><td>公共</td><td>公共</td><td>民间契约者</td><td>民间契约者</td><td>民间</td><td>民间</td></tr>
<tr><td>投资运作</td><td>政府</td><td colspan="2" rowspan="2">准国营组织</td><td rowspan="2">服务特别是民间契约者</td><td colspan="2">相关政府部门</td><td>民间契约者</td><td>民间</td><td>民间</td></tr>
<tr><td>运营、维护</td><td>政府</td><td colspan="2">民间契约者</td><td>民间契约者</td><td>民间</td><td>民间</td></tr>
<tr><td>经营权限</td><td>政府</td><td>政府</td><td>准国营</td><td>相关政府部门</td><td>民间契约者</td><td>民间契约者</td><td>民间契约者</td><td>民间</td><td>民间</td></tr>
<tr><td>商业风险</td><td>政府</td><td>政府</td><td>准国营</td><td>相关政府部门</td><td>民间契约者</td><td>民间契约者</td><td>民间契约者</td><td>民间</td><td>民间</td></tr>
<tr><td>民营者的报酬</td><td>—</td><td>—</td><td>—</td><td>服务</td><td>服务或成果</td><td colspan="2">成果,既存资产利用、对契约者支付</td><td>私人决定</td><td>私人决定</td></tr>
<tr><td>期限</td><td>无期限</td><td>无期限</td><td>无期限</td><td>5 年以下</td><td>3~5 年</td><td>5~10 年</td><td>10~30 年</td><td>无期限</td><td>无期限</td></tr>
</table>

从表 10-3 的比较分析可以看到,不同的经营形态,受到资产所有、投资方案、融资方式、经营权限、运行机制、经营风险等诸多方面影响。由于基础设施项目融资、建设方式和自身公益性作用,在基础设施建设、运营过程中,政府在其间也起着举足轻重的作用。政治家在政府中推动基础设施建设的目的和所起的重要作用和民营者筹建、运营基础设施会有较大差异。民营者侧重于运行效率、经济利益,所要承担的主要是市场风险(参见表 10-4)。

主要基础设施适用的经营形态 表 10-4

<table>
<tr><td rowspan="3">经营形态
部门</td><td rowspan="3">政府部门</td><td rowspan="2">准国营/公益事业</td><td rowspan="2">服务契约</td><td rowspan="2">经营契约</td><td rowspan="2">租赁契约</td><td rowspan="2">特许权经营(BOT)</td><td rowspan="2">受规则制约的企业/法人</td><td colspan="2">不受规则制约的</td></tr>
<tr><td>企业</td><td>团体</td></tr>
<tr><td>投资并维持运营</td><td colspan="3">维持运营</td><td colspan="4">投资政策与维持运营</td></tr>
<tr><td>铁道</td><td rowspan="11">各部门的计划与政策方案</td><td colspan="6">客运线路;货运线路</td><td colspan="2">专用铁路</td></tr>
<tr><td>城市交通</td><td colspan="5">通勤高速铁路;地铁</td><td>城市公交</td><td colspan="2">出租、城间客运</td></tr>
<tr><td>公路货运</td><td colspan="8"></td></tr>
<tr><td>公路</td><td colspan="4">干线公路;城市道路</td><td colspan="2">收费道路</td><td>专用公路</td><td>地方公路</td></tr>
<tr><td>空港空运</td><td colspan="6">通用空港</td><td colspan="2">专用空港或空运</td></tr>
<tr><td>港湾</td><td colspan="6">通用港湾</td><td colspan="2">专用港湾或海运</td></tr>
<tr><td rowspan="3">电力</td><td colspan="6">发电</td><td rowspan="3">自备用电力</td><td rowspan="3">团体的系统</td></tr>
<tr><td colspan="6">送电</td></tr>
<tr><td colspan="6">配电</td></tr>
<tr><td rowspan="2">电气通信</td><td colspan="6">地方送信;转换系统</td><td>终端站设施</td><td rowspan="2">团体的系统</td></tr>
<tr><td colspan="6">长距离通信</td><td>服务延伸</td></tr>
</table>

很显然,在公路建设、城市建设、城市化过程中,表 10-4 所示的经营形态具有很好的参考作用。一般不应拘泥某种形式,不妨选择多种经营形态展开竞争,并在其中体现政府的意图和作用。

10.2.2 公路是欠发达区域发展的重要基础设施

由政府宏观投资计划所维持的公路投资既是公路存量的概念,又能引出流量的概念,前者是国家总收入存量的区域化,后者能将其转化为区域再投资能力,从而维持公路收入→公路投资→区域收入→区域发展的循环过程。由于公路对区域发展的贡献,对于经济欠发达区域中央应当给予适当的补助,以公路建设激活区域资源或产业开发的活力。

在落后地区开发中,公路建设是基础设施建设中的重要内容,公路建设被列为重要的扶贫项目,国外也有类似的政府措施。以美国的阿巴拉契地区为例,该地区开发计划十分强调公共设施的重要性,认为只有在提供必要的基础设施的前提下该地区经济才能较好地发展。因此,该地区开发计划把联邦援助的重点放在公路网络的建设上来。在《阿巴拉契地区开发法》中明确规定联邦财政拨款的绝大部分必须用于公路建设,同时批准建设长达 3 782km,后来增加到

4 868km 的阿巴拉契公路网建设计划。到 1992 年完成了 3 389km 公路建设，有力地支持了该地区社会经济的发展。从 1965～1992 年，美国联邦政府为阿巴拉契地区开发计划投入资金 140 亿元，其中公路建设为 80 亿元，占 64%，而且基本上均为政府投资，其中联邦政府投入资金约占 60%，州和地方政府投入约占 40%。经过 30 多年的开发建设，改善了公路基础设施、医疗及通信设施，阿巴拉契地区经济得到了较快的发展。这也能给我们开发中国西部区域提供一定的可借鉴的思路和途径。中国中西部利用公路建设改变区域类型，可以开发矿产资源、开展边贸、进行工商业活动、开展扶贫事业等，这些都需要基础设施的支持。

10.2.3 基础设施的融资渠道

10.2.3.1 美、日基础设施建设的融资渠道

西方国家由于金融体系发达，税收管理严密，各项法规健全，公民纳税意识强，因此各级政府财政实力较强，能对公共工程、基础设施投资予以较大支持，参见美国 1993 年高速公路建设费用分担情况（表 10-5）。

美国高速公路建设的支出与财源分担 表 10-5

<table>
<tr><th>支出内容</th><th>所占比重(%)</th><th>财源分担</th><th>金额(亿美元)</th><th>所占比重(%)</th></tr>
<tr><td>资本支出</td><td>45</td><td rowspan="2">联邦政府</td><td rowspan="2">182</td><td rowspan="2">21</td></tr>
<tr><td>维持运营费</td><td>27</td></tr>
<tr><td>管理费</td><td>9</td><td rowspan="2">州政府</td><td rowspan="2">479</td><td rowspan="2">53</td></tr>
<tr><td>巡逻、安全费</td><td>8</td></tr>
<tr><td>利息还贷费</td><td>5</td><td rowspan="2">地方政府</td><td rowspan="2">234</td><td rowspan="2">27</td></tr>
<tr><td>其他费用</td><td>6</td></tr>
<tr><td>合计</td><td>100</td><td>合计</td><td>884</td><td>100</td></tr>
</table>

随着公路网的完善，与前些年相比，美国公路的维持费用增大，其中涉及设施的有效利用、环境因素的制约，交通连接点的改良等方面，但公路的投资主体仍是政府，兼而采用诸如 BOT 等方式进行公路建设。在发展中国家基础建设项目资金缺乏的背景下，BOT 等方式往往对公路建设具有强有力的支持作用。

日本在 1954 年收费道路所占比重很小，20 世纪 60 年代开始增加很快，逐步稳定在 1986 年的 28%左右，一般道路却由 50 年代末占主要比重下降到 1986 年的 25%；而地方道路基本维持在 45%左右。在投资的构成上，国家投资从 50 年代末的 50%左右下降到 1986 年的 45%左右，民间投资有所增加。由此可以看到公路产业经营在一定程度上对公路建设所需资金能提供支持并促进其迅速发展。

10.2.3.2 中国公路建设的融资渠道

2004 年经国务院审议通过《国家高速公路网规划》，根据该规划，高速公路网络建设需静态投资两万亿元人民币，2010 年前，每年的年均投资大约在 1 400～1 500 亿元人民币，2010 年以后到 2020 年之间，年均投资大约在 1 000 亿元人民币，可见，包括高速公路在内的公路网建设需要巨大的建设资金，这样巨大的资金需求必须从多方面、多种筹资渠道努力才能解决。

中国在计划经济体制下的公路建设资金来源主要是中央和地方两大块，前者是国家政府预算，后者是省政府预算。改革开放以后，由于开展了多种非传统融资方式筹集公路建设资金，公路建设发展较快，特别是经济发达的沿海地区，经济发展水平高、人民生活比较富裕，利用市场机制筹集公路及其他基础设施建设资金相对比较容易，而在内陆地区公共工程建设资金筹集依然比较困难，造成沿海与内陆区域公路建设的数量和质量差距迅速拉大。

广东省是中国省域公路建设发展得最快的区域，也是区域经济最发达的区域之一，其公路建设资金来源具有一定的代表性。从1951年至1977年，广东省公路建设资金按投资来源分为国家投资（占94.13%）、省财政自筹（占1.48%）和各级主管部门自筹（占4.38%），可见基本上是以国家投资为主。广东及其他省份在经济体制改革过程中，还采用了其他一些措施，以扩大公路建设融资渠道。常用的方法主要有：

(1)转让公路经营权的融资方法：出售现有的收费公路经营权，以取得的收入再投入新的公路建设，例如西临高速公路。

(2)旧路作价入股组建法人公司：以旧路作价入股，与其他单位共同组建法人企业公司，对旧路进行改造。

(3)综合还贷方式筹集资金方式：采用综合还贷方式筹集公路等基础设施建设资金是常用方法。

(4)通过组建公路建设股份有限公司筹集资金：组建股份有限公司，向社会筹集建设资金。

(5)采用特许权融资等方式：国外常用的BOT（建设—经营—转让）等方式也是一种比较理想的投资方式。

(6)采用“买壳上市”的方式：买壳上市是指企业通过收购上市发行人的控制性权益或主要股权，而不需向上市发行人的股东提出全面收购要约的情况下，取得上市发行人的实际管理权，注入新的业务，实现间接上市的目的。当中国企业购入上市空壳公司51%以上股权后，即能取得控制权。有些空壳公司的股东比较分散，购买者只需较少的股份就可以达到控制其经济活动的目的。当直接组建股份有限公司有一定困难时，也可采用买壳上市的方式筹集公路建设所需资金。

(7)利用世界银行、亚洲开发银行等国际金融机构贷款方式。

(8)其他方式：诸如，新开征一些税目、费种，利用其他基金、发行债券等投资公路建设也是可行的方式。

社会资本进入交通基础设施建设可以拓宽融资渠道，弥补政府基础设施投资资金缺口，减缓政府债务风险，缓解交通基础设施投资压力，保证交通基础建设目标的实现。有关公路基础设施其他具体的筹资形式还有很多，即使在同一省份也有较大差别。

10.3 公路产业运营与管理

公路产业经营的目的是要形成公路项目融资、建设、运营管理的良好机制，形成良性正反馈循环系统，以促进公路建设事业持续发展，支持沿线区域发展。

10.3.1 公路经营与公路收费

10.3.1.1 公路经营性质

公路产业经营所涉及的是国家政策允许实行收费制的公路。无论是高速公路、一般公路或公路桥梁、隧道,只要经过国家特许,公路经营公司就可以实行收费经营。但是,公路经营又不等同于公路收费,它还包括了其他经营活动,参与的是带有竞争性的服务。公路收费按性质一般可以分为经营性收费和非经营性收费两类。公路经营公司是经国家特许从事公路建设并实行收费经营的、以盈利为主要目的的企业。公路经营公司经营的公路是收费公路,属于经营性收费公路。此外,还有非经营性收费公路。所谓非经营性收费的主要目的是调节与控制交通量以提高路网的综合使用效益;偿还项目建设贷款本息。

公路产业经营所涉及的主要是经营性或还贷性收费公路。但是,只要新建公路与既有公路形成统一路网,公路收费就直接影响到公路建设、公路运用效率与运营管理水平,影响到整个区域发展中的公路运用效率。

公路经营公司以盈利为目的,就决定了其经营目标为经营收益最大化。与一般工商企业、运输企业不同,公路经营公司主要是通过对其经营公路上的车辆征收通行费来取得经营收入,依法交纳营业税金及附加并补偿经营成本以后获得利润。公路经营公司的经营成本费用一般包括公路的养护与维修成本、收费成本、利息费用、投资额摊销费用以及公司管理费用等。其费用基本特征一般表现为固定成本,通常与交通量不存在直接变动关系。实际上这就决定了公路经营公司利润最大化目标实质为经营收入最大化。因此,合理确定通行费率,促使交通量与经营收入稳定增长,就成为公司经营的关键。

10.3.1.2 公路交通费收费站调查分析

截至1998年年底,全国共有公路收费站点3 112个,收费公路里程达95 209km,收费桥梁(隧道)433 778延米,收费人员15.5万人。其中:桥隧收费站485个,共计43万延米;高速公路收费站506个,共计里程9 553km;一般公路收费站点2 121个,共计里程8.6×10^4km。

(1)按行政等级分类:国道收费站1 481个,省道收费站1 127个,其他收费站(县乡路或专用公路)504个。

(2)按技术等级分类:高速公路收费站506个,一级公路收费站470个,二级公路收费站1 593个,桥梁(隧道)收费站485个,其他收费站(三、四级公路)58个。

(3)按经营性质分类:经营性收费站点705个,公路里程1.6×10^4km,收费人员4万人,其中收费桥梁(隧道)站(点)114个;非经营性收费站点2 407个,收费公路里程8×10^4km,收费人员11.4万人,其中非收费桥梁(隧道)站点371个。

据统计,1998年底全国3 112个收费站点所覆盖的收费公路及桥隧,共利用贷款及国内外经济组织投资金额4 381.6亿元,平均年收费约386.4亿元,尚有还贷余额2 620.1亿元,管理成本费用每年约需70.6亿元,此外还需承担数额较大的贷款利息。经营性收费站还贷余额占贷款或投资额的比例为44.5%,而非经营性收费站还贷余额占贷款或投资额的比例则为69.8%。绝大多数公路收费站点都是在1988年以后设立并开始收费的,只有部分大桥收费站和极少数公路收费站点是在1988年以前设站的。收费站点的收费期限参差不齐,大部分收费站点核定在6~10年之间,短的2~3年,长的20~30年或30年以上。据不完全统计,截至1999年年底,全国已明确收费期限并挂牌的收费站点1 191个。

公路收费站点存在的主要问题：一是收费站点审批管理不严，有所失控，造成公路沿线收费站(点)过多、过密，影响了车辆的正常行驶，公路使用者反应强烈；二是有的地方违背国家有关规定，出现了边修建边收费的情况，严重影响了“贷款修路，收费还贷”政策的正确执行；三是转让公路收费权未能按规定程序审批，造成部分国有资产流失；四是费收管理、核算、使用等环节监管不力，致使“收费还贷”功能无法保障。

调查统计还反映出一些其他问题，县乡道路设站数量较大(504个)，所占比例较高(占全国收费站总数的16%)。其中，所占比例较高的有宁夏53%、江苏37%、山西28%、四川28%、黑龙江28%；数量较多的有广东95个、四川87个、山西52个、黑龙江51个；部分收费站的设站距离不符合要求，主要集中在西南地区和部分县乡道路站点；少数公路收费站(点)经营效益差。部分省份公路收费站还贷资金比例较小，少数站点还存在还贷余额与贷款或投资金额相当的现象。还贷比例较小的省份有黑龙江、江苏、河南、陕西等；部分收费站收费成本高，年收费额小，非生产性开支比重较大，甚至入不敷出，存在收费养人现象，这些问题在县乡道路和专用公路上表现得更为突出，国、省道上也有10多个收费站点年收费在10万元以下。

10.3.1.3 公路收费与区域经济发展

公路收费问题一直是人们比较关注的社会问题，相关部门也一直在采取措施力争从根本上解决公路收费站点过多过密等问题。2003年在全国范围内共撤销公路收费站(点)510个，公路收费站点清理整顿工作也在进一步深化。总的来说，收费公路存在的问题主要是规模大、里程长、收费还贷与收费经营型公路性质界定不够清晰，而目前问题的焦点主要集中在二级公路收费站点上。二级收费公路的里程和站点约占总数的2/3，而收费金额还不到总数的1/3。因此，相关部门要通过减少二级公路收费站点、严格控制二级收费公路规模、切实降低过高收费标准等措施来解决其中的问题。

10.3.2 公路运营及公路运营管理体制

由于中国收费公路出现的时间不长，事实上，大多数公路经营公司并没有成为真正意义上的经济实体。履行社会职责、追求社会效益仍是公司的主要任务，这本无可厚非，但同时一定要注重提高运营效率和服务质量。真正意义上的公路经营公司应是按照现代企业制度要求，有计划地对现有企业机制进行改造，使之成为自主经营、自负盈亏、自我积累、自我发展、自我约束的法人实体，在公路特许经营中能够形成自已的服务经营特色，从而在利用特许经营制度的条件下通过竞争获得发展，进而推动中国公路建设事业迅速发展。

目前中国大多数收费公路、桥梁等的经营，都是采用一条公路(一座桥梁)或多条路由一个公司经营管理的模式，即多数是以建设项目作为经营单位。由于公路经营过于分散会对路网系统管理形成一定障碍，路与桥、路与路之间交通量、收费额等的矛盾就会变得较为突出。此时，往往需要省交通厅一级行政管理机构进行统筹、协调、沟通，甚至地方政府也应出面干预。

法国公路产业经营能给我们一些启示。法国1996年收费公路区间占73.2%，收费公路里程6 486km。法国在高速公路特许经营管理方面具有特色，其中能给我们提供一些公路产业经营的思路和途径。法国八家高速公路特许经营公司，其中六家是国营特许经营公司。自20世纪80年代以来，法国政府为了扶持国营特许经营公司，实行“以路养路”的政策，即国家允许项目之间进行交叉补贴，交通量较大、造价较低的项目产生的盈余补贴其新的分公司，打破了以项目为经营单位自负盈亏、独立核算的概念，这是法国特许经营公司有别于一般国际做法的一个显著特点。特许经营公司在法国经过启动、成长、倒闭、收购、改组等发展过程，积累了经验，也壮大了现有各公司自身的经济实力。在其发展中，法国政府在其中也起到重要作用。法国政府把高速公路分成网地划给各家特许经营公司开发经营。即一家特许经营公司经营、开发数条相互沟通的、关联的高速公路，形成路网特许经营公司。国家还指定了三家经济实力较强的国营特许经营公司(黑字公司)，分别帮助三家经济实力较弱的国营特许经营公司(红字公司)，形成母子公司关系。例如，SANEF 拥有 SAPN99%的资本，这样法国的南部、巴黎的东南部、巴黎的北部的国家特许经营公司的经营形成一元化。国家不再给特许经营公司注入资金和实行担保。此外，法国还有私营的 Cofiroute 公司和国际混合公司 ATMB。

法国国营六家高速公路特许经营公司和 Cofiroute 公司的营业里程、IC 间的平均距离如图 10-1 所示。

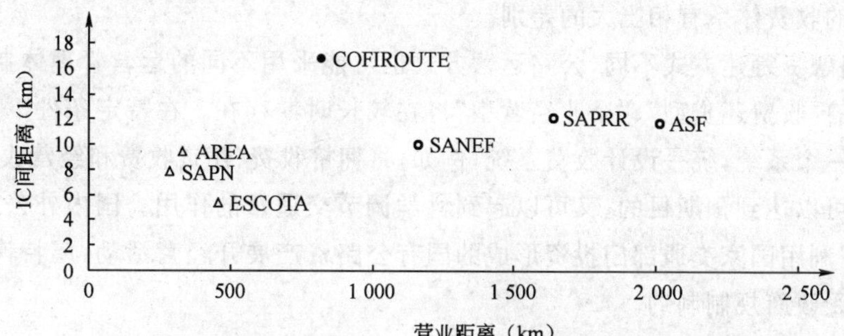

图 10-1 法国公路特许经营公司经营特点

△红字公司；○黑字公司；●作为参考的公司

法国各个公路特许经营公司的经营状况分析参见表 10-6。

国营特许公司经营概况　　表 10-6

公司名称		IC 间的距离(km)*	单位营业距离雇佣人数(人)**	单位营业距离年收入(100 万法郎)***	备注
国营	AREA	9.44	3.09	4.72	红字公司
	ASF	11.77	2.67	4.36	黑字公司
	ESCOTA	5.31	3.07	5.68	红字公司
	SANEF	10.07	1.93	3.39	黑字公司
	SAPN	7.81	1.99	3.39	红字公司
	SAPRR	12.33	1.62	3.35	黑字公司
国营平均		9.46	2.40	4.15	
ATMB		6.25	3.20	6.49	
Cofiroute		16.86	2.39	5.33	

表 10-6 中“*”、“**”、“***”的计算公式分别为：

$$\text{IC 间的距离} = \frac{\text{营业距离}}{\text{IC 数}}(\text{km}) \tag{10-1}$$

$$\text{单位营业距离雇佣人数} = \frac{\text{经常雇佣人数}}{\text{营业距离}}(\text{人 /km}) \tag{10-2}$$

$$\text{单位营业距离年收入} = \frac{\text{年收入}}{\text{营业距离}}(100\ \text{万法郎 /km}) \tag{10-3}$$

上述 8 家公司中最大的是 ASF，该公司经营管理的收费公路占法国全部收费公路的 28.6%。各家特许公司都力求在收费公路经营中提高服务水平来形成自己的经营管理特色，诸如迅速清障、除雪等。AREA 以车辆发生故障 20min 以内赶到现场救援作为整体的经营特色。从以上数据分析可以得到启示：国营特许经营公司经营状况与立体交叉的间隔里程不相关；每日通过车辆数与单位营业里程的收入或损失不相关，但与人工费等经营费用具有相关性，国营特许经营公司的相关系数为 0.976 2，其他两个公司则为 0.831 4。显然公司内部机制不同，各公司的收费体系有相当大的差别。

由于公路融资筹建方式不同，公路运营方式也可能采用不同的运营管理体制。在中国公路建设中，政府"收费还贷型"、"企业经营型"将在较长时期存在。在特定条件下，应将相关线路、桥梁视作一个系统，统一设计收费系统，例如，将拥挤收费、还贷收费和经营收费进行规范、设计和完善，可以达到预期目的，又可以起到科学调节交通量的作用。国内外公路经营公司，在国家特许下利用国家交通部门投资形成的国有公路资产展开经营活动，属特许制下的企业经营行为，应受政府规制制约。

10.3.3 公路产业运营与管理的思路和途径

综合上述分析，交通部门投资建成后的公路，经收费权转让形成的公路资产，应纳入公路国有资产运营管理范围，按相应的国有资产运营体系参与运营。国家发展公路基础设施并非以赢利为目的，而是以为社会经济发展服务为宗旨，所以，公路产业的特殊性在于作为国民经济的基础产业、战略产业的地位和作用。由于公路建设的机制不同，特别是融资建设机制的特点，要求公路产业经营有其特色。虽不应将公路产业等同于竞争性产业，但也应当有良好的生存、运营与发展机制，特别是在微观经营方面。中国公路资产特别是国道主干线公路资产主要是各级交通部门利用车购税、基础建设基金及国内外贷款建设形成的，由交通主管部门代表政府规划、指导、监督公路经营公司进行公路运营管理，理论上应是可行的。虽然，一些公路建设采用了 BOT 或其他建设机制，原则上也应当在交通主管部门的规划、指导、监督下经营，以确保特许经营权这一无形资产所代表的国家利益。在满足企业利益的同时，也能满足区域发展的需要。

考察国外高速公路管理体制可以看到，不论高速公路投资来源如何，一般都实行交通部门统一领导下的分级管理体制。由各省交通厅一级行政机构负责宏观公路运营规划、产权管理、运营绩效和行政监督是完全必要的。但是，微观经营活动仍然以企业体制运作为宜，使其充满经营活力和发展动力(参见表 10-7)。因此，为了充分运用市场经济体制发展公路建设，提高服务质量，需要考虑公路运营管理由行政行为为主向企业行为为主过渡，采用现代企业经营机制。公路产业经营是一条重要的思路和途径，但是需要对现有管理体制作适当的调整。

公路产业运营及管理机制 表 10-7

机 构	性 质	组 织 形 式	主 要 职 能	运 行 方 式	备 注
资产经营公司	公路资产经营主体	独资公司/控股公司/集团公司/企业集团	公路筹资建设、运营经营管理	持股运作	
公路经营企业	公路经营主体	股份有限公司/有限责任公司	收费经营、养护经营、服务经营、产业开发等	自主经营	

10.4 公路产业经营对区域发展的作用

10.4.1 接近立体交叉选址是一个长期过程

利用公路建设振兴区域经济是相当多公路项目建设的决策目标，但是，建成的公路是否能够达到预期目的，还取决于公路运营的管理水平。

高速公路互通式立体交叉周边区域对企业固然有吸引力，但新建企业选址接近高速公路互通式立体交叉周边区域仍存在一个过程。公路产业经营必须考虑到，随着时间推移，沿线产业选址接近高速公路互通式立体交叉周边区域的趋势越来越明显，选址企业数累积比重越来越大(参见图 10-2)的规律。公路收费经营事实上构成了区位选择的一项外部因素，从区域发展的角度分析，必须考虑到公路收费费率、公路运行效率对于高速公路立体交叉吸引产业选址的影响。

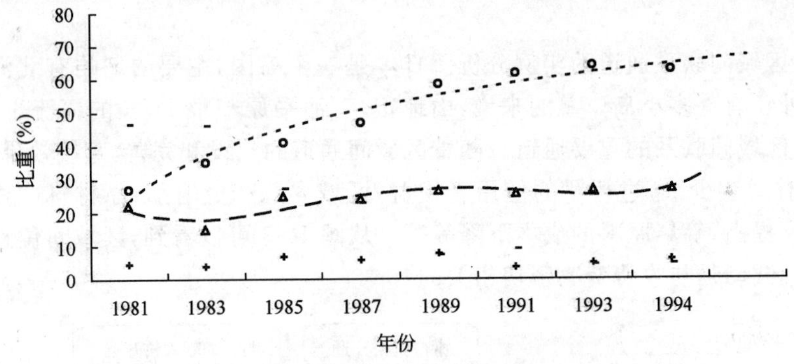

图 10-2 新建工厂受立体交叉的引力

○ <10km；▲ 10～30km；+ 30～50km；- >50km；------对数(<10km)

显然，只有在小于 10km 范围，高速公路立体交叉对新建工厂有最显著的吸引力，随时间推移呈对数函数变化可参见下式：

$$\begin{cases} y = 19.797\ln(x) + 23.495 \\ R^2 = 0.9466 \end{cases} \tag{10-4}$$

在 10～30km 范围，有接近立体交叉的一般趋势，但其内涵显得较为复杂，参见式(10-5)所描述的四次多项式曲线：

$$\begin{cases} y = 0.1005x^4 - 1.8977x^3 + 12.008x^2 - 27.408x + 38.302 \\ R^2 = 0.7469 \end{cases} \tag{10-5}$$

在距高速公路立体交叉 30～50km 范围变化不明显，表明直接引力不大。但大于 50km 的区域范围，新建工厂比重明显急剧减少。

根据以上研究分析可以作出推论：利用高速公路发展沿线区域应当十分重视距高速公路立体交叉 20km、特别是 10km 以内的土地开发利用的效果，公路产业经营应当考虑到区域发展的这一特点。

10.4.2 公路产业经营的双重作用

公路产业化加快了公路建设步伐，使区域发展能够更早地建立在公路网络基础上，为区域发展提供基础支持；若不实行产业经营，完全靠政府投资建设公路，公路建设就可能严重滞后，从而造成严重影响区域经济发展的后果。

实施公路产业经营方式，既要保证公路的公益性特征，也要实现公路经营企业自身的良性循环，需要按照规制进行收费。实行收费制度对运输效率、运输成本都会产生影响。这种收费制度应当体现对公路的合理利用，有利于调节与平衡路网交通流量、提高服务水平，提高路网运行效率，降低路网运行与管理成本。中国已建成的一些收费公路、收费桥梁，由于仅以该条公路、该座桥梁为对象设计收费系统，其运行结果往往与预期效果差异很大。所以，应当考虑相关线路、相关桥梁设计收费系统，以企业实际经营效益的盈余部分补足相关线路、相关桥梁企业经营的短缺部分，这样从系统的角度设计有利于调节新路与旧路、新建桥梁与既有桥梁的交通流量，有利于提高整个系统的运行效率和效益。这样做需要经营企业的组织机构、运行机制作相应的调整，当然，其中还有一些人们的认识需要解决。但是，我们应当看到，公路特许经营权是一种国家授予企业经营的无形资产，在整个路网收费体系中必须体现国家、区域发展的根本利益。

以日本沟通区域间联系通道的实例分析。日本是一个岛国，主要的岛屿有北海道、本州、四国和九州，另外还有许多小岛。总的来说，山地很多，而平原却很少，长的河流也不太多，公路（桥梁）是沟通区域间联系的重要通道。随着区域间通道的建设和完善，直接效果非常明显。例如，在途行驶时间减少，通过桥梁的使用者受益，区域内总产值增加，原材料进货的圈域扩大，选择的自由度提高，筹集原料的成本下降等等。从图 10-3 可以看到，区域间位移成本总体上呈下降趋势，其波动是与收费费率密切相关的。

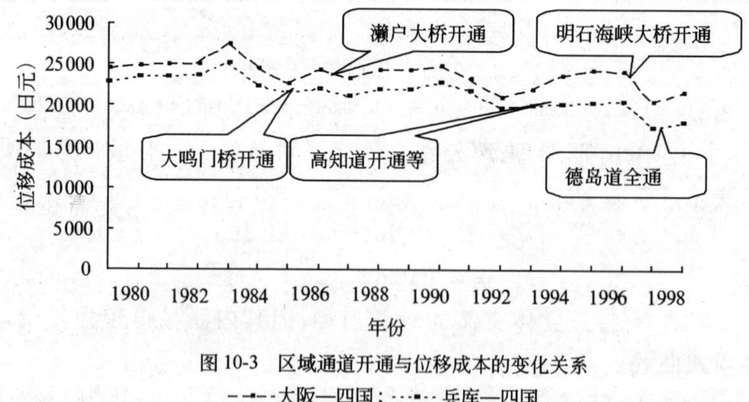

图 10-3　区域通道开通与位移成本的变化关系

—■—大阪—四国；···■···兵库—四国

从以上理论及案例分析可以看到，公路产业经营在影响区域发展中具有双重作用，即：

（1）通过产业经营使公路建设与运营管理进入长期的良性循环系统。公路产业经营可以形成并维持公路养护以及建设机制合理运行所需的资金支持。

(2)通过产业经营提高公路运营服务质量,更好地为区域社会经济发展提供高质量的服务。

为了使公路产业经营方式对公路建设机制产生积极作用,公路产业经营在筹资机制、组织机制、发展机制等方面还需进一步完善。

10.5 公路收费模式设计应考虑的因素

公路产业经营最表象的反映是公路(桥梁)收费,尽管收费的内涵是不同的。收费包括经营性收费、还贷性收费和(拥挤性)行政性收费,其中经营性收费和还贷性收费是典型的产业经营形式。

10.5.1 圈域路网控制模式构思

公路等的收费管理可以有两种控制方式:闭环控制和开环控制,这两类控制方式各有特点。闭环控制设计、操作一般都比较简单,分别收取公路养路费、道路通行费、过桥费和运输管理费等方式是闭环控制方式,提高收费管理程序的科学性,提高收费管理手段的电子化水平是提高基础设施运用效率的主要途径。以燃油税为主导的公路使用者税费结构取代公路养路费等,属于开环控制,运行成本一般要比闭环控制成本低,但开环系统的设计难度一般较大,需要精细测算,使各项税(费)收收取合理,一旦正常运行,开环控制的运行成本较低。

对于公路等促进区域发展的基础设施的运营管理,在很多情况下闭环控制是圈域发展中不可缺少的。在具体操作中,实现路网电子化收费体系往往涉及资金投入及技术多方面问题,有一定难度,因此需要进行权衡比较。

10.5.2 收费模式设计考虑的因素

根据国际惯例和中国公路收费实践,收费公路一般采用开放式公路收费和封闭式公路收费两种模式。其中都涉及到:

(1)收费的目的。主要是调节交通量、缓解拥挤、偿还贷款、经营盈利等。

(2)收费额及收费费率的确定。按辆次收费或按基本费率收费。

(3)车型的划分与识别。确定划分车型的依据,对车型进行合理分类,分车型确定合理的收费系数,在所设计的操作系统中要便于识别。

(4)收费组织及手段的选择。采用人工收费、人工加电子收费或电子收费及不停车收费。

(5)新增收费道路(桥梁)对相关道路(桥梁)使用产生的影响。新增收费道路可能迅速使相关道路(桥梁),甚至在某些区域的既有道路产生拥挤阻塞现象,因此需要统筹设计收费系统。

从区域发展的角度分析,公路产业经营中的收费费率、收费效率的设计还必须要考虑这些因素:①要有利于区域产业布局,促进区域产业发展;②应当有利于吸引创新企业选址;③要有利于调节公路交通量,提高运营效率,提高服务质量,提高公路合理利用的水平。

10.6 在公路产业经营中政府的角色

公路经营公司的公路产业经营是运用了国家授予的特许权进行公路经营活动,在此,特许权体现为国家授予的一种无形资产。公路产业经营本质上是企业行为，但在经营过程中，为了体现国家、区域发展利益，公路产业经营主体有时需要对不同收费目的的公路运营管理系统进行统筹设计，因此，交通行政主管部门应履行规划、指导、监督与控制职能。由于是特许条件下的企业行为，政府应以一定方式介入，并要把握住介入的方式与介入的程度。

在公路产业经营中，政府的介入应当在体现国家利益的基础上，遵循四方面的准则：

(1)科学：产业经营（服务、收费）形成科学的体系。产业经营中的收费行为不是某条道路（桥梁）产业经营的单独行为，其往往直接或间接影响到其他道路或桥梁的使用和经营管理活动，此时，相关的道路或桥梁具有一定的替代功能。采用不同的产业经营形式或收费体系，直接影响到公路网的使用效率。

(2)合理：各类企业包括经营性收费道路的经营者，均能取得合理的报酬率。如路、桥分段建设，采用分段收费经营显然不合适，因而可以采用联合经营方式，统一费率、统一管理，既能方便用户，又能使各个公路经营公司获得相应的利润。

(3)公平：防止利用某些道路特许经营权搞垄断经营，保障社会分配的公平性。

(4)公开：时间段及收费率、服务项目及收费标准、运营管理机制等均应向社会公开，便于社会、舆论监督。

前两者重点是系统设计指导与监督，后两者重点是系统运行监督与控制。公路的商品属性导致公路经营企业的利润最大化准则与公路的国家公共工程性质、体现社会公益特征这两方面有时是一致的，有时是矛盾的，因此需有一定程度的监控，国家在可能产生矛盾的前提下介入，以体现最大综合效益为介入深度的准则。其中，相关交通部门是行政主管部门，介入的方式为行政法规、政策调节、准则监督与法制规范。

10.7 本章小结

本章分析研究宏观国家交通部门规划、指导、监督职能，微观特许企业进行公路产业经营的思路及模式以及公路产业经营对区域发展的影响，可以总结为以下几个方面：

(1)完善投融资体制是利用公路建设发展区域经济的重要一环。当公路建设有利于产业选址，并对区域经济明显有促进作用时，公路建设资本投入一般会加快。当公路网特别是高速公路网逐步成熟后，尽管生活圈、交流圈的进一步完善仍需要大量资本投入，但资本投入动力会减弱。在公路建设迅速发展的阶段，公路管理体制应当对公路产业经营予以支持。

(2)公路运营管理机制与公路产业经营有密切的关系。采用何种方式进行产业经营涉及国家和各级政府政策。在公路建设资金缺乏，而区域发展又迫切寻求公路建设支持的阶段，采用适当机制使公路产业经营形成良性循环，是符合区域可持续发展要求的。

(3)在公路及各类相关交通基础设施收费管理中，尤其要注意形成公路等基础设施投资、建设、使用和回收过程的良性循环系统，能够调动地方修建公路等基础设施的积极性。

(4)公路运营管理水平直接影响到公路对区域发展的作用。利用高速公路发展沿线区域应当十分重视距高速公路立体交叉 20km，特别是 10km 以内的土地利用效果，在收费模式设计与选择中应当考虑这一因素。公路产业经营在影响区域发展中具有双重作用，即通过产业经营使公路建设与运营管理进入长期的良性循环系统。公路产业经营可以形成并维持公路养护以及建设机制合理运行所需的资金支持;通过产业经营提高公路运营服务质量,更好地为区域社会经济发展提供高质量的服务。

(5)在公路营运管理体制中采用开环控制方式更容易提高车辆运行效率,但需要精细设计具体的控制系统,否则容易造成系统控制中的不公平现象。

(6)公路产业经营是运用了国家授予的特许权进行公路经营活动,特许权是一种无形资产,公路产业经营主体在经营过程中,为了体现国家、区域发展利益,有时需要对不同收费目的的公路运营管理系统进行统筹设计,交通行政主管部门应履行规划、指导、监督与控制等职能。

第11章 公路建设与区域发展一体化规划决策

区域经济发展比较优势的判定依据往往紧扣交通基础设施以及区位条件，其中绝大多数因素是与公路交通资源利用密切相关的，因此，公路建设与区域经济发展应在实现可持续发展过程中，建立和实施一体化规划决策和运行机制。本章主要探讨公路建设与区域发展一体化规划决策的思路、途径、评价体系与方法。

11.1 公路、交通、经济信息化与集成化

在现行体制下，公路建设与区域经济发展在决策及运行机制方面存在着一个需要迫切解决的问题，就是跨部门信息共享。信息集成化是冲破由于部门分割造成信息共享障碍的基础。建立信息共享机制对于提高决策科学化、民主化，以及及时和充分发挥公路建设在区域发展中的作用具有重要的意义。

11.1.1 信息化是集成的重要前提

现代社会经济活动总是伴随着商流、人流、物流、信息流和资金流运行，而商流、人流、物流、资金流管理活动又可从信息化过程中反映出来，并得到调节与控制。在微观和中观经济领域，信息集成已经是基于供应链管理下物流运行的基础平台，因此，在宏观和中观领域中，利用Internet/Intranet技术实施公路、交通、区域经济信息化和共享机制，也是公路建设与区域一体化发展的一个重要前提和基础平台。

信息集成管理为一体化规划决策奠定了技术基础和实现条件。公路建设既要求充分发挥综合运输的协同效应，促进区域物流产业结构升级，适应物流高级化发展需要，又要求充分发挥高速公路及公路网的综合作用，用综合集成理论指导公路建设与区域发展的实践。在现代大多数城市和公路交通环境中，汽车数量激增，而公路数量的增长总是赶不上车辆数的增长，单位车辆拥有公路里程数一般总是呈现缓慢下降的趋势，两者剪刀差的发展趋势也说明需要采用综合集成方法进行控制与管理，否则将无法从根本上解决交通运输问题。

由于区域范围大小、产业及其构成特征不同，经营主体单位规模不同，区域经济实力和文化的差异，因而构成信息需求的内容和表现形式也不同。公路建设与区域发展的相关信息种类多、来源广、变化快，规划决策人员不采用信息网作为获取业外信息的主要渠道，就不能及时掌握所需的信息源及其变化趋势，因而需要将有关内容及时进行信息化、网络化处理。电子信息技术是公路、交通、经济过程信息化的有力工具。对一个区域经济发展系统、供应链管理组

织系统而言，电子信息技术有四个方面的作用：

(1)作为支持商流、资金流、物流业务及组织事务中处理问题的工具。

(2)作为支持相关主体进行各类跨行业、跨专业重要决策的信息工具。

(3)作为经济活动各方(如供方、需方、第三方物流服务提供方)组织之间的协调与沟通工具。

(4)作为综合集成管理进行全过程计划、协调、监督和控制的工具。

11.1.2 集成管理及其实现方式

英国拉夫堡大学的 Weston 教授对集成(Integration)的定义是，集成是将基于信息技术的资源及应用集聚成一个协同工作的整体。在集成这一概念中包括了功能交互、信息共享及数据通信等几项重要内容，集成是一个主动寻优的过程。在一个集成系统的各个子系统之间，需要实现来自不同领域的信息共享、信息交互以及对信息通信进行控制与管理。

对公路建设与区域经济发展进行一体化规划决策的过程，就是一个大规模集成管理的过程，公路建设与区域发展的集成管理应当作为一个大规模集成场处理。在公路建设与区域发展这一集成场所涉及的是跨社会、自然、经济众多领域的空间范畴，它包括了公路工程设计、施工技术、经营组织和运营管理，区域资源及分布、区域资源开发、产业构成与演变、产业进化的经济效率等诸多方面，即综合集成场。公路建设与区域发展一体化规划决策是一个大系统范畴的综合集成系统，它能够通过相关信息共享、信息交互以及信息通信方式，协调各部门、各单位实现功能交互与协调，进行科学决策、组织管理与过程控制。公路建设能否取得巨大的社会经济综合效益，很大程度取决于各级政府以及公路规划、公路施工、公路运营、公路经营和使用主体及其职能的协调。为满足区域资源及利用，关联产业、企业发展的各种区位决策主体，需要建立公路建设与区域发展相应的一体化信息集成处理系统。

11.1.3 并行工程与一体化规划决策

并行工程(Concurrent Engineering)要求在产品设计阶段就要考虑产品整个生命周期各个环节可能遇到的问题，并行地进行产品设计及其相关过程的设计，在 CIMS 中并行工程得到实际应用。

实现公路建设与区域发展一体化规划决策可以借鉴并行工程的思维模式，即在公路规划设计阶段就要考虑公路建设和沿线及周边区域发展，包括资源开发利用、产业结构演变等因素，在公路建设与区域发展的各个阶段，实施集成的、并行的规划、设计、运营和管理的系统化工作模式。要注意并行不等于平行，并行中包括交叉、交流与互动过程。在区域发展决策中引入并行工程概念一是要强调公路建设过程重视区域发展的要求，突出不同部门工作人员的协同工作，避免出现公路建设与区域发展不衔接、不协调、不效率、不经济等现象；二是要减少反馈环节，缩短规划制订和调节的时间，使公路的规划设计、建设和运营管理各个阶段在逻辑、组织等方面均能形成一个有机整体。

由于现行管理体制的相关决策涉及不同区域、不同部门的决策主体，因而，一体化规划决策需要各个决策支持系统能够共享跨区域、跨部门的基础信息。这一信息管理及共享平台可以在 Internet/Intranet 信息网基础上实现。从目前基于 Internet/Intranet 的电子信息技术特别是计算机网络的运作实践上看，其完全能够提供公路建设与区域发展一体化决策过程所需的并行工程理念以及实现手段。在此基础上，综合集成方法为公路建设与区域发展一体化的科学决策过程提供了组织和机制保障，从而在政府机构各类信息及时发布的支持下，公路建设与区域社会、经济、人口、资源、环境能够科学规划、协调发展。

11.2 公路建设影响区域发展的评价期望变化趋势

根据国内外公路建设的实践经验，对公路影响区域发展评价的期望重点不是一成不变的。根据日本道路建设的经验和规划思路分析，大致每隔十余年对公路的期望重点就会有所变化和调整，而且微观主体与宏观主体评价的期望重点也有很大不同。中国公路网建设正处在迅速发展阶段，特别是东部高速公路建设带来沿线经济迅速发展的事实，使得公路建设投资地位十分重要。根据美国资料分析，公路网的完善导致企业选址范围扩大，意味着公路投资的地位逐步下降，经济活动以及物流功能的要求上升，是推动相应基础设施建设的动力源之一。这种变化大致可概括为十大趋势：

(1)从关注公路数量建设为重心到重视质量建设为重心。对区域经济发展来讲，路网有无比公路技术等级更重要，但高等级公路对引导高技术产业选址，促进产业结构高度化的作用更强，需要根据区域经济条件充分考量。

(2)从关注交通功能优先到重视多种功能发掘。在区域经济发展中，除了公路交通的直接功能以外，间接功能、外部功能的潜力是很大的。

(3)从突出生产效率到注重文化因素。文化交流会影响到区域的整体形象，公路线形优美流畅，与大自然融为一体，能给人以温馨的享受，因而必须重视公路沿线文化氛围、景观设计，从长远角度分析也会间接影响到区域社会经济发展。

(4)从强调物质交流到重视智慧交流。从仅重视物质资源开发与交流向重视智慧资源的开发与交流的方向发展。现代交流手段固然很多，但面对面交流在现代尤其显得重要，因此高速交通能够为人们创造更方便、更快捷的面对面交流的条件，依托高速路网发展会展经济就是一个实例。

(5)从关注宏观快速交通功能到注重完善微观生产、提高生活质量，并重视环境因素。盲目性建设和发展会引起资源短缺、森林破坏、耕地减少等问题，忽视交通三大公害对环境的影响，会造成较大的损失，进而影响到区域的可持续发展。

(6)从注重公路"点—轴"型系统建设到注重包含其他交通方式的多元"点—轴"型系统复合规划建设。注重从单一干线轴的公路建设到以海港、空港等为连接点的复合干线轴物流网络系统建设，以形成沟通经济联系以及国际交流的综合网络。

(7)从注重高速公路主体工程建设到注重相关枢纽设施圈域构筑。构筑距高速公路互通式立体交叉1h圈，可以促进城镇化、城乡一体化进程；构成的高速公路网能够促进中心城市半日圈区域形成。

(8)从体现强者意志到注重扶助弱者。从城镇到农村，有无公路对于区域发展是一个突变因素，要注重利用公路建设实施扶贫、脱贫工程计划。此外，公路、城市道路建设要考虑到人口老龄化、残疾人出行方便等问题。

(9)从重视公路建设工作到注重公路与区域可持续发展。公路建设与区域发展中的交通运输、交通环境和交通安全以及交通节能等问题要作为一个系统工程来考虑。

(10)从单一部门、分散管理到注重规划、施工、运营、技术与交通控制在内的综合集成管理。基于 Internet/Intarnet 的 IT 是集成决策的技术基础,智能运输系统(ITS)正代表了综合运用电子信息技术提高交通运输效率探索的最新综合成果。

从中国已有的相关文献检索,中国对高速公路促进区域发展的作用研究方向已经开始从更多地重视交通功能、生产效率与效益、经济增长等方面,转变为重视环境、文化等方面。随着交通瓶颈问题的缓和,政府部门开始重视知识交流、文化资源的开发、利用与保护,重视交通环境、城市环境、生态环境保护等问题,从可持续发展战略的高度考虑公路建设与区域发展一体化决策问题也逐渐引起越来越多的关注。

11.3 公路建设与区域发展一体化规划的目标模式

11.3.1 一体化规划决策的框架结构及特点

公路建设与区域发展一体化规划的目标模式,应是在国道建设统一规划下,考虑各个区域资源、资本、产业、市场及运行等目标体系,是包括空间维、时间维、效果维的三维体系结构,以形成和谐的发展体系。

(1)空间维主要包括区域资源条件、交通条件、生活条件、产业分布、环境要求、基础设施、区位比较优势等内容。

(2)时间维主要包括规划内容构思、战略思想确立过程、规划决策过程、业主确定过程、筹资融资过程、研究设计过程、建筑施工过程、营运养护过程、营运管理过程等时间阶段,以及区域短期发展、中期发展和长期发展目标体系的实现阶段。

(3)效果维主要包括实现企业选址增加;产品产量增加与种类转换;产业结构高度化,生产效率提高;农林牧水产业振兴;商业繁荣;旅游业发展;就业机会增加;生活便利性提高;房产业发展;人口聚集;区域间经济交流、文化交流;企业间合作;区域间其他方面合作等在内的直接效果和间接效果。

公路建设与区域发展一体化规划决策,与单纯的区域发展规划、交通行业发展规划相比,具有以下几个特点:

(1)规划区域的交叉重叠性。存在行政区与经济区不同区域间的交叉、重叠和覆盖关系。

(2)规划内容的综合集成性。涉及公路、经济、环境、社会、产业发展等多个方面的内容,对区域发展具有纲领性的指导作用。

(3)规划空间的相对集中性。规划空间是以高速公路为主干线轴的公路网构成的相关区域为主,随着时间推移,也可能涉及更大的圈域。

(4)规划主体的多元协同性。一体化规划过程的空间维、时间维和效果维所涉及的城市、产业、环境各个方面的规划主体及参与者,能够在一体化发展的目标下协调运作。

(5)规划方案的成果共享性。规划成果采用信息库的形式,可供各类用户调阅和查询。

11.3.2 一体化规划决策的目标体系

一体化规划决策的目标应当是一个完整的体系。挪威区域道路局(Regional Road Agency)在道路建设项目评价中，提出的前10个准则包括：①改善交通安全；②减少噪音污染；③增加使用者的效益；④减少地方空气污染；⑤系统运行的持续性；⑥促进一定区域内的经济发展；⑦实现地方政治家或议会的愿望；⑧高的获利能力(高的效益成本比率)；⑨在预先计划期中已经提议的项目；⑩与其他运输方式的关系。其中，第①、②、③、⑥、⑧项准则已经包括在道路建设项目的效益成本比率计算公式之中。日本根据高等级国道、二次改建和一次改建国道，提出的分类别评价方面主要有：形成交通运输网；缓和交通阻塞；开发沿线区域；改善国道沿线环境，如限制交通噪音，通信电缆、各类管线等的集中选定等。结合中国区域发展的实际情况，一体化规划决策的目标主要应包括以下几方面内容：

(1)提高区域社会经济活动效率。通过公路建设与区域发展规划，以求提高区域竞争条件与国际竞争能力，确保人、物和信息畅通无阻；提高公路基础设施服务水平，确保满足欲引入企业选址的基本条件，支持交流与协作；激活城市经济活动，提高城市生活质量水平；改造中心商业区道路；提高城市公交服务水平，提高城市内交通效率。重点目标体现在以下几个方面：

①促进既有公共设施存量资产的有效利用；分散高峰交通流；提高区域交通网的效率。

②提高区域中心到主要空港、海港(码头)的可达性，加快高速公路、等级公路以及城镇村之间道路建设，扩大区域交流圈范围，提高区域间交流效率，推进区域交流与合作。

③提高区域物流效率；实施车辆大型化、专业化；加快物流信息基础设施建设，形成区域物流中心；强化工业、商业、运输业企业间合作；促进物流集散中心、物流信息中心和物流控制中心的综合集成，实现区域物流管理。

④提高城市交通效率，缓解都市圈内的交通阻塞；完善都市内物流系统包括集散、配送共同化、物流信息化等。

⑤构筑公路信息网，提高公用型交通运输服务水平；提供综合集成的实时运行管理和信息服务，为高度信息化社会作贡献。

(2)提高区域空间资源利用效果。开发利用区域空间资源主要包括以下内容：

①区域自然资源包括矿产、农业、牧业、旅游等资源的合理开发与利用。

②区域土地资源的合理开发与利用。

③区域文化资源的合理开发与利用。如国内、国际交流设施的建设与利用，国内、国际一流大学、研究机构的建设和利用。

④区域交通资源包括各种交通运输基础设施、高性能载运工具等的合理开发与利用。

(3)提高区域生态环境保护效果。根据可持续发展战略的要求，主要考察以下几个方面：

①降低城市交通的三大公害：缓和交通阻塞、降低事故率、抑制交通环境污染。

②突出对自然资源的合理利用与环境保护。

③公路、通信、城市公共工程的地下设施实行集中选线、统一布局。

④有利于公路及区域可持续发展战略的实施。

11.3.3 一体化规划决策的组织结构与技术手段

公路建设与区域发展一体化规划决策涉及多层次组织机构的功能，包括从中央到地方的各级政府、交通部门、工业部门、农业部门、商业部门等各个职能机构的具体工作，需要分别由多个部门进行有关的具体工作，并将其集成起来进行协调管理，因此，在此过程中需要实现团队机制的作用。

区域经济规划的主体往往是相应行政区或所管辖的行政区行政管理部门,即各级政府机构。一体化规划决策体系要体现基本的运行机制:集成规划、分项实施、适时调整、及时沟通、目标一致。在一体化规划过程中,需要计算机网络作为重要的技术支持手段。建立公路建设与区域发展相关的数据库,供公路建设部门、宏观经济部门、建设规划部门、资源管理部门进行决策时共享信息。区域的行业结构不同,其问题特征不同,处理问题的方式也不同,导致其对信息的需求也有很大不同。公路建设与区域发展一体化规划决策对信息技术的要求比较高。一般包括两大方面:一是运营中的实时管理,一是决策中的信息库管理。作为一体化规划决策的技术手段重点是后者。

(1)建立公路建设与区域发展集成信息库。集成信息系统主要由通信、数据库和应用程序等部分构成。

通信功能负责将整个计算机系统连接起来并传递信息;数据库负责数据的检索、共享、存储和处理;应用程序主要满足各种数据处理的要求。

(2)集成信息库实行规范化管理,经营过程严密控制,人员之间责任分明。

(3)公路建设与区域发展按并行工程思路运作。及时沟通信息,及时为方案调整提供依据,合理利用资源,避免不必要的重复工作和重复投资。

11.4 公路建设与区域发展一体化规划决策思路

公路建设特别是高速公路建设对形成区域发展轴有极为重要的奠基作用,公路建设与区域经济发展一体化规划可以大大缩短有效利用公路特别是高速公路发展区域社会经济文化的进程。公路建设、区域发展的投资主体相异,资本流一般也不发生冲突,因而,进行公路建设与区域经济发展一体化规划决策具有必要性、可能性和可操作性。进行一体化规划决策,既有利于区域工业、市场及物流设施选址,又有利于可持续发展战略目标的实施。公路建设与区域发展一体化规划决策是一个体系,正确认识和运用有关规律,提高规划决策的质量和效用,对于促进公路建设以及区域经济的发展具有重大的意义。

11.4.1 一体化规划决策的思路

公路建设与区域发展一体化规划决策的思路,本质上是大系统综合集成的战略决策思想。

(1)公路建设与创造需求实行“并行工程”,有利于尽快收回建设投资、发挥出社会经济综合效益。在规划公路建设中,事实上还存在很严重的“马太效应”(Matthew Effect)现象,经济越发达的区域越容易上公路建设项目,而在经济落后的区域,即使应该上的项目事实上也拿不到,这一点在公路建设与区域发展决策中应当引起极大重视。抑制西部高速公路及公路网建设规划的主要因素是交通需求与资金筹集。在构筑西部高等级公路网与创造高等级公路需求之间实施“并行工程”,不仅对引入海外、域外资金有奠基作用,而且能为区域发展带来新的机遇和增长点。

(2)公路规划与区域规划同步进行。通过公路建设与区域发展一体化规划可以提高国土规划与国土利用效率、资源开发与资源利用的经济效率,以及物流时间与空间效应、经济效益,同时也能提高决策与管理的工作质量。中西部通过加强公路基础设施、公用设施建设接受产业迁移、域外资本引入来进一步挖掘人力、自然、文化资源,推动区域发展。在对公路建设的数量与质量进行抉择时，不能将经济落后作为选择“低投入、低质量、低效率、低效益”的低水平发展模式的理由，否则，落后地区在区域间竞争中一直会处于弱势和从属地位，从而使得制约经济发展的重要因素永远无法得到根本性改变。

(3)公路建设、区域经济、社会文化、环境保护等均纳入统一规划。

(4)公路运营和管理智能化与产业科技化、信息化方向一致。

11.4.2 一体化规划方案的系统性

公路建设与区域发展一体化规划决策是一个完整体系，涉及区位理论、规划决策理论、方案综合评估、决策与实施的运行机制等内容。主要包括：

(1)构筑集成化科学规划机制。中国公路建设实行以地方为主、国家为辅的方针，地方公路建设显然要与区域发展相协调。国家重点抓好国道主干线的建设，会带动区域整个公路网的配套建设。依据高速公路影响区域发展的规律，某项公路建设项目经济评价和规划方案形成不能作为一个孤立的事件来研究，要与相关的物流系统、人民生活、区位条件和高质量公路网等作为一个系统来研究。

(2)构筑高效交通与物流系统。促进区域发展要提高物流效率，而提高物流效率需要提高公路及公路网、物流设施与物流网以及物流信息系统的质量。大力发展区域范围的电子信息技术，也是利用高速公路及路网体系形成跳跃式经济发展战略的产业技术基础之一。OECD国家注重经济国际化与高级物流的研究，而建立 EDI 网络、利用 EDI 技术是形成国际物流服务体系的基本前提。

(3)构筑高质量社会生活水准，这里主要指与人们出行相关的生活质量水准。人口城市化是经济发展的重要标志，也是衡量社会生活水准的标准之一。就中国国土面积而言，国土面积占全国 11%的东部，每 0.41 万平方公里有一座城市，而占全国面积 71%的西部，每 4 万平方公里才有一座城市。公路网络建设有利于中心城市、卫星城市的形成，其前提是要形成一定范围的交流圈，为城市化创造条件。从为西部引进海内外资金构筑条件出发，也要求生活质量水准选择趋向较高水平。

(4)构筑优质、高效的公路网。公路网建设不仅要重数量，更要重质量，在构筑公路网的过程中应当考虑：都市、区域间经济合作通道，区域公路客货运输的特性、距离，区域物流系统特征，公路货物运输与铁路运输、(通过新亚欧大陆桥)与海上运输联系的加强，区域性物流网络的连接，物流网数据机能的强化，集配运输与干线运输的联系，物流中心、配送据点、仓库的建设与高等级公路的连接，还要重视预防交通阻塞、交通事故，防止交通环境恶化等。

总的来说，规划机制、物流系统、生活质量、环境质量、公路网络等在公路建设与区域发展一体化规划决策中的系统性，构筑了区域发展进行公路网建设与创造公路需求的“并行工程”理论框架，并反过来影响公路建设经济效益评价的理论与方法，从而使公路建设在区域资源、生产、分配、交换、消费、环境等各方面取得较好的系统协同效益。

11.4.3 一体化规划中某些问题的认识

(1)对交流活动的认识。交流创造出新的活力甚至是新的经济活动增长点，新的价值(人、财、物、信息、形象等)增值；在文化方面、产业经济方面创造出新的区域发展机会；强化国土的冗余结构，可以提高抵抗自然灾害和减灾的能力，使其对区域发展的影响抑制在尽可能小的限

度内。

此外,区域发展规划要与公路建设形成一体化,即使分部门制订规划和组织实施,也要做到形散而神不散,否则高速公路产生的影响效应、波及的范围也会是极其有限的。

(2)对区域发展阶段的认识。高速公路对区域经济的影响实际上存在若干个发展的时间阶段。其时间阶段的划分是相对的,也不应该绝对化。因为,相对的短期效应、中期效应和长期效应会因区域经济水平、产业转换能力不同而有所差别。区域发展取得不同时间阶段的效应,主要取决于内部及外部条件的变化。

(3)对区域综合实力的认识。公路建设效益体现在可以不断增强区域的综合实力,如支持区域间的交流合作活动,从而为促进新的交流圈形成,为工业选址创造条件,提高产业转换能力,创造出新的区域发展机会。在创造新的区域发展机会的过程中,公路建设首先是有利于搞活一方经济,通过干线公路建设的效益和作用往往可以使区域土地价值增值,可以使一方经济得以振兴,可以改变对大都市圈特定区域的过度依赖,中国中西部区域发展应当注意这一点,通过干线通道将多样性的区域的各据点连接在一起。

(4)对中西部发展的认识。从陕西省的"穿越贫困"(电视专题新闻)可以看到,贫困地区几乎都是交通闭塞的地区,交流通道几乎闭塞的结果使人们局限于狭小的活动范围,束缚了自己的思想,丧失了对本地资源开发的认识、选择和利用的机会。要将西部的封闭型区域经济转变为开放型区域经济模式,由资源外运为主转变为就地加工和转化为主的发展模式,必须引进大量海内外资金并研究区域物流系统问题。因此,在构筑适宜海内外投资环境、进行资源开发的诸多必要条件中,公路是必不可少的基础设施。

(5)对区域物流管理与电子信息交换技术相结合的认识。物流设施是物流系统的结点,与物流系统的运作效率有密切关系。物流的高度化对实现区域经济的可持续发展是十分必要的。高速公路建设对物流系统从企业、部门范围趋于区域性、全国性、全球性范围有推动作用,而供应链管理与电子信息交换技术的结合有利于进一步促进区域物流系统的发展。区域经济的发展要依托于高速公路及区域物流系统扩大区域发展活动范围。

11.5 公路建设与区域发展一体化规划方案评价

11.5.1 一体化规划方案评价的目的

一体化规划方案需要解决的重要问题是方案的抉择。对于投资很大的基础设施建设项目,建设规模大、持续时间长、投入人力、物力、财力多,影响决策的因素多,决策过程复杂,决策结果影响巨大。因此,决策正确与否对建设项目的成败和经济效益起着决定性作用;而且,基础设施建设项目投资决策的意义还不仅在于一个项目本身的得失,它还会对环境及区域发展产生一定或较大的影响。在很多情况下,建设项目可行性研究中的投资主体、运营主体、可研主体关联性很大,许多项目的"可研"就是为了实现"可批",创造"可行"依据。有些项目尽管进行了可研工作,但是重复性建设、不必要建设、不理想的建设项目仍屡屡出现。因此,变换主体在可行性研究前或后对设计方案进行综合评价,有助于从许多方面完善一体化规划方案或初步设计,能将未来可能产生的一些遗憾消灭在萌芽阶段,减少投资的盲目性,从而确保物流通道畅通，提高一体化规划方案的投资经济效益。

公路建设是社会经济系统中的组成部分。公路建设及区域发展一体化规划方案的评价是对区域发展的基础设施、移动设备、运行机制等项目从社会、经济、技术、功能、自然环境、人文景观等方面进行评价，是涉及多目标、多层次、多因素的综合评价。

11.5.2 一体化规划方案评价的要求与指标体系

对公路建设与区域发展一体化规划方案的综合评价，必须明确其评价的目的与要求，并据此设计综合评价的指标体系。一体化规划方案综合评价一般应满足以下几项要求。

(1)实现投资项目的宏观监督控制。避免重复建设、不合理布局等所造成的浪费；贯彻区域社会经济可持续发展的战略思想。政府及主管部门应履行行政指导和服务职责。

(2)为投资决策提供依据。通过评价项目一体化规划方案的综合水平、项目一体化规划方案所涉及的各主要因素，可以提出和发现许多原先考虑不周的问题，从而可以为决策者提供更多的投资决策参考信息。

(3)弥补原项目一体化规划方案的不足。通过综合评价可以发现原一体化规划方案的不足，明确项目一体化规划方案需改进的主要方面，以及需要改进的一些主要指标。在可行性研究前就对原项目方案进行修改、完善。

(4)弥补可行性研究的不足。对已经通过可行性研究的项目一体化规划方案、项目初步设计方案进行综合评价时，应兼听各方面的意见，并用相应评价方法，将其意见融进项目的综合评价过程中，也能对项目一体化规划方案、项目设计方案中不完善的方面提出进一步改进意见，供调整、修正参考。而后，报有关部门批准实施。

(5)全面考察公路建设与区域发展的建设项目，包括与环境、景观和其他公路建设与区域发展的关系，如兼容性等问题。很显然高速公路在中国东部、中部与西部的实际功能差异很大，评价的侧重点也应不相同，特别是西部地区的大多数高速公路沿线不可能在较短时期内形成所谓的产业带。用与东部高速公路建设同一标准评价西部高速公路建设就有失合理。

(6)使公路建设与区域发展建设项目投资决策科学化、程序化、民主化、公正化，尤其要避免在公路建设投资决策中产生“马太效应”。

根据公路建设与区域发展项目一体化规划方案综合评价的目的、要求和内容，就其共性方面而言，对公路建设与区域发展一体化规划方案进行综合评价的指标体系，可以概括如下（见图 11-1）。

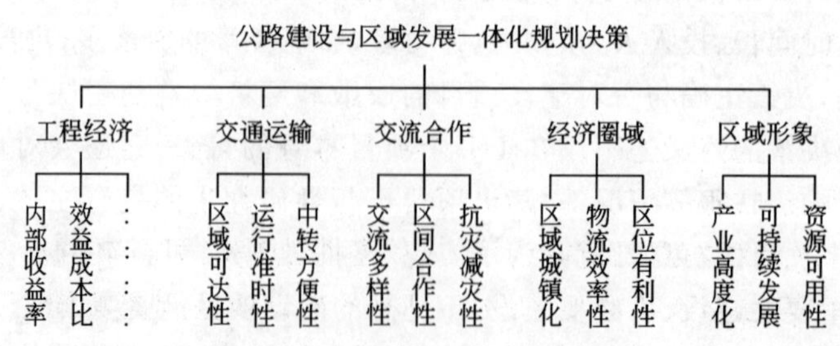

图 11-1 一体化综合评价的指标体系

对于具体的公路建设与区域发展一体化规划决策项目的综合评价，还必须根据具体要求增减评价内容。例如，增设货运与集散一体化、延伸服务功能、建设规模等方面的评价指标。

中国东、中、西部的社会经济发展水平差距很大，若单纯用技术经济指标分析，"马太效应"就难以避免。例如，就内部收益率(IRR)而言，世界银行认为，凡申报进行公路建设贷款项目，IRR必须在15%～21%之间，才有可能得到贷款。实际上，近年来，中国西部能够达到这一水准的项目很少。因此，进行公路建设与区域发展一体化规划决策，应从单纯的公路项目技术经济分析指标的约束下解脱出来，充分分析区域发展的潜力和可能性，利用公路建设对区域发展的促进作用，从立体角度、发展眼光看待社会经济综合效益，从而作出正确的决策。

11.5.3 一体化规划方案评价方法

11.5.3.1 AHP-F隶属度合成法综述

Fuzzy隶属度是模糊数学的一个重要术语，它是指在[0,1]之间的一个数值，可以用来对所要评价系统的有关指标进行刻画。根据公路建设与区域发展一体化规划决策的要求，对评价方案的各个有关指标都可建立相应的隶属函数，这种隶属函数可以适应一体化规划方案的不同指标的评价与合成。

用隶属度在[0,1]之间的一个数值，来刻画对象具体的评价指标，从而使不同对象的同一(定性的或定量的)指标、同一对象的不同指标(定性的或定量的)可以通过隶属度相互之间比较得以实现。分别将评价对象指标的隶属度与事先规定的隶属度进行比较，也就有了统一的量纲、客观的评价尺度。若评价对象的指标隶属刻画的是满意程度，比较事先所规定的满意程度隶属度标准值，就可以对评价对象作出总体满意程度的综合评价。

AHP-F隶属度合成法是指，运用层次分析法分析建立评价对象的评价指标体系结构，确定综合评价所选用的指标和相应权重，并与用Fuzzy隶属度所刻画评价对象的相应指标结合起来，最终用Fuzzy综合评判方法合成的隶属度进行综合评价的方法。AHP-F隶属度合成法综合运用了层次分析法(AHP)和模糊(Fuzzy)数学的基本原理和方法，将其应用于公路建设与区域发展一体化规划方案综合评价，其评价原理科学、逻辑合理；方法简洁、结论准确；方便操作、易于推广；能够寻找一体化规划方案的不足，有助于方案进一步完善。只要做好了评价方案的关键环节的基础工作，该方法就能有效应用，具有普遍的适用性。

11.5.3.2 AHP-F隶属度合成法操作要点

AHP-F隶属度合成法的重要特点是运用层次分析法构造判断矩阵Fuzzy综合评判模型，先将Fuzzy隶属度对评价指标的刻画与AHP判断矩阵所确定的评价指标权重进行初步合成，将最终得到合成隶属度，即一体化规划方案对其目标实现满意程度综合评价的基本结论。

Fuzzy隶属度在一体化规划方案评价中具有突出的地位，因而隶属函数的构造就显得非常重要。一般可采用客观测(计)量方法得到或结合经验加以确定。如果隶属函数构造得当，可以大大降低对评价对象描述的模糊性，取得更为准确的刻画数值。Fuzzy综合评判中的权重向量对评价结果也有较大影响，采用AHP-F确定权重向量则可以大大降低权重向量确定中由于人为因素造成的模糊性，提高综合评价的准确性。因而AHP-F隶属度合成法融合两种方法精华，各取所长、相互结合，可以取得单独运用一种方法所不能达到的效果。

AHP-F 隶属度合成法的操作思路是，运用 AHP 确定评价因素及其下属各评价指标的权重体系(参见图 11-2)；运用 Fuzzy 隶属函数确定各评价指标隶属度的数值，并与各个评价指标的权重合成刻画出各评价因素的隶属度评判值；在此基础上，将各评价因素的隶属度与相应的权重再次合成，形成总体评价的隶属度对一体化规划方案的综合评价值。对所合成的评价因素的隶属度和一体化规划方案总体评价的隶属度作出社会经济技术等方面的解释，即为对各评价因素及一体化规划方案综合评价的结论。

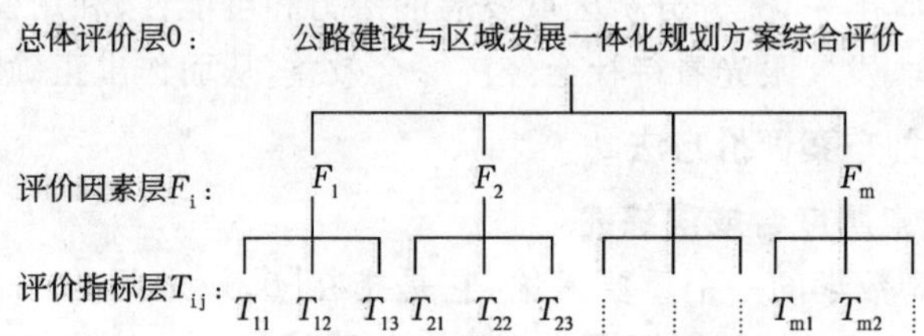

图 11-2 AHP-F 隶属度合成法评价指标结构示意图

11.5.3.3 AHP-F 隶属度合成法的应用步骤

AHP-F 隶属度合成法在公路建设与区域发展一体化规划综合评价中的操作步骤与方法要点如下：

(1)建立一体化规划方案评价指标结构模型。一体化规划方案综合评价的指标体系一般可分为三个层次：总体评价层、评价因素层和评价指标层(见图 11-2)。图中评价因素层 F_i($i=1,2,\cdots,m$)为 m 个分项评价因素；评价指标层 T_{ij}($i=1,2,\cdots,m$；$j=1,2,\cdots,n$)为第 i 个评价因素下属的第 j 个评价指标。

(2)用 AHP 确定各评价因素、评价指标的权重。依据图 11-2 所示评价指标结构体系的逻辑关系，分别建立评价因素层各因素对总体评价的判断矩阵和评价指标层各指标对应评价因素的判断矩阵。评价因素层各因素对一体化规划方案综合评价的判断矩阵(O-F_i 判断矩阵)如表 11-1 所示。

O-F_i 判断矩阵 表 11-1

O	F_1	F_2	…	F_m	W_{Fi}	检验参数
F_1	f_{11}	f_{12}	…	f_{1m}	W_{f1}	$\lambda_{max}=$
F_2	f_{21}	f_{22}	…	f_{2m}	W_{f2}	CI=
…	…	…	f_{ij}	…	…	CR=
F_m	f_{m1}	f_{m2}	…	f_{mm}	W_{fm}	

其中，$W_{Fi}=[W_{f1}W_{f2}\cdots W_{fm}]$为评价因素对一体化规划方案综合评价的权重向量，可以通过幂法或方根法求得。在判断矩阵中，f_{ij}表示对 O 而言，F_i 和 F_j 相对重要性的数值表现。如前所述，通常用1,2,…,9 及它们的倒数形式来表示。

各评价因素下属的评价指标的权重可以用同样的方法得到。如 F_1-T_{1j}的判断矩阵如表 11-2 所示。

F_1-T_{1j}的判断矩阵　　表 11-2

F_1	T_{11}	T_{12}	…	T_{1p}	W_{Tij}	检验参数
T_{11}	t_{11}	t_{12}	…	t_{1p}		$\lambda_{max}=$
T_{12}	t_{21}	t_{22}	…	t_{2p}		CI=
…	…	…	t_{ij}	…		CR=
T_{1p}	t_{p1}	t_{p2}	…	t_{pp}		

其中,$W_{T1j}(j=1,2,\cdots,p)$为 F_1 评价因素下属的各个评价指标的权重向量,用同样方法可以求得任意 F_j 评价因素下属的评价指标的权重向量。

(3)用 Fuzzy 方法确定各评价指标的隶属函数及数值。由图 11-1 可知,公路建设与区域发展一体化规划方案的评价指标可以分为两大类:一类是定性评价指标,在构造其隶属函数时需要先将其量化,在各评价指标间要具有级别间的可比性;另一类是定量评价指标,如效益费用比等。进行一体化规划方案综合评价需要将所有指标转化为同一量纲描述的评价指标。

定性评价内容指标化及定量指标隶属度刻画的具体方法有以下三类:

①函数法。函数法适应于定量指标的处理。如道路工程项目经济分析方法的主要评价指标:净现值 NPV(净现值率 NPVR、费用现值 PVC 或净年值 NAV、费用年值 EAC)、内部收益率 IRR、效益成本比 BCR、投资回收期 N 等。其中,一体化规划决策中可用于隶属度处理的定量指标参见表 11-3。

一体化规划决策定量指标的隶属度　　表 11-3

指标类型	评价指标	不同等级公路评价指标的隶属度					备注
		高速	一级	二级	三级	四级	
定量指标	内部收益率						
	收益费用比						

内部收益率(IRR)是使净现值等于零时的折现率,由下式求出:

$$\sum_{t=0}^{n}(B_t-C_t)/(1-\text{IRR})^t=0 \tag{11-1}$$

对于内部收益率的基准值,世界各国及国际金融组织有不同的规定。世界银行规定 IRR≥12%,亚洲开发银行规定 IRR≥10%,美国国际开发署(USAID)规定 IRR≥8%,日本规定 IRR≥7%。根据 IRR 取值范围,内部收益率 1%,2%,…,20%,即 $x=1,2,\cdots,20$;当内部收益率大于 20%时,内部收益率的隶属度始终为 1。据此制定其隶属度函数为:

$$\mu_{\text{IRR}}(x)=\mathrm{e}^{-0.003\,984(x-20)^2} \tag{11-2}$$

效益成本比(BCR)是指一个建设项目的总效益现值(或年度等值效益)B 与总成本现值(或年度等值成本)C 的比,即:

$$\text{BCR}=\frac{B}{C} \tag{11-3}$$

一般认为 BCR>1,方案是可行的;BCR≤1,方案是不可取的。日本在有关分析研究时一般用到 BCR≥1.5～2，故当 BCR≥1.5～2 时，$\mu_{BCR}(x)=1$。据此制定其隶属度函数为：

$$\mu_{BCR}(x)=e^{-2.0433(x-1.5)^2} \quad (11\text{-}4)$$

$\mu_{BCR}(x)$所对应的图形参见图 11-3。

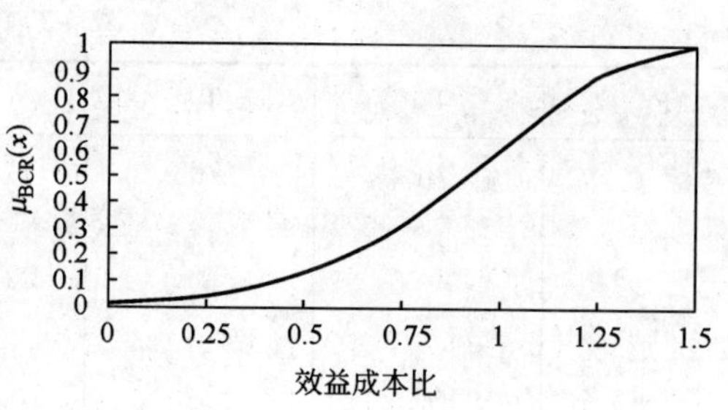

图 11-3 效益成本比指标的隶属函数

②打分法。打分法适宜于定性评价内容的指标化处理。按照惯例分值取 0～100 分，由若干专家根据表 11-4 的项目评价打分标准进行评分工作，并按表 11-5 分项目指标进行汇总。

专家打分标准参考值　表 11-4

判断概念	很满意	满意	较满意	尚可	不满意	不可行
分值表示	90～100	80～89	70～79	60～69	50～59	49 以下

定性评价内容指标化的专家打分统计表　表 11-5

指标类型	评价指标	专家评分值				合计	平均
		甲	乙	丙	…		
交通运输	区域可达性						
	中转方便性						
	运行准确性						
	……						
交流合作	区间合作性						
	交流多样性						
	抗灾减灾性						
	……						
经济圈域	物流效率性						
	区域城镇化						
	区位有利性						
	……						
区域形象	产业高度化						
	资源可用性						
	可持续发展						
	……						

专家可按表 11-4 中的满意程度的概念进行打分，也可针对不同评价指标的内容表达作相应的调整，如适应程度的评价为：很适应、适应、较适应、尚可、不适应、很不适应等。

利用打分法时，对评价体系中的每一项指标都要设定具体内容供专家评分作依据，需要在各项定性评价内容指标之间建立概念程度一致的判断标准，并将其用隶属度的标准描述清晰，以便于专家在评判时进行横向比较。

经过表 11-5 的处理，定性评价内容指标化带有了统计特征，对个人主观“偏差”容易起到削“峰”平“谷”作用，从而以统计规律反映专家主观意见。将专家评分的平均分值可用下式转化为该评价指标的隶属度，使评价指标增强了客观性。

$$\mu_{定性指标}(x) = \mathrm{e}^{-0.000\,278(x-100)^2} \quad (0 \leqslant x \leqslant 100) \tag{11-5}$$

③图形法。图形法是另一种处理项目一体化规划方案评价指标的方法。某项评价指标的隶属函数图形可以通过函数关系，或通过定性分析作图得到。例如，效益成本比的隶属度曲线，可以由图 11-4 找出一体化规划方案评价指标的隶属度。

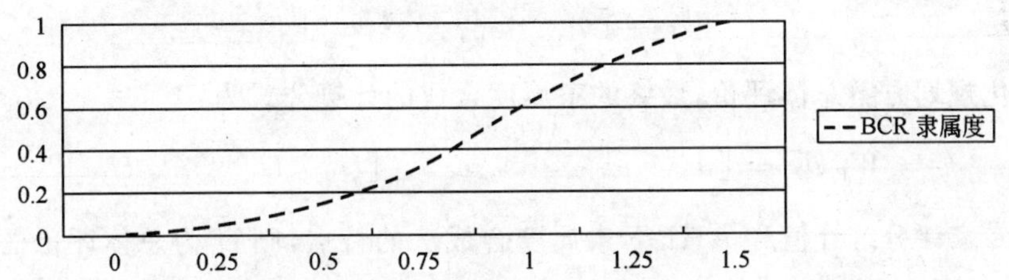

图 11-4 效益成本比的隶属函数曲线

采用这种方法，具有直观、清晰、方便等特点。一些定性评价内容经过量化处理后，可以用函数式转化为隶属度表现形式。如采用专家打分法，取分值为 0～100 分，那么对应于各分值的评价指标的隶属函数图形就可以绘出(参见图 11-5)，其函数式仍为式(11-5)。利用隶属度概念的主要用途是，针对具体方案将有关定性评价内容指标化，请若干专家打分后，利用图 11-5 可直接转化为该项指标的隶属度，定性评价内容转化成可量化比较的指标，各类评价指标在同一比较范畴的前提下，同时转化为隶属度，可进一步合成对整体方案进行评价。

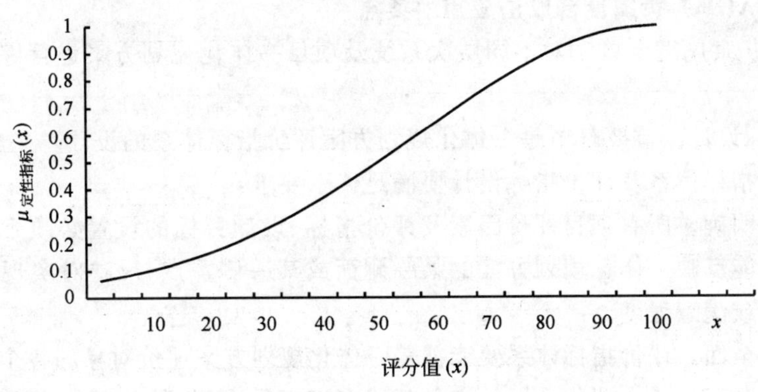

图 11-5 评分值表示的评价指标隶属度曲线

图 11-5 所示项目评价指标满意的隶属度图形适用范围较广，除了直观、方便等基本特点外，还突出了不同性质评价指标间的同量纲、尺度评价的可比性。

针对各评价指标的特征，选择相应的隶属度刻画方法就可以求得各评价指标对相应评价因素满足的隶属度向量。

$$U_{F_{iT}}^{T} = [U_{t_{i1}} \quad U_{t_{i2}} \quad \cdots \quad U_{t_{in}}]^{T}$$

(4)隶属度合成

分别对评价因素层和总体评价层进行隶属度合成。首先进行各评价因素隶属度合成，在此基础上再进行总体评价隶属度合成。

①各评价因素 F_i 隶属度合成公式为：

$$U_{F_i} = W_{T_{ij}} U_{F_{iT}}^{T} = [W_{t_{i1}} \quad W_{t_{i2}} \quad \cdots \quad W_{t_{in}}] \cdot [U_{t_{i1}} \quad U_{t_{i2}} \quad \cdots \quad U_{t_{in}}]^{T} \tag{11-6}$$

各评价因素隶属度合成值 U_{F_i} 表明该评价因素 $F_i(i=1,2,\cdots,m)$ 对一体化规划方案要求的满足(满意)程度。由 $U_{F_i}(i=1,2,\cdots,m)$ 可组成评价因素层对总体评价的隶属度向量。

$$U_{F} = [u_{F_1} \quad u_{F_2} \quad \cdots \quad u_{F_m}]$$

②一体化规划方案总体评价，最终的隶属度合成的计算公式为：

$$U = W_{F_i} U_{F}^{T} = [w_{f_1} \quad w_{f_2} \quad \cdots \quad w_{f_m}] \cdot [U_{f_1} \quad U_{f_2} \quad \cdots \quad U_{f_m}]^{T} \tag{11-7}$$

考虑到专家评分统计值和 AHP-F 隶属度合成法的特点，则 U 为总体评价的隶属度合成值，其含义参考表 11-6 所示内容。

综合评价合成隶属度数值的含义 表 11-6

评判尺度	很满意	满意	较满意	尚可	不满意	很不满意
隶属度 U	≥0.97	≥0.89	≥0.78	≥0.65	≥0.50	<0.50

为了便于不同方案间的比较，对一体化规划方案总体评价可依“很满意”到“很不满意”划分为 6 个级别，表 11-6 隶属度数值的定性评判尺度，既可用于总体评价的结论，又可用于各评价因素对一体化规划方案要求的满足(满意)程度的评定。

11.5.3.4 AHP-F 隶属度合成法应用的要点

运用 AHP-F 隶属度合成法对不同层次系统及项目一体化规划方案进行综合评价有两个关键环节。

(1)评价指标设计。首要环节是一体化规划方案评价指标体系的设计。一般情况下，一体化规划方案评价指标体系及评价指标设计要满足以下要求：

①评价目标明确。所有项目评价因素及评价指标、设计目标的设置必须十分清晰。每一个评价指标都要能反映一体化规划方案的某一侧面或某一侧重点，反映对实现一体化规划方案总目标的满足或满意程度。

②评价指标全面。评价指标体系要能覆盖一体化规划方案评价对象的各个主要方面。

③指标内容清晰。各个评价指标的定义都要有清晰的内涵，易于理解、认识，便于进行刻画与评价。

④指标间相互独立。各个评价指标的定义要能独立地反映一体化规划方案的一个方面，相互之间不覆盖、不干扰。

⑤方法容易操作。评价指标设计要易于刻画和方便进行数据处理。

(2)评价指标的统一量化。无论是定性还是定量评价指标的隶属度量化处理都要科学合理。一方面要采用定性与定量分析相结合的方法准确地进行评价指标隶属度的刻画，另一方面要注意不同评价指标的隶属度在量级上的一致性与可比性。

11.6 公路建设与区域发展的总体效益优化

在公路建设与区域发展规划执行过程中，必须本着一体化规划决策和总体效益优化的基本原则。公路建设与区域发展总体效益优化的思路是采用综合集成的科学方法和相应措施。

11.6.1 建立并开放信息库资源

规划决策质量很大程度上取决于信息源质量。信息源的质量如何，信息能否很好地共享利用，一个很重要的方面是要让投资主体、经营主体能够充分了解区域可利用的资源信息，同时资源信息要准确且利用方便。利用计算机网络建立相应一体化规划资源信息库是一项较好的措施，各用户可直接从专用信息网调用相关信息，从而可以缩短查询以及前期准备工作时间，及时进入开发的实质性运作阶段。

11.6.2 明确产业结构发展导向

明确区域的区位性主导产业，规划区域产业结构发展导向，避免区域之间产业趋同现象，这是重要的战略决策，带有纲领性、指导性和稳定性特点。省、市各级政府要根据行政区域的区位性主导产业规划，进行区域产业结构发展导向的引导工作，结合资源信息库，利用区域产业政策等规范区域产业投资主体的区位选择行为。确定引入产业、企业的性质，防止出现区域间产业同构、违背产业发展政策等现象。

11.6.3 明确非区位性与区位性产业发展与定位

非区位性产业不依赖于区域资源特点，产业布局较少受资源影响，只要有产业集聚，就会有相应非区位性产业形成，一般不会以此形成区域产业特色。区位性产业与区域资源、区域特征等关系更为密切些，进行区位性产业区域发展定位是一项重要的战略决策，它直接影响到区域长期发展的产业结构、区域形象和发展战略导向，直接影响到产业发展、环保政策等的制定。

11.6.4 充分利用公路产业资源

充分利用好公路产业资源，需要将公路产业放到综合运输体系中，与其他运输方式协调发展，形成更协调的交通运输体系，这样可以对区域经济发展极的培育、区域产业高度化提供更好的支持。

充分利用公路产业资源还需要在区域发展定位的基础上注重完善配套设施建设、开发新兴产业、扩大交流圈域。公路建设需要与城市交通基础设施、生活设施、文化设施、通信基础、供水、供电基础设施协调发展。否则，仅是孤立的主干线轴的作用势单力薄，区位决策的优势不足，相关区域经济发展的效率、效益也将会严重滞后。

11.7 本章小结

本章提出了公路建设与区域发展一体化规划决策的理论体系和评价方法，主要内容包括：

(1)在公路建设与创造需求之间应当采用并行工程的思想方法。在公路规划设计阶段，要考虑区域社会经济发展问题；在社会经济发展规划中，要考虑公路建设问题。为实现这一点需要有可共享的信息库资源，不同部门需要建立团队精神和团队网络的工作系统。

(2)针对公路建设在区域发展中的地位和作用的变化，将这种变化概括为公路建设影响区域发展的十大评价期望变化趋势。随着社会经济、文化的变迁和公路网建设、公路质量等级水平的提高与完善，对公路网要求的重点也在逐步发生转移，固定地用一种思路、一种观点去观察公路建设历史和进行相关分析是不适宜的。

(3)公路建设与区域发展一体化规划决策需建立共享信息库资源。信息资源加市场机制本身具有引导区位选择的作用，从而避免由于信息闭塞所造成的区位选择的盲目性。这一举措可结合计算机网络实现。

(4)在公路建设方案决策基本确定后，就应当同时考虑沿线区域经济发展规划方案。根据公路建设与区域发展一体化规划决策的思路，对公路建设与区域发展一体化规划决策的目标体系、指标体系和具体指标的应用，都要根据区域特点精心选择、设计和使用。

(5)在公路建设与区域发展一体化规划决策方案综合评价中，可采用 AHP-F 隶属度合成法，该评价方法强调评价指标刻画的客观性，具有较强的实用性。其中的隶属度函数(11-5)可直接将打分值转化为该项指标的隶属度，从而可以将各类评价指标在同一比较范畴的前提下，转化为隶属度方式供进一步合成。最终合成的隶属度，可以对整体方案与局部因素进行评价说明。

(6)在公路建设与区域发展规划执行过程中，必须本着一体化规划决策和总体效益优化的基本原则。公路建设与区域发展总体效益优化的思路是采用综合集成的科学方法和相应措施。

第12章 公路及区域的可持续发展

公路建设各个阶段对公路沿线区域发展都存在着不同类型、不同性质的影响，产生不同程度的作用，在两者之间，除了有巨大的正向作用以外，还可能产生一些负向作用。在利用公路建设促进区域发展过程中，必须认识到各种正负因素相互交织的综合影响作用，从而使公路建设和区域社会经济都得到持续性发展。本章主要研究公路建设与环境、公路建设与土地利用、公路建设与城市化、公路营运管理等与区域可持续发展密切相关的问题。

12.1 公路建设与环境问题

12.1.1 公路与环境问题的提出

当人们以公路建设作为区域经济起飞、发展的基础条件时，更多地重视公路建设带来的正面效应。当区域经济发展到一定水平后，人们才会由于某种原因对所出现的一些负面效应进行反思，发现公路规划、设计、施工、运营、管理等环节在当初的决策思路、考虑因素等方面不完善，存在问题或存在较大的失误。

许多国家的经验表明，不同时期区域发展对公路建设要求的侧重点有所不同，随着各国经济实力的提高和社会的进步，人们对公路交通与城市成长、公路与环境的认识日益加深。虽然公路交通与城市发展、公路与环境问题的提出由来已久，但是多数发达国家将公路与环境问题列入道路建设及相关评估工作的重要议事范畴还是近十几年的事情。中国近些年来也越来越关注公路交通与城市成长、公路与环境等发展关系问题。1970年德国学者汉斯洛伦茨在《公路和高速公路的线形与造形》一书中提到公路造形和环境协调问题。在1975年第15届国际道路会议上成立了“道路与环境问题”工作组，并组织对此问题进行讨论；在第16届国际道路会议上与会代表一致认为新建和改建道路必须考虑道路对环境的影响。在公路与环境的关系中，人们主要关注到以下几方面：设计过程中，注重公路景观设计和环境保护等方面；施工过程中注重对环境、生态的保护等方面；营运过程中，注重减少汽车尾气排放，降低对环境的污染等方面；管理过程中，注重减少交通事故、交通阻塞，确保公路上车辆的安全行驶等方面。

中国公路建设起步虽然不晚，但发展速度比较缓慢，长期以来，政治、国防等因素在公路建设评价中一直处于十分突出的地位。自经济体制改革以来，人们开始越来越重视公路对经济发展的作用，公路建设特别是高速公路建设得到长足的发展。在不同时期人们建设公路所关注的重点不同，在立足于公路建设成本、用路者经济效益的前提下，人们关注更多的是公路设计、建设速度、建设投资与使用成本等，而对景观设计、环境设计、生态及环境保护等方面则关心、考虑不足。随着公路数量和等级的提高，公路与环境之间的交互影响就显得尤为突出。中国对公路建设项目影响社会环境、生态环境、环境空气质量、环境噪声等方面予以了更多的关注。相关的研究成果多体现在中华人民共和国行业标准《公路建设项目环境影响评价规范》(JTC B03—2006)之中。

对高速公路、一级公路和经过水源保护区、自然保护区、风景名胜区、文物古迹保护区、经济林带、大中城市的二级汽车专用公路以及有特殊意义的公路,应编制《公路建设项目环境影响评价大纲》和《公路建设项目环境影响报告书》,对某些重要的环境要素还应设单项环境影响评价报告;对于公路建设规模较小,沿线环境状况比较简单的二级汽车专用公路,也应编制《公路建设环境影响报告表》。这是人们基于公路建设对环境影响的初步认识得到的经验总结。

12.1.2 环境对公路的影响

公路的建设和运营对环境会产生影响,公路沿线环境对公路运营同样会产生影响。例如,沿线产业结构、环境治理等,影响到公路的运营管理,较典型的有公路街道化,周边区域生活、生产等的污水、废气、烟尘等污染影响公路正常运营,造成公路交通事故增多、降低公路运营效率,使公路本身功能难以得到维护和发挥。公路周边气候、地理等也会对公路运营产生影响,如水灾、雪崩、浓雾、滑坡、塌方等都会影响到公路正常运行与管理。公路周边居民的交通安全意识、生产习惯等也可能会影响公路安全,造成意外的损失、损坏等。

这些周边环境都影响到公路的可持续发展。其中有一些可在公路建设过程中回避或减少其发生的概率,所以从公路规划阶段开始就要考虑这些问题。

12.2 公路建设与土地利用

公路建设涉及的土地利用问题可以概括为两个方面:一是公路项目自身占用土地,一般指公路路基两侧排水沟(截水沟)外侧边缘以外1~3m用地范围,包括立体交叉、服务设施、安全设施、交通管理设施、停车设施、公路养护管理及绿化和苗圃等工程用地范围;二是公路沿线基础设施、相关区域中心地(城市)交流与合作的基础设施、土地开发或相关区域的土地开发利用。

中国城市市区的土地属于全民所有即国家所有,农村和城市郊区的土地,除法律规定属于国家所有的以外,其余属于集体所有。公路特别是高速公路建设需要占用大量土地,并能从质的方面改变沿线土地利用方式。正确认识公路建设与土地利用的关系,是科学、有效地利用公路建设促进区域社会经济发展的关键问题之一。

12.2.1 土地作为资本的利用

中国是人均拥有耕地水平较低的国家,正确认识公路的土地资本的性质和数量是为了更好地珍惜土地,更合理地开发利用土地资源。

土地这一概念既包括土地物质又包括土地资本,土地是由人类开发、再开发形成的。土地不仅是资源,是生产要素,也是资产。只有当土地作为产权和资产在商品经济活动中体现其全部价值时,土地才被认为是地产。地产仅是指投入了土地资本,可以实现商品化的这部分土地资产,是土地的转化形态,城市及区域开发的地产价值可以由人类劳动投入形成的土地资本价值和土地资源所具有的潜在价值构成。所以说,地产是土地作为资产或财产的一种形态。土地所有权是一切财富的最初源泉，人类可以从土地取得资本的效益或增值，并转化为地租。地租是土地所有者凭借土地所有权得到的收入，是土地所有权借以实现的形式，其本质也就是土地收益权。这种收益权与土地使用方式无关，只要存在土地所有权就存在地租，即土地收益。但是，地租的量却与土地使用方式直接相关，并直接影响土地用途的转换，从而影响区域社会经济的发展。

公路分为若干技术等级，从公路建设推动区域社会经济发展的作用分析，以高速公路的影响最为明显。高速公路端点、沿线主要城镇以及高速公路立体交叉枢纽连接的周边区域，在区域间干线轴传导的“点”波及影响下，明显将改变土地的利用方式，使土地生产能力大幅度提高。

在公路建成通车后，沿线区域原用于农业的土地，转向了工业、商业、住宅业、旅游或服务等行业，这种土地利用方式的改变实质是改变了地租的量。地租包括绝对地租和级差地租。由于使用了土地而必须支付的地租是绝对地租；而取决于土地位置、区位以及同一块地的劳动投入所能得到超额利润的是级差地租。影响级差地租的大部分因素都与土地级别有关。由于土地级别不同而形成不等量的地租，是级差地租。经济学原理说明了由于形成条件不同，级差地租有两种形式，一般称为级差地租 I 和级差地租 II。级差地租 I 指在不同的地块上进行等量投资，但由于土地肥力大小和位置的优劣所形成的地租；级差地租 II 指在同一地块上由于连续追加投资而形成的级差地租，它们都是劳动生产率不同的结果。级差地租包含在绝对地租之中，其实质都是由劳动创造的超额利润。地租杠杆作为市场经济运行机制中的重要信息，对区域社会经济发展的土地利用起调节作用。绝对地租促使开发者对土地的集约经营；级差地租影响到政府及开发者对城市、区域产业的布局，政府对城市、区域开发规模的控制，并影响对国民收入的分配调节等。

12.2.2 公路资产的评估

在公路沿线区域开发中，土地收益是土地作为资产这一形态——地产的经济表现。所以，地产作为社会资产，其主体是地租和由于国家大量投入而形成的土地收益。地产可以持续、永久地使用，其使用权让渡的期限比较长，一般为 40～70 年或更长的时间。地价是地租的资本化，体现为土地使用权出让金，地价 P 的计算公式为：

$$P=\frac{R}{r}\left[1-\frac{1}{(1+r)^{n}}\right] \tag{12-1}$$

式中：R ——地租；

r ——年利息率；

n ——土地出让年限。

公路建设占用了大量土地，构成公路的土地资本，它直接影响到公路资产的评估和公路沿线土地资源的合理开发与利用。土地资产量等于一定期限内的平均地价水平（基准地价）与评估范围内土地总面积的乘积。国务院第 91 号令《国有资产评估管理办法》中规定了四种常用的基本方法：重置成本法、收益现值法、现行市价法和清算价格法。

公路建成通车后，可以使公路自身资本和沿线土地很快增值，高速公路尤其如此。广东省某高速公路其造价为 4.18 亿元，若将回报率作为无形资产的一种，其价值超过了固定资产原值，该项高速公路资产评估后的价格为 8 亿元。四川省成渝高速公路的评估价格的现值为原值的 170%,大约是 80 亿元左右。广深高速公路建设期间,不同时期的征地价格变化也非常大(参见表 12-1)。

广深高速公路征地价格变化 表 12-1

征地时间	第一次征地(1987.3)			第二次征地(1988.7)			第三次征地(1993.3)		
地区	广州市	东莞市	深圳市	广州市	东莞市	深圳市	广州市	东莞市	深圳市
地价(元/m^2)	24	18	12.75	75	45.15	40.65	105	63	57
增长指数	1	1	1	3.125	2.508	3.188	4.375	3.5	4.47

注:表中的广州市包括增城市,深圳市包括宝安区。

京津塘高速公路(北京段)也说明这一情况(参见图 12-1)。

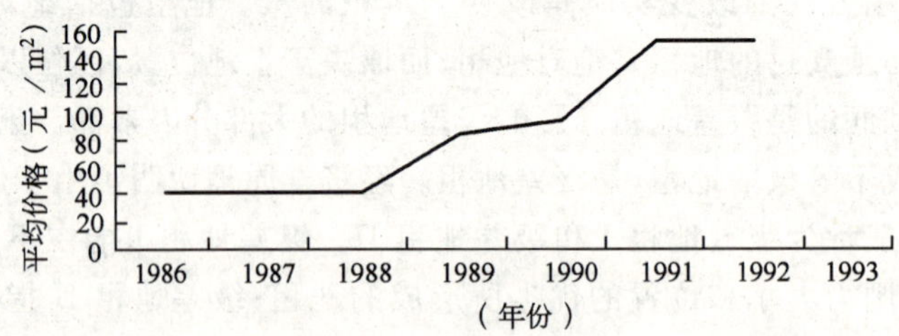

图 12-1 京津塘高速公路(北京段)征地平均价格变化

12.2.3 土地生产力、级差地租与土地利用方式

交通运输可以扩大相关区域间的交流范围与产业区位选择范围。在产业区位选择方面,除了集聚与运输之外,还有经济活动对土地的最佳利用及利用效果的依赖关系因素,这一因素就是位置级差地租,它的作用使相关区域及区域间土地利用呈现有规则的空间安排和变化。

根据经济学原理分析,土地生产力、级差地租、土地利用方式三者之间存在这样的关系:土地生产力通过一定的土地利用方式决定级差地租,一定的级差地租反映在一定的土地利用方式下发挥出来的土地生产力水平。因而,在土地生产力一定的情况下,利用方式不同,所表现出来的级差地租也不同。在充分发挥土地生产力的最佳利用方式下,一块土地所能提供的级差地租就是该块土地的最高水平,任何一块土地所能提供的级差地租的最高水平都是被预期生产力水平事先决定的。级差地租随生产利用方式的改变而改变,这是高速公路沿线土地价格上升的原因之一。预期土地生产力的加速增长性直接决定了级差地租的加速增长性。随着高速公路建成通车、线路延伸,其高速公路规模效益提高,表现为沿线企业选址进一步增加,土地生产力加速提高,伴随着对土地生产力的认识的深化,从而使土地利用方式趋于合理,级差地租也就必然加速增长。

中国高速公路建设历史不长,人们对其沿线土地资源的潜在价值有一个认识过程。高速公路建设中征地成本在持续提高,加上材料价格上涨等其他因素,单位公路里程造价也大幅度提高。在 20 世纪 80 年代高速公路的平均造价一般控制在每公里 1 500 万元左右,到 20 世纪 90 年代上升到每公里 3 000 万元左右,进入 21 世纪,每公里达到 4 500 万元左右,个别公路甚至更高。所以,有效利用公路建设特别是高速公路建设发展区域经济,并实现可持续发展,必须重视的一个问题在于如何更好地开发和利用相关土地,使公路建设占用土地的价格合理定位,提高土地和公路的利用效率,全力发掘公路的直接功能和间接功能。

12.3 公路及区域面临的可持续发展问题

12.3.1 路网建设的可持续发展问题

在可持续发展方面，中国公路建设面临许多问题，其中许多问题是从公路建设的主要目标考虑或是人们在公路建设中关注所要解决的主要问题时，忽视或忽略了的。

(1)公路建设的目标。目标是决策的前提，公路建设目标的确定属于决策的核心内容。随着社会经济的发展和公路网建设、公路质量等级水平的提高与完善，公路建设目标的侧重点、关注的重点方面，就会有一定程度的变化和调整。

公路建设本身需要大量资金投入，当资金不足而考虑环境因素需要支付更多资本时，合理需求与资金之间往往产生矛盾，特别是在经济欠发达的区域，公路建设资金的来源更是困难。因此，在一个相当长的时期中，通过建设公路、改善交通来发展经济往往是第一目标或占主导地位。所谓的“要想富，先修路”、“想大富、修大路，想快富，建高速”正是这种思维方式的直接反映，它是人们社会生活实践中的经验总结，不无道理。但在很多情况下，公路建设对环境的负面影响正是由于人们本身的认识不足、设计、施工与管理等过程中考虑不足所造成的。总之，人为因素在其中起很重要的作用。在公路项目决策、选线、线形设计过程中，更为科学地进行规划决策，本有可能避免或减轻公路建设项目对社会环境、生态环境、环境空气质量、环境噪声等方面产生的负作用，但由于对环境的影响认识不足、认识不深刻，该避免的因素没有避免，可减轻影响程度的没有减轻，造成了不应有的损失。

(2)公路项目的决策。公路项目的决策是根据公路建设的目标，从若干个可行方案进行抉择的过程。科学的决策程序包括确定决策的目标、确定决策准则、规定社会经济效果的量度、提出技术方案、进行系统分析与评价、选择最优或最满意的方案。这一过程涵盖了公路项目预可行性研究、可行性研究、建设方案研究及形成等内容，是决定公路建设投资总额及施工、运行成本的一个最重要的阶段。公路技术等级与交通量的一致性构成了公路建设方案的重要内容，公路建设项目投资决策一定要遵循民主化、科学化原则，与区域发展要求结合起来，避免重大的投资决策失误。

(3)公路项目的设计。设计的范畴包括选线、初步设计、施工图设计等内容。在路线、路基、路面、桥梁工程设计中，除了要考虑技术和经济因素，还应当将公路沿线区域的环境作为一个重要因素加以考虑。公路建设中涉及的桥梁、隧道等工程结构复杂，施工难度大，投资很大，使用期也很长，因此在设计时更需要设计者有超前意识，有相关知识结构，其设计方案一定要结合区域社会、经济、环境的发展态势，从而使设计水平和设计质量得到大幅度提高。例如，日本的神户大地震现场反映出不同结构的公路高架桥所能承受的抗震、抗扭能力有很大差异，地震后，人们对公路结构、区域交流通道设计等进行了反思。公路项目设计既应当考虑到在多地震、多水灾、多滑坡、地质复杂地区对公路自身结构、走向等的特殊要求，又应当考虑到经济区、旅游区、居民区、工业区、文化区以及自然保护区等的特殊要求，以及在抢险救灾、减灾过程中对公路网结构的要求。结合环境因素的公路设计水平、设计质量越高，施工实施过程中的刚性也越强。

(4)公路项目的施工。公路建设的成果不仅体现在公路主干线的建成通车，而且体现在与环境的协调一致。施工过程中方法不当，施工质量未达标准，事后补救措施不及时、不得力，则很可能给公路与环境都留下许多隐患。诸如路面塌陷、开裂、滑坡、护坡塌方、水毁等事件易造成道路堵塞、人民生命健康伤害以及其他巨大的社会经济损失。近年来，随着公路建设速度的加快，公路建设投资的增多以及公路建设市场的开放，公路建设项目的施工质量问题更为突出，一些公路项目施工质量问题已经造成许多重大损失和恶劣影响。此外，公路施工过程与环境也应当保持一致性，施工尽量不要影响周边环境、生态以及居民休息和工作。施工完毕应尽快恢复施工场地原有的生态植被。

(5)公路运营与管理。公路运营与交通管理不当会造成或加重交通三大公害。例如，在公路运营中，公路客运和货运都可能存在超限运输问题，这在长途运输中表现得尤为突出。公路客运超载运输带来的主要问题是运输的安全性，这是关系到旅客生命安全的重要事情。在一些地区和特定的旅客运输高峰期(如春运期间)，客运超载现象十分普遍，一些地区公安和运输管理部门改变那种单纯罚款“走车”的做法，采用“罚款并就地卸载(旅客)、就地转运旅客，相关费用由原车主承担”的做法以后，对抑制超限旅客运输现象有比较明显的效果。

公路货运超限运输显得更为突出和复杂，其后果不仅影响载运货物的安全性，严重损坏载运车辆，而且严重地损坏公路。公路货运超限运输在很多地区久禁不止，这种现象大大缩短了公路的使用寿命，增加了公路维护成本，同时直接影响了公路的正常使用和运营管理。针对这种现象除了贯彻交通部的统一规定以外，一些省级公路主管部门也颁布了相关规定。公路超限货物运输与客运不同，也不像客运管理那样容易治理。概括起来有以下几方面的问题：

(1)缺乏装载相应货物并适宜长途货运的大型车辆，用中型载货汽车进行长途货运，单位运输成本过高，在货运价格本身不到位的市场情况下，车主对中型载货汽车稍加改装后进行超载(通常超载量达到50%～100%，有的地区甚至达到150%～200%)运输，并将其作为降低运输成本，获取经营利润的主要途径。

(2)货运价格不到位，这涉及多方面的问题，其中运输车辆供求失衡是一项重要原因。在目前的区域产业构成中，公路运输业不像高新技术产业需要较高的技术、设备、人才，市场进入壁垒很低，在许多地区几乎有车就能从事货物运输经营活动，供求关系的失衡必然造成运输价格下调。

(3)货运信息化程度提高，这是导致物流服务价格总水平降低的原因之一。公路货物运输的返程货运过程，只需以变动成本作为定价依据，与完全成本导向定价相比具有较强的竞争力，货主在不影响货物时效性的基础上，力求寻求返程车载运货物，从而使运价总水平降低。

(4)公路运营管理水平较低，以罚代管现象普遍。有关部门管理机制不适宜，将罚没当作小金库资金来源，造成恶性循环，越是加强“管理”，反而越是加剧了超载现象，因为交罚款后使超载“合法化”了。加之沿途收费关卡多、“三乱”(乱收费、乱设卡、乱罚款)严重，导致运输成本过高。

(5)区域产业结构高度化程度低，初级产品价值低、时效要求低、运价也低，用超载作为赚取利润的源泉就不难理解。

12.3.2 公路建设对沿线区域造成的负面影响

公路建设对沿线区域可能造成的负面影响可以分为两部分：直接负面影响和间接负面影响。

12.3.2.1 直接负面影响

从可持续发展角度考察，公路项目施工过程对地表的开挖会破坏植被，引起土地裸露，从而改变水的天然循环，增加了水土冲刷，引起部分地区水源变化，在损害农田的同时，也可能引起道路水毁。

公路运营过程中主要是交通三大公害影响以及所造成的生态破坏、景观破坏、水源与土质影响等。

(1)交通阻塞：由于道路规划、设计或运营管理系统设计、运作不到位，交通流量在相关路段、桥梁分布不平衡，造成道路拥挤形成交通阻塞。交通阻塞会造成巨大的经济和时间损失，交通阻塞还会使公路的基本功能得不到充分有效的发挥。

(2)交通污染：首先是汽车运行所造成的空气污染。车辆营运排放的主要污染物有一氧化碳(CO)、氮氧化物(NO_X)、悬浮颗粒物(TSP)及其他污染物。城市空气中75%的CO都是汽车尾气排放造成的。CO进入人体血液后，产生碳氧血红蛋白(CO－Hb)，降低血液输氧能力，对人体心血管和神经系统造成危害。空气中的NO_X由汽车排放的约占50%，其中汽车排放的NO_X中有95%以上的NO与空气接触后，很快氧化成NO_2，NO_2对人体和动物的呼吸系统具有很强的毒性。TSP中的PM_{10}也有很大部分来自车辆，特别是柴油车的排放物。车辆排放的PM_{10}，含有铅的卤化物、有机碳和硫化物。在汽车运行过程中，铅随着废气排出，有相当数量的铅沉积在两侧农田中，随着时间的推移，这种积累逐渐增加，影响了农作物生长并使农产品中的含铅量增加，进而影响食用者的身体健康。

其次是汽车运行所造成的噪声污染，包括汽车运行噪声、鸣笛噪声等。汽车噪声污染，影响沿线区域居民休息、学校教学、机关单位工作，严重时沿线学校的教师都无法正常授课教学。

再者是车载货物的污染所造成的污染。典型的有城市车载垃圾污染，车开一路沿线垃圾散一路，将“点”污染变“线”污染，成为城市中重要的污染源。此外还有车载煤炭粉尘污染、石灰粉尘污染、化学品污染、石油污染、危险品污染等。山西曾经发生过车载煤炭所造成公路沿线区域煤粉尘污染，严重威胁到文物古迹的安全，最后不得不将载煤运输车辆改道运行。

(3)交通事故：交通事故不仅严重危及人们的生命和财产安全，而且会带来巨大的社会经济损失。中国公路交通事故发生次数逐年上升，居高不下，参见图12-2。

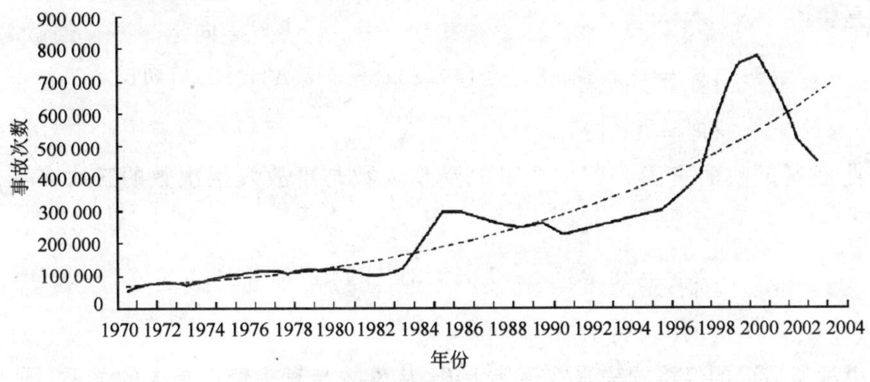

图12-2 中国公路交通的事故次数变化

图 12-2 中的交通事故次数发生曲线，用三次多项式描述的函数式为：

$$\begin{cases} y_{事故次数}=6.1121x^3+158.61x^2+2773.2x+63677 \\ R^2=0.807 \end{cases} \tag{12-2}$$

式(12-2)的一次导数函数式为：

$$y'_{事故次数}=18.3363x^2+317.22x+2773.2 \tag{12-3}$$

式(12-3)表明未来事故次数仍可能继续上升。可以说这是一个涉及多因素影响的问题，除了硬件设施以外，还与管理手段和管理水平有关。据国内外经验分析，这和驾驶员素质与培训工作、人们的交通安全意识与教育工作以及公路交通新技术应用与交通运输管理水平有密切的关系。公路交通安全管理涉及车、路、人多个方面，其协调发展与综合控制的能力如何，对公路建设与区域的可持续发展会产生重要的影响。

有关统计资料表明，中国公路交通事故次数与事故死亡人数、受伤人数呈三次多项式函数关系（参见图 12-3）。

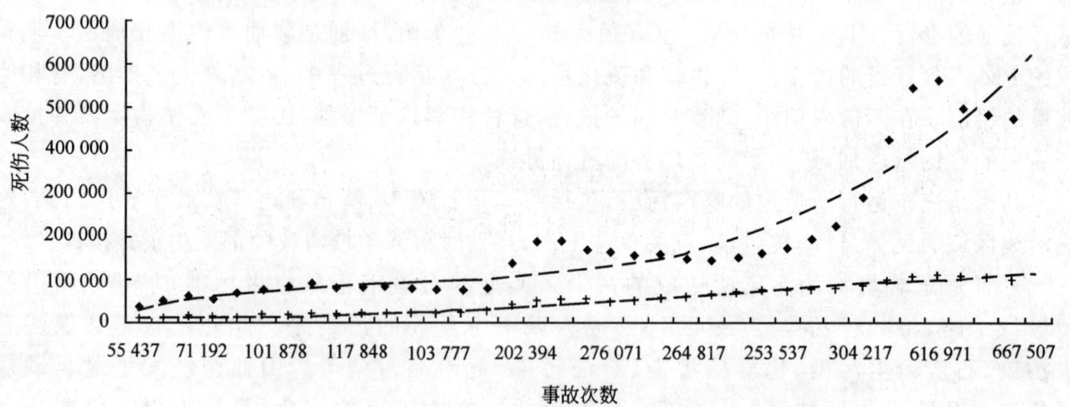

图 12-3　中国公路交通事故次数与事故死亡、受伤人数的关系

＋死亡人数；◇受伤人数；— - - — 多项式(受伤人数)；——— 多项式(死亡人数)

图 12-3 中的拟合曲线所反映的全国公路交通事故死亡人数与事故发生次数的三次多项式函数式是：

$$\begin{cases} y_d=-1.7498x^3+149.23x^2-395.83x+12144 \\ R^2=0.973 \end{cases} \tag{12-4}$$

拟合曲线所反映的全国公路交通事故受伤人数与事故发生次数的三次多项式函数式是：

$$\begin{cases} y_h=28.887x^3-1010.3x^2+14278x+19345 \\ R^2=0.8797 \end{cases} \tag{12-5}$$

交通事故所造成的经济损失也在逐年上升，从事故与直接经济损失的关系（图 12-4）可以看出两者的变化趋势呈三次多项式曲线发展态势。

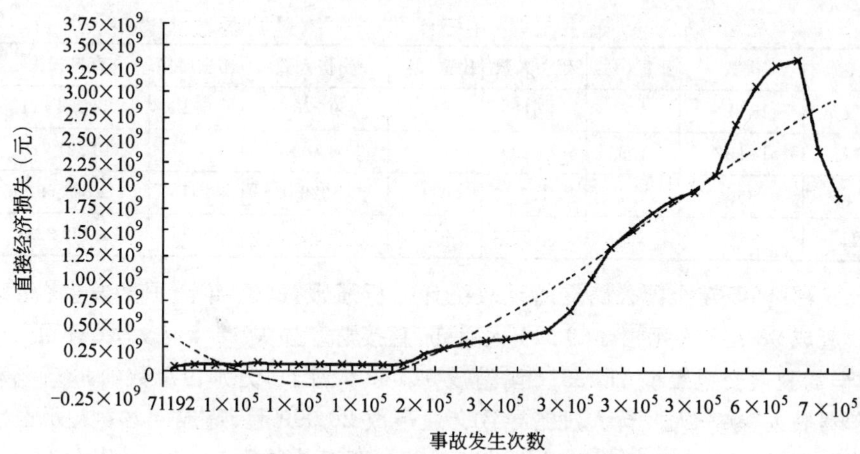

图 12-4 事故次数与直接经济损失的关系

其三次多项式的拟合曲线方程式是：

$$\begin{cases} y=-223\,182x^3+20\,000\,000x^2-200\,000\,000x+500\,000\,000 \\ R^2=0.902\,8 \end{cases} \tag{12-6}$$

中国高速公路发生事故的频率也很高，与人们最初的想像似乎不一致。据有关研究，虽然各国、各地区的公路交通事故存在各自的特点，但也存在一定的规律性。高速公路事故发生也呈现其自身的规律，一般要经过事故高发阶段、相对稳定阶段和稳定阶段。虽然各国的事故率数值差别较大，但也呈现明显的阶段性变化规律，以日本的名神高速公路为例(参见表 12-2)。欧美国家高速公路事故率相对较低，但也基本符合上述事故发生的阶段性变化规律。因此，掌握事故发生规律，开展相应的管理工作，有利于更好地遏止事故发生。

日本名神高速公路事故率(单位：件/亿车公里)　　表 12-2

年　度	1963～1969	1970～1973	1974～1982	备　注
事故率	4.28～2.42	1.60～1.45	1.0～0.5	

公路交通事故造成了人民生命财产重大损失，也降低了道路效率。分析事故成因，一般涉及人员因素、车辆因素、道路因素、交通环境因素和管理因素，其中人的因素占重要成分。根据西安临潼高速公路统计，人为责任因素占 75.3%；沈阳大连高速公路统计，人为责任因素约占 78%。从 1997 年中国公路交通事故的统计资料可以看到，公路交通事故发生的绝大多数原因都与人的因素有关，占到事故总数的 92.9%，其中，机动车驾驶员的因素占到 83.6%，其他一些属于客观因素的比重很小(参见表 12-3)。

中国公路交通事故统计资料(1997)　　表 12-3

事故原因	次数	比重(%)	死亡人数	比重(%)	受伤人数	比重(%)	直接损失	比重(%)
合计	304 217	100	73 861	100	190 128	100	1 846 158 453	100
机械故障	13 594	4.5	4 606	6.2	10 902	5.7	97 111 578	5.3
机动车驾驶员	254 426	83.6	53 694	72.7	154 628	81.3	1 682 085 433	91.1

续上表

事故原因	次数	比重(%)	死亡人数	比重(%)	受伤人数	比重(%)	直接损失	比重(%)
非机动车驾驶员	13 321	4.4	4 610	6.2	9 776	5.1	22 054 711	1.2
行人、乘车人	14 932	4.9	7 089	9.6	8 782	4.6	18 331 715	1
道路原因	369	0.1	103	0.1	228	0.1	2 891 692	0.2
其他原因	7 575	2.5	3 759	5.1	5 812	3.1	2 368 324	1.3

根据公安部2005年全国公路交通事故统计分析通报，2005年全国共发生公路交通事故450 254起，造成98 738人死亡，469 911人受伤，直接财产损失18.8亿元，万车死亡率为7.6。其中，机动车驾驶人交通肇事417 355起，造成91 062人死亡，分别占总数的92.7%和92.2%，因非机动车驾驶人、乘车人及行人过错导致交通事故20 090起，造成4 207人死亡，分别占总数的4.5%和4.3%。3年以下驾龄的机动车驾驶人肇事共导致31 534人死亡，占全部机动车驾驶人肇事导致死亡总人数的31.9%。据统计，在47起特大交通事故中，因驾驶人超速行驶、疲劳驾驶、违法超车及违法占道行驶、客车超员导致的交通事故次数分别占总数的25.5%、14.8%、10.6%、36.2%。由此可见，强化人的因素管理，可以在一定程度上减少交通事故发生次数，减少死伤人数和直接经济损失。因此，抓好人的素质教育以及交通安全管理工作关系重大。

随着公路建设的持续发展，汽车增长量发展很快，中国公路交通的万车死亡率指标呈逐年下降趋势(见图12-5)。

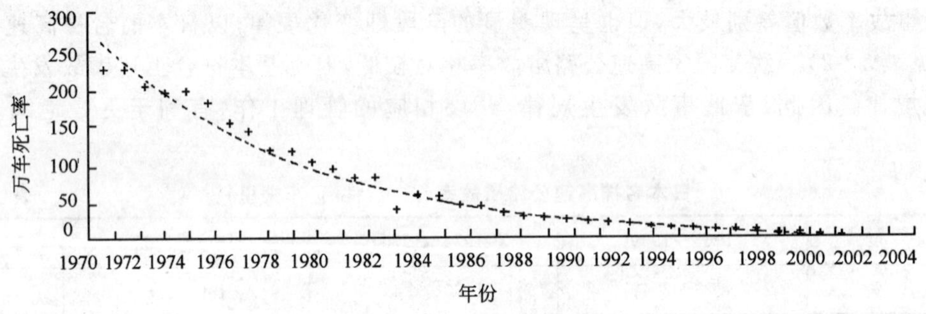

图12-5 中国历年万车死亡率变化趋势

用负指数曲线拟合的方程式是：

$$\begin{cases} y = 291.32e^{-0.0977x} \\ R^2 = 0.989 \end{cases} \tag{12-7}$$

拟合曲线的一次导数为：

$$y' = -28.461964e^{-0.0977x} \tag{12-8}$$

由式(12-8)可知拟合曲线呈负指数函数缓慢下降的变化趋势。

通过以上分析，说明高速公路上的交通事故、交通污染、交通阻塞等公害是可以减少、减轻，甚至是可以完全避免的，关键是要抓好公路建设各阶段工作以及公路运营的交通管理与安全教育等工作。

12.3.2.2 间接负面影响

无论是发达国家还是发展中国家，其经济发展都是以公路作为载体实现起飞和发展的。高速公路、一级公路的发展对区域发展的一个重要贡献就是，公路建设所创造的产业区位优势。促进区域经济发展的一个直接原因就是创造了工业区位优势，公路对区位因素的改变引来新的产业选址，而产业选址对区域发展的环境影响事实上成为公路建设影响区域发展的间接负效应。影响较大的主要有以下几个方面：

(1)公路沿线拟建重化工业企业对环境可能产生气体、粉尘、酸雾等负面影响作用。

(2)沿线设施、站点、市场设置造成车流量增加，可能产生大量噪声、废气等对环境的负面影响作用。

(3)区域产业定位对环境原有定位改变所产生的负面影响作用。

(4)公路所支持的城市化对区域可持续发展可能带来的负面影响。

间接负面影响可以通过交通运输车辆、运输装备、运营组织方法革新创造和综合集成管理得以减弱或消除。

12.4 实现公路、区域可持续发展的主要思路

可持续发展是人类能动的调节自然、社会、经济和人口的复合式发展，是人口、社会、经济、环境四个方面协同合作、相互适应、良性循环式的协调发展，这是各个区域发展追求的目标。公路建设对区域发展能够带来很多好处，但对人类生存环境也会起到一定恶化作用。因此必须走一条人口、社会、经济、环境以及资源利用相互协调，既能满足当代人需要，又不对后代人的发展构成危害的可持续发展道路。

走可持续发展道路，意味着必须改变过去的一些观念和有缺陷的做法。公路建设不仅要满足交通运输功能及经济发展的要求，还应该用发展的观点，从长远利益考虑，使公路建设与社会、经济、环境相协调。一方面公路建设要走可持续发展的道路；另一方面公路沿线区域发展也要走可持续发展的道路。

12.4.1 实行公路建设与区域发展一体化规划决策

公路的物质寿命很长，一条公路建成后，应用得当可以使用十几年甚至几十年。因此，从公路设计开始就必须考虑多方面因素，从长计议，否则会留下后患。在规划设计方案时，一定要结合社会、经济、环境的发展态势，处理好公路及区域可持续发展的基本关系。公路建设与区域的可持续发展是贯穿于公路的规划、设计、施工和营运中的系统问题。实行公路建设与区域发展一体化规划决策是实现可持续发展的一条重要思路和途径。

(1)在公路规划阶段，要确定明确的指导思想，指导公路建设各个阶段正确展开工作，使可持续发展的思想落到实处。

(2)公路设计阶段，首先要注意路线选线，公路建设本身要占用大量土地，但是路线选线应尽量不穿过良田、尽量少占耕地，一般选线可靠近山边、河边，必须穿过时要进行经济效益分析比较。同时，选线还应当尽量远离各类自然保护区、水源保护区、人口居住稠密区、文物古迹保护区、风景名胜区以及学校等环境敏感点，必须穿越这些区域或敏感点时，应采用相应的措施，尽量减少公路交通对环境可能造成的不良影响，例如用隔声墙、防噪林等方法降低交通噪声，

对文物采取科学合理的拆迁保护措施，采用低噪声路面结构，在山区、林区、沙漠等其他生态保护区，设计专供动物穿行的通道等。设计阶段同时要进行社会、技术、经济与环保等方面的综合分析论证。

在路线平、纵面设计、路基设计、路面设计等过程中，可选取适当的平、纵面指标，对路堤、路堑边坡进行防护设计，尽量减少土石方量，注重种草绿化，避免造成植被破坏、水土流失，防止路面雨水直接流入农田或重要水源。

(3)在公路施工阶段，针对路基工程、路面工程、立交工程、隧道工程、桥梁工程等工程技术和环境特点，采用相应保护措施。尽量避免高填深挖，路基土石方纵向调运，取土、弃土、采石场在施工完毕后立即进行植被保护，防止裸露，减少废方，废方的处理不能影响自然生态，无法调运的废方应选择适当地方集中处理。在农田取土时，将表层土集中堆放，待取土完工时应将表层土还耕，及时恢复农种；对荒地则应采取植树等措施恢复植被。在施工过程中要注意保护河床、河道，要使工程项目与环境景观相协调。同时要避免施工噪声对居民区、教学区、工作区等造成的噪声污染。

(4)在公路运营阶段，要注意保护公路的环境、景观。要持续性地做好植树、绿化工作；防止车载物品对公路及环境的污染；确保公路的安全运营，减少交通事故；防止超载运输对公路造成的破坏等。还需要采用相应的污水废水处理系统，防止服务区、加油站、收费站路段生活污水、生产废水对环境的污染。

显然，考虑公路建设与可持续发展的问题，从短期利益看，有时是矛盾冲突的，为了避开某些区域的选线会提高公路本身造价，采用某些环保措施，需要增加投资，也会提高公路项目的整体造价。但是从长远利益考虑，这对人类的发展是有利的，因此，必须从可持续发展的角度研究分析问题，提出规划设计，落实施工方案和实施科学的运营管理。

公路及区域可持续发展是一个涉及基础设施筹建、规划设计、施工及运营管理的综合性工程，是一个需要各有关单位、部门以及沿线各类经营主体的密切协调与合作才能够实现的系统工程。为了使可持续发展的思想真正落到实处，需要在政府政策的指导下，将其与市场经济运行机制、基础设施建设体制、项目建设施工及管理的企业机制紧密有机地结合起来。

12.4.2　城市化过程的可持续发展思路

现代城市是区域可持续发展的中心和基础。城市发展和区域经济发展相辅相成，城市化(也称城镇化)是工业化发展的必然结果，城市化也是与现代化互为因果的。从可持续发展的角度分析，城市所具有的集聚效应和扩散效应，使城市化发展过程中，总体上节约了土地和其他资源，并提高了居民生活的质量水平。因此必须主动发挥城市化带来的积极作用，并从可持续发展的角度避免其可能带来的副作用。

(1)利用公路建设加速城市化进程。公路建设是激活城市化过程的重要一环。因此，在城市化过程中，交通规划应当是城市规划中最重要的环节，应当从城市道路、城市成长、土地利用和干线公路及公路网的衔接等方面考虑城市和区域的可持续发展。公路建设激活区域城市化过程中，涉及农业、土地、水资源以及人口等因素的制约，因此，必须注意可持续发展涉及的具体问题。此外，在公路建设激活区域城市化的过程中，还必须注重建立配套的城市基础设施或公共工程，急功近利的思想可能造成欲速不达，但是这些设施投资额大、回收期长，又多表现为社会综合效益、产业集聚效益，不同类型的基础设施应选择相应的筹建、经营与管理机制，使之功能发挥得更加完满，并符合和达到区域可持续发展的要求。

(2)适度超前地建设城市、推进城市化。有关实践说明，在公路基础设施、环保、能源、交通、通信等方面的建设，至少要保持超前10年，高速公路的建设更加需要注重前瞻性。因此，政府对此应当给予大力支持，在资金、税收等方面给予优惠。

(3)注意在经济发达区域控制大城市规模，积极发展中小城市。经济发达区域的特大城市已开始出现郊区化等现象，就经济扩散而言，没有必要继续扩大城市规模，而应注重对中小城市的发展。公路建设对促进中、小城镇发展有特别重要的作用，在经济落后区域应当将中、小城镇发展规划与公路建设协调起来。对于在区域规划中的重点城镇，与干线公路配套的路网公路技术等级可适当提高，以促进城镇工业发展，从而可以将部分工业生产能力和人口截留在乡镇及乡镇工业。

(4)注重对公路沿线土地的合理利用。山东省济青高速公路建成通车后，沿线土地资源的潜在价值被人们看好，明显改变了沿线土地在社会经济活动中的地位，土地增值效应十分显著，高速公路沿线土地价格平均上涨了8～10倍，土地批租开发大幅度增多。此类现象，在中国已建成的一些高速公路沿线区域中屡见不鲜。正因为如此，必须注意对公路沿线土地的合理利用，既要留有发展余地，又要防止滥用土地。

(5)将交通管理与城市成长管理结合起来进行统筹规划管理。其中应当包括以下三个基本方面：①道路设施建设，主要包括设施建设和运用效率改善。前者包括规划新道路，拓宽原有道路，实现多车线化，道路结构改良，如交叉点改良等；后者包括新技术导入及设施建设，如不停车收费系统，运用实时电子信息板提供交通信息，提高道路运用效率等。②交通需求管理，主要包括诱导措施和强制措施。诱导措施包括地方政府、主管部门针对社会及民间活动所制订的相关引导措施；强制措施包括经济、行政、法律等硬性措施。③城市成长管理，主要包括城市绿地、广场、商业区、停车场等在内的城市功能构造、土地利用和交通体系等多方面综合集成的规划管理活动。

12.4.3 建立完善的路网体系

切实做好区域规划，发挥规划的宏观指导作用，以形成合理的公路与区域发展体系。城镇间要分工协作，反对重复建设，防止重干线建设、轻连线建设的现象，不断提高公路网的通达深度，建立完善的路网体系。

国内外的经验表明，完善的路网对防灾抗灾有重要的支持作用，对有可能发生大灾害的区域，可以考虑通过公路建设构筑抗灾、减灾的交通冗余结构，以提高区域性抗灾、减灾的能力，这样也有利于提高区域可持续发展的能力。

12.4.4 加强车、路、人、环境、信息的综合集成管理

在相关领域的可持续发展问题中，人、车、路、环境是一个系统，但是该系统的合理运作必须建立在可靠的信息系统基础上。智能运输系统(ITS)的初步实践证明，只有将车、路、人、环境、信息等各个方面协调起来管理，才能达到公路与区域可持续发展的目标。

12.5 本章小结

本章得出的主要结论概述如下。

(1)公路与环境间的负面效应可从两方面来认识：一个是公路建设对环境的负面影响；一

个是环境对公路的负面影响。公路建设是投资数额巨大的项目，在其建设过程中必须从长计议。公路与环境两者之间的相互影响应当纳入公路建设与区域发展的一体化规划决策及实施过程当中，成为一体化规划决策的依据之一。

(2)公路规划、设计、施工、运营管理各阶段都可能对区域可持续发展产生直接或间接影响，其中公路规划、设计、运营管理系统设计对实际影响效果最大，应当予以特别重视。

(3)中国公路交通事故发生次数是交通事故死伤人数、直接经济损失的基本决定因素。公路交通事故发生曲线，用三次多项式描述的函数为式(12-2)，从一次导数函数分析，公路交通事故发生次数呈继续上升的可能性很大。

减少交通事故次数涉及车、路、人、环境、信息等各个方面，但其核心是人，特别是驾驶员的素质。这和驾驶员素质与培训工作、交通安全意识和教育工作、公路交通新技术应用以及交通运输管理水平等都有密切的关系，公路交通安全管理涉及多个方面，需要从车、路、人、环境、信息多方面进行综合集成管理。

(4)公路建设与区域的可持续发展应贯穿于公路建设的规划决策、设计、施工和运营管理的全过程中，综合集成方法论是重要的指导理论和实践方法，实行公路建设与区域发展一体化规划决策是实现可持续发展的重要思路和途径。

(5)从可持续发展的角度分析，城市化是节约用地的最佳方式，公路建设在城市化，特别是中小城镇城市化进程中作用更加突出。各种类型区域应根据不同区域社会经济条件，选择相应的城市化具体方式。东部应控制特大城市、大城市的发展规模，避免城市病的过早发生；西部应大力发展中小城镇，带动相关区域发展。

(6)从可持续发展的角度分析，完善的路网对防灾抗灾有重要的支持作用。对有可能发生大灾害的区域，可以考虑通过公路建设构筑抗灾、减灾的交通冗余结构，以提高区域性抗灾、减灾的能力，这样有利于提高区域可持续发展的能力。

第13章 主要观点与研究结论

高速路网与区域经济发展一体化发展体现了一种科学发展观。坚持以人为本,域经济、社会实施高速路网与区文化等多方面协调和可持续发展,才有利于构建社会主义和谐社会。将构建和谐社会思想融于公路建设与区域发展之中,是作者在博士论文“公路建设与区域发展”基础上进一步修改完善的一个基本观点。本章将对全书分析研究的观点、内容和结论作一个概括性的总结。

13.1 研究的主要内容汇集

在相关研究工作中,基于公路线形基础设施提出了“三网合一”的高速路网概念,依托这一含义展开了高速路网与区域经济一体化发展的研究工作。本书分别从公路在区域产业结构转换中的地位和作用、高速公路“点—轴”型区域发展理论、高速路网在城市化及区域交流圈构筑中的贡献和支持、高速路网及区域的可持续发展、公路产业化经营对区域发展的影响、高速路网对区域产业结构高度化的支持、高速路网影响区域发展的效应和规律、高速路网建设与区域发展一体化规划决策等多个方面对公路建设与区域发展诸多问题进行了深入、系统地分析研究,重点探讨了公路建设与区域发展的基本理论体系,研究了高速公路及公路网在构成区域交流圈、经济圈中的作用,论证了公路及区域可持续发展理论,总结出以高速公路及其为主轴的公路网影响区域发展的规律,提出了公路建设与区域发展一体化规划决策体系和 AHP-F 隶属度合成法,并阐述了将其用于公路建设与区域发展一体化规划方案综合评价的程序与方法。研究中运用了国内外大量数据资料进行分析论证,并用案例分析作了补充说明。

13.2 主要研究结论

通过归纳总结和深入研究取得了一些研究结论,主要观点、结论和成果概括如下。

13.2.1 公路建设影响经济圈域形成的一般理论

13.2.1.1 公路用地与经济发展的一般理论

近 20 年来,中国 GDP 飞速增长有多方面的原因,其中公路建设也起到了较大的促进作用。公路用地与 GDP 增长显著相关,用线性方程拟合其复相关性为 0.735 9,用多项式拟合其相关性为 0.855 1。两者的变化关系说明,公路用地在初期阶段带动 GDP 发展是线性相关的,直接影响很大,达到一定数值后其增长势头减缓。我们应当深刻地认识其内在的规律,科学地利用土地这一宝贵资源。

13.2.1.2 公路建设影响经济圈形成的理论

时间距离、经济距离是研究区域交流圈形成与发展的基本概念。它体现了公路网、公路等级结构的质量和数量水平,高速路网是其质与量的提升。在区域经济圈中,以高速公路为主干线轴的公路网有助于形成多极城市圈,提高多个城市区域间协同发展的作用。所形成的多极、多层次城镇群体系可以具有1+1>2的多极城市圈综合协同效应,以提高区域整体的竞争实力。立体交叉周边区域是集聚产业资本、集聚区域社会经济发展动力源的重点范围,也是发展区域经济的良好领域。为实现此类设想,需要为创新企业、域外资本进入该区域创造良好的外部条件,包括区域间交流与合作、国际间交流与合作的基础设施、制度、组织与活动实现方式。原有圈域的扩大意味着可以在更大的圈域互通有无,有利于加速统一市场建设,从而也提高了公路网规模效益。但是,各级政府所关注的圈域直径范围、内容不同,目前地方政府重点关心行政区域的社会、经济问题,今后应充分发挥公路建设特别是高速公路、干线公路在支持区域交流圈以及城市交流圈中的地位和作用,它们是形成区域经济圈的基础内容。

13.2.2 高速路网在区域经济发展中的资源资本功能

13.2.2.1 高速路网可以看作是一种资源

区域高速路网资源形成后就能利用它来创造更多的价值。我们要利用资源理论观点认识高速路网,高速路网是区域发展的基础资源,其可达性导致高速路网效率提高,同时促进不同交通网速率提高,形成竞争的互动机制,进而形成复合交通网的完善和功能提升。其中信息技术应用与管理系统模式设计起重要作用,它能促进关联产业升级。

13.2.2.2 公路存量资本是区域发展共用资源资本

公路历年建设形成的高速路网资本存量,构成了区域发展的沉没成本,除收费公路有部分流量调出外,其他大部分沉没成本构成区域发展主体的共用资本。国家或其他投资主体对区域公路网建设的投资实质是一种与区域发展相关的共同资本,各类投资主体可以将自有资本(包括私有资本)投入,并与公路网资本结合起来运作,创造各个企业的区位优势,提高生产效率和经济效益,并着重表现在以下几方面:

(1)以高速公路为主轴的公路网对区域产业结构的重化工业化、高加工度化和知识与技术集约化有重要的促进作用,体现在物流集装化、高效化和低成本运行,公路网可以为创造带有区域特色的区位性产业经济奠基。

(2)利用以高速公路为主轴的公路网可以改变区域的类型。多极城市圈改变原区域经济整体类型,如内陆型区域,可以转变为近海型区域,外向型企业增加可以得到更多的区域发展机会,也有利于重塑区域社会经济形象。而微观经济主体并不需为此付出成本。

(3)公路网密度提高有利于推动物流业向高级化发展。物流业高级化发展方向是将货主、第三方物流服务提供者、用户之间用便利的物流通道、电子通信技术联系起来,达到服务、技术、组织、管理手段等综合集成的供应链管理系统。使得运输与集散能够一体化运作,物流设施可以在更大范围内发挥作用,即实现社会化“大物流”运作体系。

(4)高速公路建设、一般公路改善与改建提高了车辆允许载质量限制范围,促进了车辆大型化发展,降低了运输成本。车辆电子化和客运车辆高档化,促进了汽车运输业和民族汽车制造产业的发展。

(5)高速公路建设促进了公路运营管理智能化,电子收费、不停车收费将是公路运营管理的主要手段,不仅提高了车辆运行效率,而且也促进了相关产业发展。

13.2.3 高速路网影响区域经济发展的模式

13.2.3.1 高速公路影响区域发展的基本模式可分为线形和圈形两种

(1)线形模式是由单一干线轴构成的高速公路“点—轴”型系统区域发展模式。这是高速公路带动区域发展的基本模式。

(2)圈形模式指的是高速公路“点—轴—圈”型系统区域发展模式。还可进一步分为两类:一类是以高速公路为主轴的公路网,是区域从“点—轴”型系统经过一定时期发展形成的“点—轴—圈”型系统的发展模式。另一类是由两个以上高速公路干线轴交叉或次一级路网交叉,在“点—轴”型系统相互作用下形成的发展模式。其最终的影响结果是由多极城市构成的经济圈。

13.2.3.2 高速公路影响区域发展的是“点—轴”型区域发展模式

“点—轴”型区域是基于公路网结点、干线功能和经济集聚与扩散机能发展形成的。“点—轴”型区域发展模式不仅描述了高速公路线形设施与立体交叉和周边区域经济发展形成的“点”—“轴”关系,包含了城市路网构成的发展极与城间高速公路含立体交叉“点”与“轴”之间的发展关系,同时指明点是分级别的,集聚与扩散作用也是不同的。

高速公路“点—轴”型发展模式的实践是一个长期过程,具有不同的阶段性效应。高速公路对沿线区域社会经济发展的专项及综合贡献可以概括为“点”效应→“轴”效应→“点—轴”综合效应→“点—轴—圈”综合集成效应。

13.2.3.3 高速公路影响区域发展的类型可分为:潜在型、输出型、成长型和扩散型

其发展变化的逻辑过程是潜在型→输出型→成长型→扩散型,对于高速公路相关区域而言,并不必经历若干个发展类型。即区域发展类型只是其中的一种类型,并按逻辑过程演进。成长型受高速公路正向效应影响最大,扩散型则受正、负向效应影响都很大,对经济圈有较大贡献。由于高速公路的建设使区位条件突变,相关区域产业结构可能发生变化,其中,部分产业可能会经历集聚—扩散—空穴化过程。但这一过程与区域创新产业引入、主导产业培育及产业结构高度化发展等密切相关,也与区域社会经济发展、人均收入等区域综合实力等有很大关系。要利用高速公路发展区域经济,各级政府应当注意高速公路“点—轴”型、“点—轴—圈”型系统中的“点”的培育,也要注意公路及相关产业创新成果的运用,其区域形象改善有利于缩短人们的心理距离。

13.2.4 高速公路影响区域发展的基本规律

(1)“点—轴—圈”成长规律表明了高速公路及公路网随时间进程影响区域发展的一般性趋势和发展全过程的区域形态特性变化。

(2)阶段性发展效应规律指明了区域发展有明显的阶段性特点。在一体化规划中要根据区域现实产业转换能力,在区域长期发展的总体定位决策中,需要制定分阶段目标并逐步实现。

(3)区域合作与竞争规律反映了通过交流与合作才能使区域发展发挥协同效益。构思区域发展战略要因地制宜,突出区域特色,评价方案也要根据区域发展定位选择评价因素和设计评价指标。

13.2.5 特大城市高速路网与新型交通运输方式的竞合关系

特大城市高速路网在单一公路运输的大城市不能解决交通运输质的问题,因此,就导致创

新型运输方式迅速发展，比较典型的是磁悬浮、快速轮轨（高速铁路）运输、地铁等运输方式。新型运输技术导致在同一线路方向不同运输方式的竞合关系发生了变化，凸现在上海、北京、广州、深圳、南京等大城市，在西安（在建）、成都（在建）等大城市将继续这种演变发展趋势，其影响区域将会随轨道运输方式扩大而扩大。这一过程体现在不同运输方式间的竞合关系，从单一运输网走向大交通网。

13.3 研究结论对实践工作的启示

13.3.1 一体化发展体现了构建和谐社会的需要

运用构建社会主义和谐社会理论进行指导，才能保证科学发展观落实在公路建设与区域经济发展之中，高速路网与区域经济一体化发展能够促进区域经济协调发展，这也是构建和谐社会的一项重要内容。区域经济的协调发展既要求区域内部的协调发展，也要求不同区域之间的协调推进，高速路网在其中的作用不可忽视，它能够促进资源在全国范围快速优化配置，最终促进全国经济的协调发展。有关高速路网与区域经济一体化发展研究，不仅在公路与区域之间体现了线形设施与枢纽设施的协调、公路基础设施与区域发展主体的协调，在推进公路建设主体以及主体转换过程、公路建设评估指标演变过程也都反映了构建和谐社会的需要。

13.3.2 培育和激活区域发展主体是利用公路网资源的重要途径

利用公路建设促进区域发展必须培育区域发展极，干线公路立体交叉周边区域是高速公路及公路网中进行发展极——“点”培育工程的重点基地所在。发展极培育是一个复杂过程，没有资本、没有创新项目投入，区域发展就缺少了动力源泉。引起产业资本集聚、扩散的必要条件是，大量资本投入于基础设施建设，引入和激活区域发展主体。区域发展中的企业技术创新活动是引入一种新的生产函数，从而提高区域产业结构的转换能力；引入创新企业，可以带来新产品、新劳务，可以利用创新产业带动区域其他企业经济活动的加速发展，可以提高既有生产要素的商品和劳务质量和数量。引入国外资本还涉及区域与投资国的历史、文化渊源以及地理联系，其次才是区位决策的有关因素。公路特别是高速公路是微观区位决策中最重要的因素之一，在具体厂址的选择中所起的作用很大。政府的主导产业的规划、区域产业结构、产业组织政策以及新兴产业扶持与发展政策制定，都会对区域产业发展和区域经济运行机制的形成等方面产生深远影响。

13.3.3 推动公路建设的主体及主体转换体现了经济动力到社会动力转型

公路网密度与提高区域生产效率、经济效益关系密切。当区域处在以经济发展为主的阶段时，有条件的地方政府建路积极性较强。完善投融资体制是利用公路建设发展区域经济的重要一环。当公路建设有利于产业选址，对区域经济有明显促进作用时，地方政府和民间参与公路建设的积极性较高，投资效益回收得较快，资本投入一般会加快，形成公路建设的良性循环。随着公路网成熟化、电子信息技术迅速发展，使得产业选址和经营活动范围扩大。这一趋势的延续会使部分产业选址过度依赖公路建设的倾向减弱。因此，推动公路建设的主体会有所转移。当公路网特别是高速公路网逐步成熟后，尽管生活圈、交流圈的进一步完善仍需要大量资本投入，但资本投入动力会减弱，这时就会出现推动公路建设以经济动力为代表转移到以政治动力、社会动力诸方面为代表，在这种转型过程中需要动员构建和谐社会的力量。

13.3.4 利用复合轴线加速实现城镇化

利用高速公路发展区域社会经济，需要利用复合干线轴及大城市或中心城市的集聚功能，创造高新技术企业、工业企业、商业企业、运输企业以及住宅业的选址和建设条件。公路建设要与城市交通设施、生活设施、文化设施、通信设施、供水、供电、排水等基础设施协调发展。要强化区域间高速交通通道的建设，加强区域间的交流与合作。否则，仅是孤立主干线轴的作用势单力薄，相关区域经济发展的效率、效益将会严重滞后。实践也证明，具有复合轴线的城市圈将会得到更多的发展机会，受中心城市的扩散效应作用的"点"更容易形成小城镇。总结国内外经验，不同规模的区域在城镇化中遇到的核心问题不同，从社会经济可持续发展的角度分析，只有多部门协同科学合理规划，才能使公路建设对经济发展潜力的最大促进作用充分发挥出来。所以，在区域城镇化过程中要将城镇交通体系、交通管理体系、城市成长管理，公路网以及区域圈发展体系结合起来，统筹考虑城镇化在一体化发展规划的工作内容。

13.3.5 公路建设与区域发展需要进行一体化规划决策

一体化发展不仅是一种理论，而且是一种实践；不仅是实践的结果，而且是实践的过程，有关实证案例证实了这一结论，这一结论还可推至关联交通圈、经济圈的范围。

公路建设与创造需求应当实行并行工程的思想。在公路设计规划时，就要结合区域社会经济发展规划考虑刺激需求、培育区域发展极等问题，在区域社会经济发展规划中也要考虑公路规划建设与运营管理问题。前者受交通区位理论影响较多，后者受工业区位理论影响较多。为了协同制定和实现优化目标，需要有可以共享的信息资源库。

公路建设与区域发展一体化规划决策，通过共享信息资源和市场机制调节，本身具有引导区位决策的作用，从而避免由于信息闭塞造成区位选择的盲目性，这一举措具有社会资源的节约效应。在公路建设方案决策基本确定后，就应当同时考虑沿线区域经济发展规划的详细方案。根据公路建设与区域发展一体化规划决策的思路，公路建设与区域发展一体化规划决策的目标体系、指标体系和具体指标的应用，都要根据区域特点精心选择、设计和使用。评价公路建设促进区域经济发展的重点会随着社会经济、文化的变迁，随着公路网建设、公路质量等级水平的提高与完善逐步发生转移，固定地用一种思路、一种观点去观察公路建设历史和进行相关分析是不适宜的。

政府应该承担跨部门的一体化规划、协调与管理的重任，实现决策过程的科学化、民主化、协同化，实行官产学研相结合的相对独立的规划机制。在系统理论、约束理论、木桶理论、可持续发展理论和集成理论的指导下，高速路网和区域经济的一体化发展必将会带动区域经济发展，从而促进中国经济的整体协调发展。

13.4 还需要进一步深入研究的问题

(1)公路与环境之间的负面效应对区域经济的影响及其规避方式，一个是公路建设对环境的负面影响；一个是环境对公路的负面影响。

(2)公路收费技术、组织和管理模式对区域经济的影响和设计选择问题，一般涉及收费目的、收费额及收费费率的决定、车型的分类及识别方式、收费组织及手段的选择等。

参 考 文 献

[1] Micheal W. Babcock, M. Jarvin Emerson, Marvin Prater. A Model-Procedure For Estimating Economic Impacts of Alternative Types of Highway Improvement . Transportation Journal ,1997.

[2] Clinton V. Oster,Jr. Barry M. Rubin ,John S. Strong. Economic Impacts of Transportation Investments : The Case of Federal Express . Transportation Journal ,1997.

[3] JAMES ODECK. Ranking of Regional Road Investment in Norway -Does Socioeconomic Analysis Matter ? Transportation ,1996,23:123-140.

[4] M. A. Waller,R. A. Novock. Using Policy Capturing to Identify Performance . Transportation Journal, 1995.

[5] Peter Headicar. The Local DeveLopment Effects of Major New Roads - M40 Case Study. Transportation, 1996,23:55-69.

[6] Lisa Williams Walton. The ABC's of EDI :The Role of Activity-Based Costing (ABC) in Determining EDI Feasibility in Logistics Organizations. Transport Journal . fall.

[7] Steven E. LEAHY, PAUL R. MURPHY, RICHARD F. Poist. Determinant of Successful Logistical Provider Perspective. Transport Journal . Winter.

[8] Peter Ni jkamp ,Aura Reggian, Tommaso Tritapepe . modeling inter-urban transport flows in Italy :a comparison between neural network analysis and logic analysis. transport res. vol. 6. pp. 323-338,1996.

[9] Ryuichi Kitamura ,Eric I. Pas,Clarisse V. Lula ,etc. The Sequenced Activity Mobility Simulator (SAMS): An Integrated Approach to Modeling Transportation . Land Use and Air Quality . Transportation, 1996,23:267-291.

[10] Antti Talvitie . Things Planners Believe in . And Things They Deny . Transpiration, 1997,24:1-31.

[11] K. Gu . An Integrated Land Use-Transport-Environment Model : City plan . Road & Transport Research . Vol. 5 . No. 1,1996.

[12] Damian J. Kulash . Managing Transportation Research : The Highway Challenge. Transportation Research A . Vol. 21A. No. 2. pp. 153-159,1987.

[13] C. O. Tong & S. C. Wong . The Advantages of A High Density . Mix Land Use . Linear Urban Development . Transportation ,1997,24:295-307.

[14] 佐佐木　纲.地域の发展と道路.高速道路と自動車,1996(1).

[15] 冈本　博.高速道路利用によゐ节约時間と涉滞のロス時間.高速道路と自動車,1998(6).

[16] 安部　馨.高速道路が地域の経濟指标に及ぼした影响について.道路交通経濟,97-10.

[17] D.J.フオ-ケンブロック,N.S.J.フォスタ-.道路と企业の立地决定.高速道路と自動車(上),1997(8).

[18] D.J.フオ-ケンブロック,N.S.J.フォスタ-.道路と企业の立地决定.高速道路と自動車(下),1997(9).

[19] 中野　敦,牧村和彦.土地利用计画によゐ交通负荷轻减の试み.道路交通経濟,97-1.

[20] 户田常一.高速道路整備と地域发展のための課题.高速道路と自動車,1997(3).

[21] 佐藤正人.地域経濟における高速道路の利活用について.高速道路と自動車,1996(11).

[22] 村上茂治.道路整備によゐ地域の振兴.道路交通経濟,87-1.

[23] 河野达仁.道路整備がエ业立地へ与えゐ影响の分析.道路交通経濟,96-7.

[24] 鹿岛　茂.持续型社会での高速道路整備.道路建設,1995(5).

[25] 根本敏则.OECDシンポジゥム－経濟の国际化と高度ロジスティクス.道路交通経濟,97-1.

[26] 吉川和广.国土计划と高速道路.高速道路と自動車,1996(4).

[27] 椎名　彪,佐佐木　健,木下　贤司.交流の時代の道路整備.道路交通経濟,87-7.

[28] 高桥洋二.土地利用と道路交通.道路交通経濟,97-1.

[29] 东洁.道路投资の动向.道路交通経濟,86-10.

[30] 深道春男.高速道路と小売商业.高速道路と自動車,1996(7).

[31] 建設省道路局道路環境課.高度道路交通システム(ITS/ARTS),道路交通経濟,95-10.

[32] 建設省道路局道路管理課.车辆の大型化への取组み.道路交通經濟,98-4.

[33] 井原健雄."道路投资の社会經濟评价"のために.道路建設,1997(8).

[34] 土山和夫.欧州の物流事情につぃて.道路交通経濟,94-10.

[35] 吉川和广.国土计划と高速道路.高速道路と自動車,1996(4).

[36] 安田泰二.新たな国土軸のあり方について.道路交通経濟,96-7.

[37] 伊藤正秀.国土レポ-ト'95の概要.道路交通經濟,95-1.

[38] 服　部　圭二郎.地方都市圈の活化性と交通.道路交通経濟,87-7.

[39] 建設省道路局企画課道路経濟调查室.ロジスティクスセンタ-に関する立地ニ-ズ调查につぃて.道路交通經濟,94-1.

[40] 竹内健藏.ィンフラ供给の经营形态の选择につぃて.道路交通経濟,96-10.

[41] 巻上安尔.道路建設へのエ-ル.道路建設,1996(7).

[42] 村川腾彦.ロジスティクスの现状.道路交通經濟,94-1.

[43] 岩　谷　三四郎.道路整備の新段阶.道路建設,1997(4).

[44] 绀野义仁,大久保义晴,折原俊彦.韩国の高速道路.道路交通経濟,97-4.

[45] 土屋光博.欧州における大都市の高速道路の新たな展开.高速道路と自動車,1997(6).

[46] 饭岛贞一.高速道路とエ业立地.道路交通經濟,87-7.

[47] 安田泰二.新たな国土軸のあり方について.道路交通經濟,96-7.

[48] 铃木　敦.高龄化社会におけゐ道路のぁり方について.道路交通經濟,86-1.

[49] 山内弘隆,水野兼悟.日本におけゐBOT/BTO适用の課题と可能性.道路交通經濟,96-10.

[50] 谷口荣一.地域ロジスティクス.交通エ学.Vol.30 No.6,1995.

[51] 古池弘隆.地域连携時代のみちづくり.道路建設,1995(7).

[52] 小林宏武.地域高规格道にょせゐ期待新山梨環状道路.道路交通経濟,95-4.

[53] 山川朝生.欧洲连合(EU)の交通政策.高速道路と自動車,1997(6).

[54] 岛田严乃.生产性と道路网.高速道路と自動車,1997(9).

[55] 奥村　诚.地域間交流と人間関系.交通工学.Vol.31 No.6,1996.

[56] 石冢千刚.米国の大都市の高速道路に関すゐ新たな展开.高速道路と自動車,1997(6).

[57] 今桥　隆.条件变化にさらされゐ道路整のぁり方.高速道路と自動車,1997(9).

[58] 松原重昭.北九州ルネッサンスの实现に向けて.道路交通経濟,87-7.

[59] 池田勉.道路.フエリ情报の相互提供システムの导入によゐ广域交通経路の选择支援.道路交通経濟,96-7.

[60] 吉本隆一.OECD/RTR/TSAIマルチモ-ダルセミナ-(ォラダ)につぃて.道路交通經濟,96-10.

[61] 松井　宽,藤田素弘,因幡良彦.道路别タィプ・地域别にみた高速道路ドライバ-の涉滞意识の比较分析.高速道路と自動車,1998(1).

[62] 见坂茂范.地域の连携と交流を支ぇゐ道路づくり.道路交通経濟,1998(7).

[63] 内山久雄.道路交通の效率化と情报化.道路交通と自動車,1998(9).

[64] 花冈利幸.住宅と高速道路.道路交通と自動車,1998(10).

[65] 樋口　彻.道路ネットワ-ク整備のロジスティクスの影响に関すゐ研究.高速公路と自動車,1998(9).

[66] 邢健.中国的高速道路整備.道路交通と自動車,1998(10).

[67] 井上繁.フランスにぉけゐ高速公路の経营と地域振兴.高速公路と自動車,1998(12).

[68] [美]埃德加.M.胡佛.区域経濟学.王翼龙译.北京:商务印书馆,1990.

[69] [苏]H.H 涅克拉索夫.区域经濟学(理论、问题、方法).许维新,许晶新译.北京:东方出版社,1978.

[70] [美]瓦尔特.艾萨德.区域科学导论.陈宗兴,等译.北京:高等教育出版社,1991.

[71] 陆大道.区域发展及其空间结构.北京:科学出版社,1995.

[72] 陆大道.区位论及区域研究方法.北京:科学出版社,1988.

[73] 陆大道.东西部差距扩大的原因及西部地区发展之路.中国软科学,1996(7).

[74] 王秉纲.我国高等级公路科技现状与发展.西安公路交通大学:学术论文集(1995).西安:西北大学出版社,1996.

[75] 王秉纲,周伟.公路建设项目的模糊排序和投资决策优化.中国管理科学,1997(5).

[76] 董千里,王秉纲.高速公路对区域发展阶段和效应的影响研究.高速公路与社会经濟发展研究文集.北京:人民交通出版社,1998.

[77] 董千里.高速公路"点—轴"型区域经濟发展理论研究.西安公路交通大学学报,1998 年(1).

[78] 董千里.公路建设与区域经濟发展一体化决策研究.西安公路交通大学学报,1997年(2B).

[79] 董千里.公路建设与土地利用的关系及效益机制研究.中国公路学报,1999 年(2B).

[80] 董千里,王秉纲,闫杰.立体交叉周边区域的企业选址条件与决策分析.西安公路交通大

学学报,2000(1):74-77.

[81] 董千里.站场规划方案综合评价的 AHP-F 隶属度合成法.西安公路交通大学学报,1995(4).

[82] 董千里.快速路网与交通运输一体化发展的思路.交通世界,2004(4).

[83] 董千里.建筑企业管理决策方法探讨—层次分析法及其应用.陕西建筑,1986(3).

[84] 董千里、路春涛、张凯.陕西省区域物流信息化战略及其实施.长安大学学报(社会科学版)2006 年第 3 期.第 8 卷.8-11,16.

[85] 董千里.如何加快陕西物流业发展.现代物流报,2006 年 9 月 19 日第四版.

[86] 董千里,刘强,姚念轩.基于货运枢纽的区域物流系统研究.物流技术,2006 年第 7 期.

[87] 董千里,张绪美,张秀长,姚念轩.公路主枢纽城市规划建设问题探讨.物流科技,2006 年第 6 期第 29 卷第 130 期:149-150.

[88] 董千里.物流企业竞争优势及竞争力体系的构建.物流技术,2005 年第 9 期:7-10.

[89] 董千里,朱长征.产业供应链及其物流信息化问题研究.物流技术,2005 年第 10 期.

[90] 董千里,江红.公路网与陕西区域经济一体化发展探讨.全省学习贯彻"三个代表"重要思想理论研究讨论会.中共陕西省委,2003.

[91] 董千里.区域物流信息平台与资源整合.交通运输工程学报,2002,(3)4,58-62.

[92] 董千里.第三方物流商提升供应链管理价值的思路与途径——道路运输企业集约化发展战略思考.《面向 21 世纪的中国道路运输——2002 年中国道路运输发展论坛论文集》.北京:人民交通出版,2002.

[93] 董千里,袁毅.区域综合物流信息平台的构建与功能研究.交通运输系统工程与信息,2002,(2)1:74-78.

[94] 董千里,国强,江红.第三方物流发展的问题与对策研究.交通运输系统工程与信息,2002,(2)3.61-64,78.

[95] 董千里.基于供应链管理的第三方物流战略研究.中国软科学,2000(10):34-37.

[96] 董千里.第三方物流战略设计与实现的思路.综合运输,2000 年 7 月.

[97] 韩春华,熊京民编译.美国战略公路研究项目.国外公路,1996(12).

[98] 雍希宏编译.美国公路产业述略.国外公路,1996(6).

[99] 王成钢,曾润洪.美国公路运输在世界的领先地位.国外公路,1998(4).

[100] 赵中锋.近年来美国收费公路的新发展.国外公路,1996(2).

[101] 谭诗樵.美国高速公路纪实.国外公路,1996(1).

[102] 黄克清.加拿大的高速公路管理.国外公路,1997(3).

[103] 余明孝.韩国的交通现状与对策.国外公路,1996(1).

[104] 何勇.公路建设及收费—赴英考察报告.公路交通科技,1996(3).

[105] 林远帆.澳大利亚公路网规划概述.国外公路,1997(4).

[106] 王斌.英国干线公路网概况及管理体制.国外公路,1997(4).

[107] 柳长立.欧洲公路运输政策的发展及其影响.国外公路,1996(3).

[108] 毛大德.新加坡的交通特色.国外公路,1997(3).

[109] 王海燕编译.新加坡的交通需求管理.国外公路,1997(3).

[110] 哈保莹,杨湘龙,王惠文.中国工业发展的区域划分和所有制结构影响分析.系统工程理论与实践,1998(6).
[111] 王世忠.沈国平.高速公路建设模式的研究.公路交通科技,1997(2).
[112] 郭振英,唐学军.腾飞之路—我国高速公路社会经济效益透析.北京:中国言实出版社,1996.
[113] 周望军.我国综合运输体系演变与发展趋势刍议.综合运输,1997(6).
[114] 田继敏,赵纯均,黄京炜,等.城市土地利用的交通影响评价建模研究.中国管理科学,1998(3).
[115] 高良臣.对我国公路结构及其密度的探讨.中国交通工程,1995(2).
[116] 裴玉龙.区域公路网合理密度的确定方法的讨论.中国交通工程,1995(2).
[117] 张在民,任福田,肖秋生.城市中心商业区用地与交通优化分析方法.中国公路学报,1995 增(1).
[118] 张树升,周伟,余国才,等.论公路网合理密度.中国交通工程,1995(3).
[119] 张文尝,金凤君,唐秀芳.空间运输联系的分布与交流规律研究.地理学报,1994(6).
[120] 赵中锋.我国与美国公路建设项目可行性研究比较分析.国外公路,1997(4).
[121] 郭熙保.城市化:迈向21世纪的战略选择.经济学动态,1996(3).
[122] 汤书昆.中国省级区域形象设计的实践及其理论总结—安徽省形象设计工程的理论模型展示.中国软科学,1997(9).
[123] 沿新亚欧大陆桥(中国段)中西部 省会城市发展政策课题组.中西部中心城市发展的若干扶持政策建议.中国软科学,1996(10).
[124] 王旭章.区域经济和行业规模经济—对苏南行业规模经济优势的分析.经济研究,1996(3).
[125] 卢中原.产业结构对地区经济发展影响的分析.经济研究,1996(7).
[126] 石磊.中国产业结构成因与转换.上海:复旦大学出版社,1996.
[127] 沈立人.地方经济学缘起.经济学动态,1996(7).
[128] 汪应洛,黄长征.有限理性与复杂经济系统研究方法论.中国软科学,1997(2).
[129] 巫东浩.高速公路产业带评价理论与方法.中国软科学,1997(1).
[130] 朝霞,陈忠富,等.高速公路引出运输方式的较量(1)——成渝两地几种运输方式分析.中国交通报,1997年2月2日.
[131] 刁际文,郭靖,等.风筝之都展翅飞——济青高速公路效应之二.中国交通报,1997年7月3日.
[132] 刁际文,郭靖,等.齐国故地展新容——济青高速公路效应之三.中国交通报,1997年7月5日.
[133] 董邦耀.陕西高速公路社会经济效益分析.公路交通科技,1998(1).
[134] 徐巨洲.现实主义的城市土地利用与发展观.城市规划,1999(1).
[135] 严宝杰,王增贤.中国高等级公路通车初期的交通安全问题.西安公路交通大学学报,1998(3B).
[136] 赵波平,孔令斌.城市交通—中国面临的挑战.城市规划,1999(3).
[137] 董鉴泓.城市(镇)化与发展小城镇.城市规划汇刊,1999(1).

[138] 梁鹤年.中国特色的城乡建设和土地使用探讨.城市规划,1999(3).

[139] 沈德熙,吴新纪,张鉴,等.高速公路与城市布局的关系——以江苏省为例.城市规划汇刊,1998(4).

[140] 周干峙.城市化和可持续发展.城市规划,1998(3).

[141] 周一星,孟延春.中国大城市的郊区化趋势.城市规划汇刊,1998(3).

[142] 胡序威.沿海城镇密集地区空间集聚与扩散研究.城市规划,1998(6).

[143] 成思危.论软科学研究中的综合集成方法.中国软科学,1997(3).

[144] 董千里.道路货运集散战略的设计与实现.西安公路交通大学学报,1995(2).

[145] 董千里.高级物流学.北京:人民交通出版社,2006.

[146] 董千里.物流工程学.北京:人民交通出版社,2005.

[147] 董千里.物流市场营销学.北京:电子工业出版社,2005.

[148] 董千里.供应链管理.北京:人民交通出版社,2002.

[149] 国家经委,世界银行.中国国际集装箱多式联运系统研究.北京:中国经济出版社,1996.

[150] 董千里.电子信息技术与运输产业科技化.综合运输,1995(7).

[151] 张国镇.泉州闯进"半小时经济圈".中国公路,1997(7).

[152] 李开发.警惕落后的城市规划让5%～10%的GDP成为泡沫.http://finance.sina.com.cn,2006年11月.

[153] 董千里.关于我国道路运输物流信息技术开发的思考.中国道路运输,1996(5).

[154] 华宏鸣."现代化集成"管理.中国软科学,1997(9).

[155] 中国交通年鉴1998—2005.北京:中国交通年鉴社,2005.

[156] 中国统计年鉴1998—2005.北京:中国统计出版社,2005.